Par le feu
et par le sang

Charles Enderlin

Par le feu et par le sang

Le combat clandestin pour l'indépendance d'Israël 1936-1948

Albin Michel

À Danièle

Introduction

Tout avait commencé par une histoire d'amour. Sur fond de Première Guerre mondiale, le 2 novembre 1917, le cabinet britannique avait exposé, dans une lettre adressée par James Balfour, le secrétaire au Foreign Office, à lord Lionel Walter Rothschild, le président de la Fédération sioniste britannique, « *qu'il était favorable à la création en Palestine d'un foyer national pour le peuple juif, qu'il ferait de son mieux pour faciliter la réalisation de cet objectif, étant entendu que rien ne devrait être fait pour porter préjudice aux droits civils et religieux des communautés non juives existantes en Palestine ou aux droits et statuts politiques dont bénéficient les Juifs dans tout autre pays* ».

Un mois plus tard, les troupes alliées commandées par le général Allenby entraient dans Jérusalem, mettant ainsi fin à quatre siècles de règne ottoman sur la ville sainte. En avril 1920, la conférence internationale de San Remo plaçait la Palestine, la plus pauvre des anciennes provinces ottomanes, sous administration britannique. Cinq cent soixante mille musulmans et cinquante-cinq mille Juifs l'habitaient alors. Mais dès ses débuts, l'entreprise sioniste suscita l'opposition d'une partie de la population arabe de Palestine.

En 1920, un congrès arabe national palestinien rejetait la déclaration Balfour et réclamait l'indépendance. Au cours d'une émeute, cinq Juifs furent tués et plus de deux cents autres blessés. Quatre musulmans trouvèrent la mort au cours de la répression qui s'ensuivit. Mais de cette opposition, la Société des Nations ne tint pas compte. Elle entérina le mandat britannique en 1922 :

« Considérant que les principales puissances alliées ont convenu que le mandataire serait responsable de la mise à exécution de la déclaration originairement faite le 2 novembre 1917 par le gouvernement britannique, et adoptée par lesdites puissances, en faveur de l'établissement en Palestine d'un foyer national pour le peuple juif, étant bien entendu que rien ne sera fait qui puisse porter préjudice aux droits civils et religieux des communautés non juives en Palestine, non plus qu'aux droits et au statut politique dont jouissent les Juifs dans tout autre pays [...].

Un organisme juif convenable sera officiellement reconnu et aura le droit de donner des avis à l'administration de la Palestine et de coopérer avec elle sur toutes questions économiques, sociales et autres susceptibles d'affecter l'établissement du foyer national juif et les intérêts de la population juive en Palestine, et, toujours sous réserve du contrôle de l'administration, d'aider et de participer au développement du pays. »

L'Agence juive vit le jour sept ans plus tard, avec pour mission d'organiser l'immigration et le développement du Yishouv*. En 1929, à nouveau, l'agitation antisioniste prit de l'ampleur à Jérusalem, aux abords de l'esplanade du Dôme du Rocher et de la mosquée al-Aqsa, le troisième Lieu saint de l'islam mais aussi, pour le judaïsme, celui des vestiges sacrés du Temple d'Hérode. Les manifestations dégénérèrent en pogrom. À Hébron, soixante-quatre Juifs furent assassinés. Après quelques jours, le bilan définitif sera établi à cent trente-trois Juifs et cent seize Arabes tués.

Des rapports publiés à Londres en 1930 analysaient ainsi les raisons du mécontentement arabe : *« La cause fondamentale de la tragédie est le sentiment d'animosité, l'hostilité qu'éprouvent les Arabes à l'égard des Juifs en raison de la déception de leurs aspirations politiques et nationales et de la crainte qu'ils ressentent*

* Nom hébreu de la communauté juive de Palestine avant la création de l'État d'Israël.

pour leur avenir économique. [...] Les Arabes ont été graduellement dépouillés de leurs terres par les achats du Fonds national juif, qui ne leur permet pas, par ailleurs, de trouver du travail sur des terres juives. La Palestine n'a pas la capacité d'absorber un nombre important d'immigrants. Lorsque tous les grands projets industriels seront mis en place, il n'y aura pas place pour plus de cent mille nouveaux venus, la moitié d'entre eux, des Juifs. »

En fait, durant les années suivantes, la Palestine connaîtra un développement sans précédent grâce à la politique du haut-commissariat britannique et aux investissements des Juifs allemands qui fuyaient le Reich depuis l'arrivée au pouvoir de Hitler. En 1936, lorsque débute la révolte arabe, la population palestinienne compte neuf cent soixante mille musulmans et quatre cent mille Juifs. Les douze années suivantes verront la montée d'une opposition politique du Yishouv à l'occupant britannique, la formation des organisations armées clandestines juives. La désobéissance civile. Un terrorisme juif palestinien. Ce combat a abouti au départ des Britanniques, à la proclamation de l'indépendance d'Israël le 14 mai 1948 et à la tragédie des réfugiés arabes palestiniens.

Des années de violence et de pourparlers stériles n'ont pas permis au mouvement national arabe palestinien de fonder son propre État indépendant sur une partie de la Palestine mandataire. Cette histoire-là, je l'ai racontée dans mes trois ouvrages précédents, que j'ai consacrés aux négociations israélo-arabes et à l'échec du processus d'Oslo. Ce livre-ci s'attache à raconter en parallèle la manière dont le sionisme, lui, a atteint ses objectifs.

L'enquête sur l'Irgoun, le groupe Stern et Yitzhak Shamir, effectuée à la fin des années quatre-vingt, et les interviews avec les anciens de l'Irgoun et du LEHI sont parmi mes sources principales. Mon assistante à Oxford, Elvire Corboz, a découvert des documents souvent inédits dans les archives britanniques. En Israël, Stella Shelkov, de l'Université hébraïque, a réuni des sources israéliennes. Mon épouse, Danièle Kriegel, sans ménager ses encouragements, s'est chargée du fastidieux travail de relecture. L'idée de ce livre revient à Olivier Bétourné, mon fidèle soutien et aujourd'hui directeur général chez Albin Michel ; c'est lui qui a effectué la mise en forme du manuscrit.

Sans eux, ce livre n'aurait pas vu le jour.

C. E.
Jérusalem, décembre 2007

CHAPITRE PREMIER

Œil pour œil

Palestine, 15 avril 1936. Une dizaine d'hommes armés barrent une route proche de Tulkarem. Ce sont les survivants de l'organisation jihadiste fondée par un religieux d'origine syrienne, Izz al-Din al-Qassam[1]. Prônant le jihad contre les Juifs et les Britanniques, il avait trouvé la mort l'année précédente au cours d'un accrochage avec l'armée. Sous la menace, ses disciples dévalisent conducteurs et passagers. Une camionnette transportant des poulets destinés au marché de Tel-Aviv s'arrête. Deux Juifs en descendent. Ils sont criblés de balles. Israël Hazan, un vieillard de soixante-dix ans, est tué sur le coup. Son compagnon mourra à l'hôpital quelques jours plus tard. Au volant d'une autre voiture, un troisième Juif est sérieusement blessé. L'attaque, cinq semaines après le meurtre d'un habitant de Nahalal, dans la vallée de Jezréel, suscite une intense émotion au sein du Yishouv. Tôt le lendemain, deux hommes en short kaki, les cheveux coupés court, font irruption dans une bicoque près de la route du Saron. Ils ouvrent le feu et tuent deux Arabes[2]. Selon la presse juive, l'une des victimes collaborait avec la police ; mais pour la communauté arabe, les meurtriers sont des Juifs. L'enquête ne permettra pas de les identifier.

Les obsèques d'Israël Hazan se déroulent le vendredi 17, à Tel-Aviv. Des centaines d'immigrants venus de Grèce sont en tête du cortège funèbre. Le défunt était originaire de Salonique. Au passage du cercueil, les magasins ferment en signe de deuil. Rue Allenby, la foule se fait de plus en plus nombreuse. Des drapeaux frappés de l'étoile de David surgissent, bientôt des slogans antibritanniques se font entendre. « *Par le feu et par le sang, la Judée renaîtra !* » crient des jeunes du Bétar. Devant la grande synagogue de la rue Levinsky, Reouven Franco, un responsable de ce mouvement sioniste de droite, prononce un discours enflammé. Il est interpellé par la police. Les funérailles se sont transformées en manifestation violente. Des passants arabes sont roués de coups par des Juifs en colère. Les forces de l'ordre interviennent, à coups de matraque. Une vingtaine de manifestants sont arrêtés. Franco sera condamné à douze mois de prison pour incitation à la violence. Le lendemain, à nouveau, des cireurs de chaussures et des maraîchers arabes sont attaqués dans les rues de Tel-Aviv. Le calme revient dans la soirée.

Le 19 au matin, la vie semble reprendre son cours. Dans Jaffa, la ville arabe voisine, après le repos du shabbat, les Juifs ont regagné leurs échoppes, leurs bureaux. Mais, depuis la veille, le bruit court que des travailleurs clandestins venus de Syrie ont été assassinés. Les Britanniques démentent qu'il y ait eu de nouveaux meurtres. Rien n'y fait. Des manifestants parcourent les rues de Jaffa en hurlant que les Juifs massacrent les Arabes. C'est l'émeute. Neuf Juifs sont assassinés, plusieurs dizaines sérieusement blessés. La police doit faire usage de ses armes[3].

L'agitation fait tache d'huile. À Jérusalem, trois Juifs sont tués. À 16 heures, David Ben Gourion, le président de l'exécutif de l'Agence juive, réunit les responsables des organisations et des partis sionistes : « *[...] Ce qui s'est passé vendredi à Tel-Aviv et samedi – passage à tabac d'enfants arabes, de cireurs de chaussures, attaque d'un magasin arabe fermé –, c'était porter atteinte à ce qui nous est sacré. Notre mouvement fait face à un problème très difficile : veiller à ce que le gouvernement [mandataire] impose le calme, ne laisse pas les rumeurs, les mensonges et les explosions [de violence] se propager. Nous devons veiller à ne pas être [également] à l'origine de la violence* [4]. » Dans la soirée, depuis Naplouse, des dirigeants arabes décident de récupérer le mouvement et lancent un appel à la grève générale assorti d'exigences politiques : arrêt de l'immigration juive et des ventes de terres aux sionistes. Le mouvement est largement suivi dans toutes les localités arabes.

Le 21, le bilan officiel fait état de vingt morts (dont seize Juifs) et cent soixante blessés. Le 25, un haut comité arabe est formé, dirigé par le mufti de Jérusalem, Hadj Amin al-Husseini, qui envoie une lettre au haut-commissaire britannique : « *Les Juifs veulent faire de la Palestine la patrie de tous les Juifs du monde avec l'aide de la Grande-Bretagne. Nous sommes engagés dans un combat pour la survie des Arabes de Palestine* [5]. »

Le 29, Ben Gourion rencontre Georges Antonius, un dirigeant arabe palestinien de confession grecque orthodoxe. Proche d'Hadj Amin al-Husseini, c'est l'un des principaux idéologues et porte-parole de la cause du nationalisme panarabe. En 1938, il publiera un brûlot, *Le Réveil arabe*, qui connaîtra un immense succès. La discussion se déroule à Jérusalem, au domicile d'Antonius, sur le mont des Oliviers[6].

Ben Gourion : « *Existe-t-il des dirigeants arabes en faveur d'une entente avec les Juifs ?* »

« *Non,* répond Antonius. *Les dirigeants arabes importants pensent que les Juifs ne s'intéressent absolument pas à l'opinion des Arabes ou à leurs besoins. Certains penseurs estiment que les Arabes ne sauraient ignorer la question juive et se demandent s'il y a une possibilité d'entente.* » Pour sa part, il pense qu'on peut diviser les sionistes en trois catégories : « *Ceux qui veulent un centre spirituel [juif en Palestine]. Avec eux, une entente est possible. Les Arabes ne leur sont pas hostiles. Les seconds veulent qu'il y ait deux peuples, juif et arabe, en Palestine qui deviendrait un État binational. Les troisièmes constituent la majorité des sionistes. Ils veulent faire entrer en Palestine le plus de Juifs possible en ne tenant nullement compte des Arabes [...] depuis les événements d'Allemagne ils disent : "Nous n'avons pas d'autre solution que la Palestine, nous devons y venir aussi nombreux que possible." Avec ceux-là, nous ne pouvons nous entendre. Ils veulent un État à cent pour cent juif, et les Arabes resteraient sur le bord de la route.* »

Ben Gourion : « *[...] Croyez-vous qu'on puisse envisager ici un centre spirituel juif ?* »

Antonius : « *[...] Les Juifs ont déjà bien davantage. Quatre cent mille Juifs, ce n'est plus un centre spirituel.* » Et, après quelques minutes de discussion, Antonius rappelle qu'en 1935 plus de soixante-cinq mille immigrants juifs sont entrés dans le pays. « *Dans le cadre restreint de la Palestine, il n'y a aucune possibilité de solution. Même pour vous, il n'est pas souhaitable de limiter le problème à la Palestine. [...] Il faut discuter de la Syrie, des monts du Taurus jusqu'au désert du Sinaï [...]. La question primordiale pour nous, Arabes de Syrie aussi bien que de Palestine, c'est l'unité de la Syrie jusqu'au Sinaï. Nous formons un seul pays.* »

Ben Gourion examine alors avec son hôte la place que pourrait occuper la communauté juive de Palestine dans la Grande Syrie fédérée. Un canton autonome, sur le modèle suisse, ou un État au sein d'une fédération comme en Amérique ? Quelle serait l'importance de l'immigration juive ? Entre 1933 et 1935, cent trente-quatre mille Juifs ont immigré avec l'accord des autorités britanniques. Le pourcentage de Juifs au sein de la population palestinienne est passé de 17 % en 1931 à près de 30 % en 1935. Un million de musulmans, plus de cent mille chrétiens et quatre cent mille Juifs. Les nouveaux venus s'installent de préférence dans les zones urbaines, qui connaissent un développement sans précédent, grâce à la politique économique du haut-commissaire britannique, sir Arthur Wauchope, et aux investissements des Juifs allemands autorisés à quitter le Reich nazi*. Une véritable industrie a vu le jour, notamment à Haïfa où les Britanniques ont construit le terminal de l'oléoduc de Mossoul. Tel-Aviv est désormais une véritable ville, dont la population dépasse

---

* Dans le cadre de l'accord conclu en 1933 entre l'Agence juive et le gouvernement du Reich, les nazis autorisaient le départ de Juifs fortunés à condition qu'ils convertissent leurs biens en produits industriels allemands exportés en Palestine. Une mesure destinée à favoriser l'économie allemande

largement celle de Jaffa, l'arabe. Les données du problème ont radicalement changé.

Offensive ou retenue ?

Les dirigeants sionistes n'ont pas oublié les pogroms d'août 1929. Après des sermons incendiaires dans les mosquées, des milliers de fidèles musulmans avaient attaqué le quartier juif de la vieille ville de Jérusalem. À Hébron, où vivait une petite communauté juive de six cents âmes, soixante-quatre Juifs avaient été assassinés et cinquante-quatre blessés. Le bilan pour l'ensemble de la Palestine avait été de cent trente-trois Juifs et cent seize Arabes tués. Tant bien que mal, en de nombreux endroits, la milice juive, la Haganah*, avait assuré la protection des personnes et des propriétés juives. Affiliée à l'organisation sioniste mondiale et à la Histadrout, la centrale syndicale, la Haganah avait adopté une politique de retenue appelée la *Havlaga*, axée sur la défense et interdisant les représailles qui ne seraient pas ciblées contre des attaquants arabes bien identifiés.

En 1931, certains militants, mécontents de ce qu'ils regardaient comme un signe de faiblesse lancé en direction des Arabes, avaient quitté la Haganah à la suite d'un chef de groupe, Avraham Tehomi[7]. Cette nouvelle organisation avait pris le nom de Haganah Beth, pour devenir enfin l'Irgoun Tsvaï Leoumi**. En 1935, elle s'était rapprochée de la droite sioniste et avait conclu un accord avec le Bétar, le mouvement créé par Zeev Jabotinsky. Théoricien de la « nation absolue, fondée par l'unicité d'une race », ce dernier avait formé un parti politique, l'Union des sionistes révisionnistes, indépendant des instances existantes dominées par les

* En français : la « Défense ».
** Organisation militaire nationale.

travaillistes, et un mouvement de jeunesse appelé Bétar. Les « révisionnistes » réclamaient une immigration de masse en Terre d'Israël, l'annulation de la séparation entre la Palestine cisjordanienne et la Transjordanie, décidée par les Britanniques en 1922 afin d'offrir ce territoire à l'émir Abdallah, mais également la formation d'une légion juive. Toutes choses contraires à l'idéologie sioniste socialiste[8].

Le 17 juillet 1936, Jabotinsky publie un pamphlet dans l'organe du Bétar, critiquant la politique de retenue des dirigeants de la communauté juive de Palestine, que tous appellent par son nom hébreu, Yishouv : *« Depuis dix-huit ans, ils commettent le plus grand des péchés et font honte à notre jeunesse. Obligent nos jeunes à tenir un rôle de lâches. C'est uniquement en raison [de ces dirigeants] que la jeunesse juive doit faire preuve de "retenue" car sinon, disent-ils, elle pourrait avoir à affronter l'armée britannique. Ce n'est pas rien que les journaux et des ministres s'expriment en faveur de la "retenue". Demain nous entendrons d'autres chansons : "Les Juifs survivent en Terre d'Israël uniquement grâce aux baïonnettes britanniques." »* Et d'exprimer l'espoir qu'après les émeutes arabes, une force de défense juive voie le jour[9].

Ce sont des hommes appartenant à l'Irgoun qui ont assassiné deux Arabes, le 16 avril. Et, pour l'heure, Tehomi interdit toute nouvelle attaque anti-arabe par crainte d'un affrontement avec les Britanniques. Il a, en cela, le soutien de Jabotinsky qui, à ce stade, espère toujours que les autorités mandataires autoriseront la formation d'une force militaire juive semblable à celle qui avait combattu aux côtés des Alliés durant la Première Guerre mondiale.

La grève des Arabes de Palestine est générale. C'est le début de la « grande révolte arabe ». Les actes de terrorisme se multiplient. Dans les campagnes, après de nombreuses attaques lancées contre des véhicules juifs, les Britanniques assurent des convois protégés par des militaires. L'armée fait intervenir l'aviation contre les bandes armées. En juin, les autorités détruisent une partie de la vieille ville de Jaffa pour y ouvrir des rues modernes. Les plus touchés sont les bateliers du port, les plus radicaux parmi les grévistes[10]. Simultanément, puisque, en raison des violences, les Juifs ne peuvent plus se rendre à Jaffa, débute, à Tel-Aviv, la construction de la jetée qui deviendra le port de la grande ville juive[11]. Des personnalités arabes de premier plan, accusées d'incitation à la violence, sont placées en détention.

À la fin du mois d'août, Fawzi al-Qawuqji, un ancien officier irakien de l'armée ottomane, admirateur d'Adolf Hitler[12], s'installe dans le nord de la Palestine avec des groupes d'irréguliers arabes et de volontaires venus de Syrie. Londres dépêche vingt mille hommes pour renforcer son dispositif militaire en Palestine. Les accrochages se multiplient entre cette « armée Qawuqji » et les unités britanniques. Les irréguliers subissent défaite sur défaite. Des négociations discrètes se déroulent entre des émissaires du haut comité arabe et le haut-commissaire. En juillet, le ministre des Affaires étrangères irakien, Nouri es-Saïd, effectue une mission de médiation à Jérusalem. Wauchope laisse entendre qu'une commission d'enquête royale viendra examiner la situation en Palestine et notamment la position arabe. Le 11 octobre, le haut comité arabe, conscient de son infériorité militaire, suspend la grève générale et reconnaît l'autorité de la Couronne. La première phase de la révolte s'achève sur un lourd bilan : quatre-vingts Juifs, cent quatre-vingt-dix-sept Arabes et vingt-huit Britanniques ont été tués, près d'un millier blessés. Le 25 octobre, Qawuqji et ses volontaires quittent la Palestine.

VERS LE PARTAGE ?

Sous la direction de son président, sir Robert Peel, la commission d'enquête arrive en Palestine le 11 novembre. Les dirigeants sionistes sont inquiets. Une fois de plus, l'édification du fameux Foyer national juif pourrait être remise en question.

Deux semaines plus tard commencent les audiences publiques. Haïm Weizmann en personne présente le dossier de l'Organisation sioniste mondiale. À soixante-deux ans, originaire d'un village de Biélorussie, chimiste de renom dont les découvertes ont contribué à l'effort de guerre britannique, ce sioniste de la première heure se lance dans un plaidoyer passionné et demande à la Grande-Bretagne de respecter la promesse qu'elle a contractée dans le cadre de la déclaration Balfour. *« Nous voulons construire en Terre d'Israël quelque chose qui soit aussi juif que l'Angleterre est anglaise. »* Il évoque le drame des Juifs *« sans patrie »*, critique le nationalisme arabe, *« une idéologie empruntée à l'Europe, et qui n'a pas sa place en Palestine »*. L'agitation arabe, dit-il, a pour origine la politique de l'Italie, qui entend saper l'influence britannique en Méditerranée. *« Si un conseil législatif venait à être créé à présent, et si l'actuelle minorité juive se voyait attribuer un nombre égal avec la majorité arabe, les Juifs ne demanderont jamais plus, quelle que soit la proportion future entre les populations arabe et juive. »*

À huis clos, le 18 décembre, Weizmann prend à nouveau la parole devant la commission et décrit ce qu'il regarde comme une situation asymétrique. Après la Première Guerre mondiale, les Arabes ont pu créer trois États. Si les Arabes se retrouvaient un jour en état d'infériorité (numérique) par rapport aux Juifs en Palestine, ce ne serait pas le cas dans le monde arabe considéré globalement. Il évoque le sort des Juifs d'Europe : *« Ils sont six millions et, à mon avis, seuls deux millions peuvent être sauvés. Un million immigrera en Terre d'Israël, un million s'installera dans d'autres pays. »* Un membre de la commission lui demande alors combien de temps sera nécessaire, selon lui, pour intégrer un million de Juifs en Palestine ? Réponse : *« Vingt-cinq à trente ans, c'est difficile à dire ! »* Et de laisser entendre que l'immigration d'un million de personnes pourrait satisfaire le mouvement sioniste. *« Il faut accélérer l'immigration, mais en étant conscients du fait que si nous allons trop vite, nous risquons de nous briser le cou ! »*

Ben Gourion est vert de rage en lisant le procès-verbal de ces dernières déclarations de Weizmann, et il lui envoie une lettre écrite au vitriol. Les deux hommes ont une explication orageuse.

Ben Gourion comparaît à son tour devant la commission. À la question : *« Le mandat britannique est-il la bible du sionisme ? »*, il répond : *« La Bible est notre mandat ! »* Il explique qu'il est favorable à un Foyer national et non à un État hébreu. Les Juifs, dit-il, ne cherchent pas la souveraineté sur les Arabes de Palestine. Un État souverain pourrait fermer ses portes devant les nouveaux venus[13].

D'autres personnalités juives viennent ensuite témoigner, affirmant notamment que l'immigration arabe clandestine de Syrie est bien plus importante que l'immigration juive – dont la poursuite ne peut être que favorable à l'économie dans la région[14].

Le haut comité arabe, qui boycottait les travaux de la commission, fait volte-face après s'être entretenu avec le roi Ibn Saoud à Riyad. Le 5 janvier 1937, le mufti, Hadj Amin al-Husseini, présente, devant elle, la position des Arabes de Palestine. Il rappelle aux membres de la commission les promesses faites par la Grande-Bretagne aux Arabes durant la guerre et affirme que la Palestine ne dispose pas de ressources économiques suffisantes pour accueillir de nouveaux immigrants juifs. Il réclame la formation immédiate d'un État indépendant de Palestine gouverné par les représentants élus de la majorité arabe[15].

Sir Robert Peel interroge : *« Puisque vous demandez la création d'un gouvernement national en Palestine, que ferez-vous des quatre cent mille Juifs qui vivent ici ? »*

Hadj Amin : *« Ce ne sera pas la première fois que des Juifs auront vécu sous la souveraineté d'un État arabe. Dans le passé, il y a eu des États arabes qui ont fait preuve de beaucoup de compassion à leur égard. L'Histoire montre que durant toutes les périodes, les Juifs n'ont trouvé le répit que sous la protection de dirigeants arabes.*

L'Orient a toujours été un refuge pour les Juifs échappés d'Europe. »
[...]

Sir Robert Peel : « *Si vous parvenez à un accord avec les Anglais, serez-vous prêts à permettre aux Juifs de rester dans le pays ?* »

Hadj Amin : « *Ceci est une question que le gouvernement qui sera formé devra examiner le moment venu.* »

Et le mufti d'ajouter que le pays ne saurait prétendre assimiler les quatre cent mille Juifs qui s'y trouvent actuellement. Un membre de la commission royale notera : « *Nous ne doutons pas de la sincérité ni de l'humanité des intentions du Mufti et de ses collègues. [...] Mais nous ne pouvons oublier que les politiciens arabes n'ont jamais caché leur haine envers le Foyer national [juif], haine qui a contaminé l'ensemble de la population arabe* [16]. »

Awni Abdel Hadi, juriste de renom, déclare ensuite que les Arabes ne peuvent accepter la perspective de voir les Juifs devenir majoritaires en Palestine : « *Les Allemands veulent chasser les Juifs d'Allemagne et les Juifs veulent chasser les Arabes de Palestine.* » Sa réaction à l'idée d'un partage de la Palestine ? Réponse : « *Jamais la France n'a accepté la perte de l'Alsace et de la Lorraine* [17] *!* »

Les Arabes ne savent pas que Haïm Weizmann mène alors des négociations secrètes avec un membre de la commission, le professeur Reginald Coupland, qui enseigne l'histoire coloniale à Oxford. Les deux hommes se rencontrent discrètement dans l'école de filles de Nahalal, un village agricole. Ils discutent du partage de la Palestine en deux États, l'un juif et l'autre arabe. À l'issue de leur premier entretien, qui aura duré huit heures, Weizmann lance aux agriculteurs juifs venus le saluer : « *Les gars, je viens de poser les fondements de l'État juif !* » Mis dans le secret, Ben Gourion dit son enthousiasme. Il réunit les instances de son parti, le Mapaï, et déclare : « *Ce projet est fantastique, mais il est condamné s'il est présenté comme une proposition juive. Il faut qu'il s'agisse d'un plan britannique !* »

Plusieurs personnalités sionistes travaillistes font grise mine : partager la Palestine, cela ne signifie-t-il pas amputer la Terre d'Israël d'une partie de son territoire ? Déjà, la Transjordanie, pourtant promise à l'origine au mouvement sioniste, a été offerte à l'émir Abdallah pour qu'il y érige son royaume. Et voilà que Ben Gourion accepte à présent de limiter ses ambitions à un lambeau de territoire. Lui qui prônait un Foyer national juif du fleuve Litani (au Sud Liban) jusqu'à El-Arish dans le Sinaï, ne considère plus comme définitives les frontières du partage. Ce ne sont que « *des étapes de l'Histoire* », a-t-il dit. « *Nous ferons éclater ces frontières et pas nécessairement par l'épée*[18] *!* » écrit-il à Moshe Shertok, le directeur du département politique de l'Agence juive, qui le soutient totalement.

Zeev Jabotinsky, alors interdit de séjour en Palestine, est entendu par la commission Peel en février 1937, dans une salle de la Chambre des lords à Londres. Il déclare : « *Lorsqu'on me pose la question ainsi : [...] Lorsqu'on demande à un Juif : "Quoi ! Les Juifs vont-ils nous demander de tenir notre promesse [de la déclaration Balfour] et dire : vous avez promis une livre de chair [...] payez-nous cette livre de chair !" Gentlemen, je vous réponds au nom du plus extrême des partis sionistes : "Non !" Si la Grande-Bretagne est incapable, ne veut ou ne peut [tenir sa promesse], nous nous inclinerons devant sa décision. Mais alors, nous attendrons de la Grande-Bretagne qu'elle agisse comme tout mandataire qui estime ne pas pouvoir remplir son mandat : rendez le mandat [sur la Palestine] !* » Le leader révisionniste réitère sa revendication d'un État juif couvrant la Palestine et la Transjordanie, où les Juifs seraient majoritaires. Il faut permettre l'immigration de millions de Juifs pour les sauver de la destruction en Europe, expose-t-il. Dans cet État, les Arabes auront des droits politiques mais pas nationaux[19].

Rien n'y fait, l'idée de partage est dans l'air et renforce l'agitation qui règne au sein de l'Irgoun. Les activistes réclament la fin de la *Havlaga* alors que, discrètement, Tehomi négocie un accord avec la Haganah. Jabotinsky l'a convoqué à Paris pour le mettre en garde : « *Le mouvement révisionniste exige des garanties des chefs de l'Irgoun qu'ils n'accepteront pas l'union avec la Haganah sans son accord. Nous vous avons donné notre jeunesse et nous ne voulons pas que l'Irgoun agisse contre nos intérêts*[20] *!* »

Un accord secret est conclu dont le premier article stipule que le commandant de l'organisation « sera nommé par le président du parti révisionniste et dirigera l'Irgoun selon ses ordres ». Mais Tehomi, qui a signé sous la pression, n'a pas l'intention d'obtempérer. Il a de plus en plus de mal à tenir ses troupes. Le 22 mars 1937, deux chefs de section lancent une grenade dans un café à Azour, un village arabe. Il y a quatre blessés légers. Tehomi est furieux. L'attaque était injustifiée, un calme relatif régnait dans la région. Les deux hommes sont expulsés de l'Irgoun.

La crise touche à son terme. Le 26 avril 1937, Tehomi conclut un accord avec la Haganah, qu'il rejoint en compagnie de la moitié des militants de l'Irgoun. Jabotinsky cède aux activistes et, quatre jours plus tard, expédie de Johannesburg ses premières instructions. « *Si les émeutes reprennent et si la tendance à attaquer les Juifs recommence, ne vous modérez plus !* » En Palestine, l'état-major de l'Irgoun est formé des chefs des sections locales : Moshe Rosenberg, Hanokh Kalaï, David Raziel. Le secrétaire de l'organisation s'appelle Avraham Stern, qui a pris le nom de guerre de « Yaïr ». Ensemble, ils définissent le programme de leur combat :

« *Le destin du peuple juif sera décidé par la force des armes hébraïques sur la terre de la patrie.*

L'Irgoun considère tout Juif qui soutient cet objectif comme son allié.

L'Irgoun considérera comme son allié toute nation qui reconnaîtra le droit du peuple hébreu à l'indépendance dans sa patrie [21]. »

Quelques jours plus tard arrive en Palestine Robert Bitker, l'un des responsables du Bétar à Shanghai. Colonel de l'armée britannique durant la Première Guerre mondiale, il a une bonne expérience des opérations militaires mais aucune de la clandestinité. Il ne parle pas l'hébreu et c'est son premier séjour dans la région. Malgré tout, Jabotinsky le nomme à la tête de l'organisation.

Refus arabe

Le 7 juillet 1937, la commission Peel publie son rapport. Elle décrit d'abord les causes des événements de l'année précédente :

« *1. Le désir d'indépendance nationale des Arabes.*

2. Leur haine et leur crainte de la création d'un Foyer national juif.

Ces deux facteurs sont identiques à ceux qui furent à l'origine des explosions [de violence] précédentes et ont toujours été inextricablement liés. Parmi les facteurs secondaires, les plus importants sont :

1. Le développement du nationalisme arabe hors de Palestine.

2. L'augmentation de l'immigration juive depuis 1933.

3. La possibilité pour les Juifs d'influencer l'opinion publique en Grande-Bretagne.

4. La méfiance des Arabes quant à la sincérité du gouvernement britannique.

5. L'inquiétude des Arabes face à la poursuite des achats de terre par les Juifs.

6. L'incertitude qui règne en général au sujet des buts ultimes de la puissance mandataire.

[...] Le Foyer national juif n'est plus une expérience. L'accroissement de sa population s'est accompagné d'avancées politiques, sociales et économiques définies dès ses débuts. La principale nouveauté est son développement urbain et industriel. Le contraste entre le caractère démocratique et essentiellement européen du Foyer national juif et le monde arabe qui l'entoure est frappant. La nature du Foyer national est fortement nationaliste. Il ne peut être question d'une fusion ou d'une assimilation entre les cultures juive et arabe. [...]

La population arabe a connu un accroissement remarquable depuis 1920 et elle a sa part dans le développement de la prospérité *en Palestine. De nombreux propriétaires terriens arabes ont bénéficié de la vente de leurs terres et des investissements profitables réalisés avec ces fonds. Les fellaheen* sont dans l'ensemble mieux lotis qu'ils ne l'étaient en 1920. ces progrès arabes sont en partie dus à l'importation de capital juif en Palestine et d'autres facteurs résultant de la croissance du Foyer national juif. En particulier, les Arabes ont bénéficié de services sociaux qui n'auraient pas été fournis [...] sans les revenus provenant des Juifs.* »

La commission rejette la plupart des accusations arabes sur l'attribution aux Juifs des meilleures terres, mais conseille de réduire à l'avenir les achats de terres par les sionistes. Non pour des raisons économiques, mais pour calmer les craintes de la population arabe. Le rapport suggère de réduire à douze mille par an, pendant cinq ans, le nombre d'immigrants juifs autorisés à s'installer en Palestine. Elle parvient à la conclusion que la paix ne peut être maintenue en Palestine mandataire que par la répression – et propose le partage. Les sionistes devraient recevoir la plaine côtière et la Galilée, les Arabes le reste de la Palestine et la Cisjordanie, la Grande-Bretagne conservant sous son mandat une enclave comprenant Jérusalem et Bethléem et des bases sur le lac de Tibériade et dans le golfe d'Akaba. L'État arabe aurait le reste de la Palestine.

Afin que le partage soit effectif et débouche sur un règlement définitif, « *il doit représenter plus que le dessin d'une frontière et établir deux États. Tôt ou tard, il devrait y avoir un transfert de terres et, le plus possible, un échange de population. [...] Le traité [entre les deux États] devrait spécifier que si des Arabes propriétaires de terres situées dans l'État juif ou des Juifs propriétaires de terres dans l'État arabe souhaitent vendre leur propriété ou des plantations, le gouvernement de l'État concerné devrait avoir la responsabilité d'acheter ces terres à un prix à fixer si nécessaire par l'administration mandataire* ». La commission prend pour exemple l'échange

* Les paysans arabes.

de population entre la Grèce et la Turquie après la guerre de 1922.

Pour la première fois, la puissance mandataire envisage donc l'instauration d'une souveraineté juive sur une partie de la Palestine. Le principe est acquis, mais Ben Gourion voudrait « améliorer » le plan de partage afin que le Néguev ne soit pas inclus dans l'État arabe mais revienne à l'État juif. Il annonce donc aux hommes politiques britanniques prosionistes qu'il rejette les propositions de la commission. Au risque de la voir échouer. À Londres, des philosémites comme Lloyd George condamnent les propositions de la commission Peel. Winston Churchill, considéré comme un ami du mouvement sioniste, est également contre. Mais, selon Ben Gourion, pour des raisons « impérialistes » : *« Il pense (avec raison* !) que l'État juif mettra sur pied une armée forte, équipée des meilleures armes auxquelles les Arabes ne pourront pas résister. Les Juifs ne se satisferont pas de leurs frontières étroites et envahiront des territoires non développés, ce qui suscitera de nouveaux problèmes à l'Angleterre*[22]. »

Pour les Arabes, le partage de la Palestine est inadmissible. Leurs pires craintes se confirment. En vertu du projet, ils perdraient le littoral, à l'exception de Jaffa et de Gaza, la Galilée – et surtout Jérusalem avec les Lieux saints, qui resteraient sous le contrôle des Britanniques. Hadj Amin et le haut comité arabe rejettent donc le plan Peel. Ils ont le soutien de l'Irak et de l'Égypte où, sous l'influence des Frères musulmans, une partie de la presse est violemment antijuive et antibritannique. D'autres alliances pointent à l'horizon. L'Allemagne nazie et l'Italie fasciste ont, dans leur propagande, pris fait et cause pour les Arabes, « contre l'impérialisme britannique et son agent, le sionisme »... Des drapeaux du Reich sont brandis à l'occasion de certaines manifestations arabes en Palestine.

---

* *Sic !* Traduction littérale.

Refus juif

Jabotinsky et l'ensemble du mouvement révisionniste ne sont pas moins catastrophés. La Grande-Bretagne avait déjà amputé la Terre d'Israël de la Transjordanie et ne lui laisse qu'un peu moins de 5 000 km² au lieu des 50 000 km² prévus à l'origine. Ils font campagne contre le plan Peel. Les grands rabbins de Palestine proclament : *« Le peuple d'Israël n'a pas renoncé, au cours de milliers d'années d'exil, à son droit sur la terre des ancêtres et ne renoncera pas à un seul pouce du pays d'Israël* [23]. » De nombreux travaillistes entrent également dans l'opposition à Ben Gourion et Weizmann. Golda Meir, qui, en 1969, deviendra Premier ministre de l'État d'Israël, est contre elle aussi. Elle ne reconnaîtra son erreur que bien plus tard.

L'Irgoun traverse une période difficile. Jugeant que le manque de moyens financiers gêne le recrutement et les opérations, Bitker décide d'organiser un hold-up en vertu d'un plan mis au point par un groupe de militants. Le 12 septembre, trois hommes tentent ainsi d'arracher la sacoche d'un caissier de la banque Hapoalim à Tel-Aviv. Mais les passants maîtrisent les voleurs et les remettent à la police. Lorsque leur identité sera révélée, la presse travailliste s'empressera de souligner qu'un des « gangsters » est un militant du Bétar et les deux autres, membres du mouvement révisionniste. C'est le scandale, et pas seulement dans l'opinion publique. Bitker n'avait pas averti les autres membres de l'état-major de l'Irgoun ! Mais c'est une autre bavure qui lui coûtera son poste. Un jeune militant du nom de Tsvi Frankel est alors recherché par la police qui le soupçonne d'avoir tué un passant arabe dans un village au nord de Tel-Aviv. Il menace de se constituer prisonnier et de parler. Un matin, son cadavre est découvert dans le Yarkon, la rivière de Tel-Aviv. Manifestement, on l'a fait taire, et pour toujours. La coupe est pleine. Jabotinsky, qui séjourne en Pologne, se range aux arguments de l'état-major de l'Irgoun. Exit Bitker[24]. Son adjoint, Moshe Rosenberg, le remplace.

À la mi-juillet 1937, d'importants renforts militaires sont arrivés en Palestine. La reconquête des secteurs contrôlés par les irréguliers arabes commence. Les forces britanniques ont un nouveau commandant en chef, le général Archibald Wavell. Il décide de mettre en œuvre une nouvelle tactique. Le capitaine Orde Wingate, officier de renseignement de la 5e division, et fervent philosémite, a proposé de former des commandos antiguérillas au sein des unités de policiers auxiliaires juifs. Ce seront les « groupes spéciaux de nuit ». La plupart de ces combattants appartiennent à la Haganah qui profite de l'occasion pour prouver sa bonne volonté aux autorités britanniques – et fournit ainsi un véritable entraînement militaire à ses hommes. Deux jeunes militants deviennent alors les adjoints de Wingate : Moshe Dayan et Yigal Allon. La Haganah compte à ce moment vingt et un mille combattants[25]. L'Irgoun, un peu plus de mille cinq cents.

Le 26 septembre 1937 la révolte arabe entre dans une nouvelle phase. À Nazareth, Lewis Andrews, le commissaire du district de Galilée, est assassiné par des irréguliers arabes alors qu'il se rendait à l'église pour la messe du dimanche matin. Les autorités mandataires promulguent une série de décrets d'exception. Hadj Amin, le mufti de Jérusalem, recherché, parvient à s'enfuir au Liban où les Français le placent en résidence surveillée. C'est la guerre. L'aéroport de Lod est attaqué, ainsi que des postes de police. Les unités commandées par Wingate réalisent des opérations contre-guérillas. Exécutions sommaires. Embuscades nocturnes sur les chemins empruntés par les groupes armés arabes, mais raids punitifs aussi dans les villages soupçonnés de les abriter. Les troupes britanniques tentent de briser la révolte arabe à leur manière. Amendes collectives. Destruction de maisons soupçonnées d'abriter des « terroristes ». Des témoignages font état de meurtres et de viols commis par des militaires britanniques[26]. À la fin de l'année 1937, cinq cent quatre-vingts Arabes et cinquante et un Juifs sont détenus dans les geôles britanniques.

Le dimanche noir

Le 9 novembre 1937, à quelques kilomètres du kibboutz Kfar Anavim, non loin de Jérusalem, cinq ouvriers juifs tombent dans une embuscade. Leurs agresseurs, des Arabes venus de village avoisinants, s'enfuient en emportant leurs armes. L'émotion est considérable au sein du Yishouv. Les victimes étaient membres de la Haganah, et les militants de base exigent une riposte. Mais les chefs de l'organisation décident de maintenir leur politique de « retenue » envers et contre tout.

Ce n'est pas le cas pour l'Irgoun. L'organisation a d'ailleurs reçu, le 20 octobre, un télégramme de Jabotinsky signé du nom de code « Mendelson », l'autorisant à agir. Deux jours plus tard, en début de soirée, rue Jaffa à Jérusalem, une charge explosive est lancée sur des Arabes attablés pour l'*Yftar*, le repas de rupture du jeûne de ramadan. Deux morts et cinq blessés. La situation se détériore et les autorités mandataires publient un décret annonçant de nouvelles mesures d'urgence. Désormais, toute personne :

« – *utilisant une arme à feu illégalement ;*

– lançant ou déposant une bombe, une charge explosive ou une substance incendiaire dans l'intention de causer la mort ou d'endommager une propriété quelconque ;

– transportant une arme à feu, des munitions, une grenade ou une bombe,

sera traduite devant un tribunal militaire ».

Les Britanniques imposent quarante-huit heures de couvre-feu sur Jérusalem. Cela donne le temps au chef de la cellule de la ville, David Raziel, de préparer une opération de plus grande envergure. À vingt-sept ans, cet originaire de Biélorussie, religieux, ancien étudiant en mathématiques de l'Université hébraïque de Jérusalem, s'est fait une réputation de tacticien courageux. Le 14 novembre 1937 sera baptisé plus tard le « dimanche noir ». Peu avant 7 heures du matin, un militant tire au pistolet sur trois passants arabes dans une rue de Rehavia, un quartier chic de Jérusalem. Bilan : un mort et un blessé. Vingt minutes plus tard, des coups de feu retentissent quelques kilomètres plus loin, près d'un chantier où travaillent une quarantaine d'ouvriers arabes. Un Arabe est tué. Ses camarades réagissent en attaquant la quinzaine de Juifs qui travaillaient à leurs côtés. La bagarre fait deux morts, un Arabe et un Juif. Mais l'attentat principal a lieu deux heures plus tard. À l'entrée de Jérusalem, l'autobus de Jaffa est mitraillé à l'arme automatique. Trois passagers sont tués, un quatrième sérieusement blessé. David Raziel, qui assistait à l'opération, aura chuchoté à l'un de ses lieutenants : *« Qu'est-ce qu'ils s'imaginent ? Ils le méritent*[27] *! »*

Les autorités réagissent immédiatement. Le couvre-feu est rétabli à Jérusalem, où la police perquisitionne dans les bureaux des mouvements politiques révisionnistes. Quarante-cinq personnes sont arrêtées, mais aucune n'appartient à l'Irgoun. Elles seront libérées quelques mois plus tard. En Grande-Bretagne, le *Manchester Guardian* – un organe de presse important – publie un éditorial largement repris dans les journaux juifs de Palestine : *« La seule solution, c'est la création d'un État juif et le transfert des Arabes qui se trouvent sur son territoire dans l'État arabe voisin, avec des conditions généreuses. »*

Avraham Stern, gentleman terroriste

Au cours des deux années écoulées, des liens étroits s'étaient tissés entre la junte au pouvoir en Pologne et le mouvement révisionniste. Les successeurs de Pilsudski avaient, en effet, été très impressionnés par la tenue des militants du

Bétar lors des obsèques du vieux maréchal en mai 1935. Jabotinsky en tête, suivi de dizaines de militants en chemise brune, défilant au pas derrière leur commandant, un certain Menahem Begin. Considéré comme un proche du régime, Jabotinsky avait même été autorisé à prononcer un discours. Brandissant un sachet de sable provenant de la tombe de Trumpeldor*, il avait lancé : *« Je te salue avec fierté, Jozef Pilsudski, comme tous nos héros, comme Yossef Trumpeldor, le père du sionisme combattant ! »*

Les premiers contacts sérieux entre les révisionnistes et les Polonais avaient été noués en juin, à l'occasion d'une rencontre avec le ministre des Affaires étrangères, le colonel Jozef Beck. Jabotinsky était alors parvenu à s'assurer du soutien des dirigeants polonais en vue de la mise en œuvre de son grand projet d'évacuation d'un million cinq cent mille Juifs d'Europe de l'Est vers la Palestine. Mais aux yeux de vastes secteurs de l'opinion publique juive, ce faisant, il donnait foi à l'argument des antisémites, selon lesquels les Juifs étaient des « étrangers » dans leurs pays de résidence.

À nouveau, les révisionnistes sont la cible des violentes critiques du mouvement sioniste, dirigé par Haïm Weizmann et David Ben Gourion. Selon ses détracteurs, le projet rappelle l'évacuation forcée de centaines de milliers de Juifs par les armées tsaristes devant les forces allemandes durant la Première Guerre mondiale. Des proches de Jabotinsky confient à l'époque qu'il aurait en effet été préférable de choisir une autre terminologie. Quoi qu'il en soit, l'idée de débarrasser leur pays de quelques centaines de milliers de Juifs ne déplaît pas aux colonels polonais, qui mènent alors une politique intérieure résolument antisémite. Ils décident donc d'aider les révisionnistes. D'abord en adoptant une position favorable à la cause sioniste dans l'affaire de Palestine, tout en évitant de heurter leurs alliés britanniques, dont ils ont

* Héros russe juif de la Première Guerre mondiale, mort assassiné par des maraudeurs arabes en Palestine, en 1920.

besoin face à la menace hitlérienne. L'autre aspect de cette curieuse coopération est d'ordre militaire.

En octobre 1937, Jabotinsky et l'homme fort à Varsovie, le maréchal Rydz Smigly, sont tombés d'accord sur le principe d'une aide directe de la Pologne à l'Irgoun. Tout naturellement, Avraham Stern, l'homme des contacts avec l'extérieur et des achats d'armes, en est chargé. C'est une personnalité charismatique. À trente ans, il est l'un des chefs de file du groupe des « durs ». Originaire de Pologne, il a milité dans l'organisation des Jeunesses communistes en URSS avant d'émigrer en Palestine pour poursuivre des études à l'Université hébraïque[28]. Étudiant brillant, helléniste, poète, toujours élégant, extrêmement aimable, quelque peu mystérieux aussi, Stern est l'auteur du *Chant du combattant clandestin* qui témoigne de sa vision pessimiste des combats à venir :

Nous sommes les soldats inconnus, sans uniforme
Nous marchons […] l'ombre de la mort, dans sa terreur
Mobilisés pour la vie
Seule la mort peut nous libérer de notre devoir…

Le refrain :

Les jours rouges de massacres et de sang
Les nuits noires de désespoir
Dans les villages et les villes nous hisserons notre étendard
Avec les mots : défense et conquête
Nous n'allons pas au combat comme des esclaves conduits par le fouet.
Pour verser notre sang dans des terres étrangères.
Notre volonté : vivre en hommes libres
Notre rêve : mourir pour notre peuple
[…]
Si nous mourons dans une rue ou une maison
Pour être enterrés en cachette

Des milliers se lèveront pour prendre notre place et continuer le combat
Avec les larmes des mères endeuillées
Avec le sang des enfants purs
Nous cimenterons le mur de nos corps
Pour construire la patrie.
Les jours rouges de massacre et de sang
Les nuits noires de désespoir...

Ce message de deuil et de désespoir deviendra l'hymne de l'Irgoun, puis, après sa mort, celui des Combattants pour la liberté d'Israël (en hébreu : LEHI), ses disciples du groupe Stern.

Stern, qui a déjà effectué plusieurs voyages en Pologne pour recruter des volontaires, collecter des fonds et acheter des armes, arrive à Varsovie en décembre. Il a un grand projet : avec l'aide discrète du gouvernement polonais, il s'agit d'entraîner et d'armer une force juive de quarante mille hommes qui, à l'instar de Garibaldi, débarquera le moment venu sur les côtes de Palestine pour mettre en œuvre un *Risorgimento* juif antibritannique[29].

Des dizaines de militants de l'Irgoun se rendent alors de Palestine en Pologne, où des officiers, qui souvent ne font pas mystère de leur antisémitisme, leur fournissent un entraînement au sabotage, au maniement des armes légères et des explosifs. Shlomo Ben Shlomo, l'un des responsables de l'Irgoun à Haïfa, a participé à un de ces stages. Il raconte qu'assistant à une démonstration de sabotage, Jabotinsky expliqua un jour aux militants qu'il faudrait surtout avertir la population des lieux où seraient placées les bombes afin qu'il n'y ait pas d'innocentes victimes civiles. « *On lui répondit, dans un demi-sourire : Bien entendu*[30] *!* »

À Varsovie, Stern s'est constitué un cercle d'amis parmi les activistes révisionnistes et des Juifs polonais plus ou moins assimilés qu'il convertit à sa cause. L'année précédente, au mois d'août, il avait rencontré Nathan Yelin Mor, un étudiant de l'institut polytechnique de Varsovie, et l'un des chefs du

Bétar polonais. Les deux hommes ont vite sympathisé, et Yelin Mor entreprend d'organiser des cellules secrètes de l'Irgoun au sein du Bétar.

Ben Yossef sera exécuté

Pendant ce temps, en Palestine, la situation se détériore. Les insurgés arabes contrôlent l'ensemble des quartiers musulmans de la vieille ville de Jérusalem et menacent les communications sur une partie du territoire mandataire. Les transports interurbains sont bientôt interdits la nuit. La répression britannique se fait de plus en plus dure, mais sans grands résultats. En Galilée, les attaques antijuives sont fréquentes.

Le 16 avril 1938, près du kibboutz Hanita créé un mois plus tôt, quatre jeunes Juifs sont tués dans une embuscade. Parmi eux, un ancien militant du Bétar de Berlin. Trois jeunes de la cellule de l'Irgoun de Rosh Pina décident alors de venger leur camarade, sans en référer à leurs chefs. Le 21, ils tirent quelques coups de pistolet et lancent une grenade (qui n'explose pas) sur un autobus arabe. Il n'y a pas de victimes mais, quelques heures plus tard, Shlomo Ben Yossef, Shalom Jourabin et Avraham Schein sont capturés par une patrouille britannique alertée par un policier juif. Les autorités veulent faire un exemple.

Le procès s'ouvre le 24 mai devant le tribunal militaire d'Haïfa. Il durera deux semaines. Les accusés ont décidé de renoncer à toute défense, de reconnaître leur culpabilité et d'utiliser la tribune qui leur est offerte pour proclamer leur credo politique. Mais les chefs de l'Irgoun et du parti révisionniste en décident autrement. Par lettre, Jabotinsky leur intime l'ordre de suivre la ligne de défense définie par leurs avocats. Un alibi pour Ben Yossef, le déséquilibre mental pour Jourabin, alors que Schein, en raison de son jeune âge, ne risque pas la peine capitale.

La sentence tombe le 5 juin. Ben Yossef et Schein sont condamnés à mort et Jourabin envoyé en asile psychiatrique. En entendant la sentence, les trois hommes entonnèrent l'hymne du Bétar *Sur les deux rives du Jourdain.* Le Yishouv se mobilise pour tenter de sauver la vie des deux jeunes Juifs. Des manifestations sont organisées un peu partout en Palestine, alors que les pétitions s'accumulent sur le bureau du haut-commissaire. En Pologne, le Bétar manifeste, organisant meeting sur meeting. À Londres, Jabotinsky remue ciel et terre, tente de persuader la classe politique britannique qu'il faut épargner Ben Yossef et Schein. Sans grand succès. Il envoie un télégramme à un responsable de l'Irgoun à Haïfa : *« Si final, investir fortement. Signé : Mendelson. »* En d'autres termes : *« Si les condamnés sont exécutés, passez à l'offensive ! »* À Tel-Aviv, même l'ennemi juré du révisionnisme, la Histadrout, prend position contre l'exécution des terroristes juifs. Ce qui provoque chez David Ben Gourion une de ces colères dont il est coutumier. Il démissionne du Comité central de la centrale syndicale, en clamant qu'il est inopportun de mobiliser l'opinion publique sur cette affaire[31].

La violence arabe reprend, sporadiquement. Le 9 et le 17 juin, des Juifs sont assassinés près de Hadera et de Kalkiya. Le 24, trois ouvriers juifs (parmi eux un apprenti de treize ans) sont enlevés et tués. Le lendemain, le gouverneur militaire britannique commue en détention à perpétuité la peine de Schein, mais confirme l'exécution de Ben Yossef. Il est pendu quatre jours plus tard dans la prison de Saint-Jean-d'Acre.

Des manifestations spontanées éclatent à Tel-Aviv, durement réprimées par la police britannique. Une cinquantaine de manifestants juifs sont blessés par balles. Le lendemain, un comité restreint se réunit à Tel-Aviv. Stern, revenu de Varsovie, et Raziel y participent pour le compte de l'Irgoun, Benyamin Loubotzky et Yossef Katznelson représentent le parti révisionniste.

Quelle doit être la réaction de l'Irgoun ? Loubotzky et Raziel proposent d'interdire Tel-Aviv aux Britanniques, d'attaquer la puissance mandataire et sa politique en Palestine. Finalement, sous l'impulsion de Stern, une décision est prise : *« La politique de modération du Yishouv ayant fait faillite, une offensive générale et illimitée sera déclenchée contre les Arabes pour, en les terrorisant, les forcer à cesser les attaques antijuives* [32]. » Selon Benyamin Loubotzky Eliav, Katznelson aurait déclaré qu'il fallait empêcher les Arabes d'acquérir une quelconque influence en Terre d'Israël. Il aurait ajouté : *« Il faut prouver que les Arabes sont de la merde* [33]. »

Naissance du terrorisme juif

Dès le 4 juillet, l'Irgoun commence à « investir ». Un terrorisme juif organisé réplique au terrorisme arabe, guérilla urbaine contre guérilla urbaine, œil pour œil. Un jeune militant arrivé trois ans plus tôt de Pologne se fait bientôt remarquer. Il s'appelle Yitzhak Yzernitzky et deviendra Premier ministre de l'État d'Israël sous le nom d'Yitzhak Shamir. Tôt le matin, entre Tel-Aviv et le quartier arabe de Jaffa, des militants attaquent à l'arme à feu et à la grenade des autobus, des véhicules transportant des civils arabes. Un seul groupe revient bredouille : celui commandé par Yzernitzky. Yitzhak Hasson raconte qu'il faisait le guet tandis que son chef attendait, revêtu d'un large imperméable, les poches bourrées de grenades, deux pistolets à la main. L'objectif était un autobus transportant des postiers arabes. Mais le véhicule, pour une raison inconnue, ne s'est pas présenté[34]. Les autres commandos ont accompli leurs missions. À Jérusalem, dans la nouvelle ville juive, une bombe a été lancée à l'intérieur d'un car transportant une vingtaine d'Arabes. Bilan : quatre morts et douze blessés. Quarante-huit heures plus tard, dans le souk arabe d'Haïfa, deux charges explosives tuent vingt et une personnes et en blessent cinquante-deux.

Le même jour, dans la vieille ville de Jérusalem, une autre attaque à l'explosif fait trois morts et dix-neuf blessés. L'Irgoun y retourne le 15. Un engin explose au moment où les fidèles sortent des mosquées, après la prière du vendredi : dix morts et trente blessés. Le lendemain, à nouveau dans le souk d'Haïfa, trente-cinq Arabes tués et soixante-dix autres blessés.

Le 26 juillet à 7 heures du matin, Yaacov Raz, un militant originaire d'Afghanistan, déguisé en Arabe, dépose une charge dans le souk de la vieille ville à Jérusalem. La bombe, cachée dans un sac de légumes, est équipée d'un détonateur réglé sur 9 heures. Mais Raz n'a pas réalisé que les Arabes observent une journée de grève générale. Il est repéré et capturé par la foule en colère. Roué de coups, poignardé à plusieurs reprises, une patrouille de police le sauve d'une mort certaine et le transporte sous bonne garde à l'hôpital Hadassah – où il devra répondre aux questions pressantes des enquêteurs du Criminal Investigation Department (CID). Profitant de quelques minutes d'inattention des médecins et des policiers, il déchire ses pansements, arrache ses points de suture et meurt d'hémorragie. Raz n'a pas parlé.

Pour les responsables politiques du Yishouv, l'offensive de l'Irgoun est une catastrophe qui rend impossible la politique de retenue et de coopération avec les Britanniques. La condamnation des actes commis par « *les gangs juifs* » est donc unanime. David Ben Gourion décide même de renforcer la collaboration de la Haganah avec les autorités mandataires. Il explique à un groupe d'officiers de son organisation : « *Les Anglais veulent savoir quelle est la force que nous mettons sur pied et aussi qui sont les Juifs qui viennent en Palestine, s'ils peuvent leur faire confiance. Si les Anglais considèrent que nous aussi nous lançons des bombes, ils ne nous laisseront pas immigrer. Les Juifs resteront à Varsovie pour y entendre des discours sur l'héroïsme de Ben Yossef*[35]. » Le 30 juillet, au cours d'une journée d'étude organisée par un mouvement de *kibboutzim*, Ben Gourion va plus loin : « *[...] Sommes-nous prêts à aider le gouvernement [britannique] à lutter contre le terrorisme ? Oui ou non ? Nous le voulons ! Le terrorisme juif occupe une partie des forces du gouvernement qui pourraient être dirigées contre le terrorisme arabe. Nous ne voulons pas que la police soit préoccupée par sa guerre contre les terroristes juifs. Mais là n'est pas l'essentiel. Nous ne voulons pas que le peuple arabe dans le pays ait le sentiment que ses terroristes ont raison ; qu'ils doivent affronter les Juifs par le terrorisme. [...] Je pense que tout ce que les révisionnistes savent faire, c'est tuer les vieux passants arabes. [...] On ne peut lutter contre le terrorisme qu'avec l'aide du gouvernement* [36]. »

Les instances travaillistes collaborent avec les autorités mandataires. Omer, l'organe de la Histadrout, lance un appel à l'opinion : « *La catastrophe nous concerne tous, Arabes et Juifs. Nous devons tous commencer ensemble à agir contre tous ceux qui commettent des meurtres et des destructions dans le pays* [37]. » La police britannique déclenche alors une vague d'arrestations parmi les responsables et les militants révisionnistes. Des dizaines de personnalités de droite sont placées en détention administrative, sans procès. Certaines, dénoncées par la Haganah, sont remises aux autorités. Eliahou Rappoport, un militant de l'Irgoun, est capturé à Haïfa après avoir ouvert le feu sur un passant coiffé d'un tarbouche. Erreur : la victime, gravement blessée, était juive... L'agresseur est remis à la police britannique. Raziel est inquiet. Rappoport risque d'être condamné à mort par un tribunal militaire. Le 1er août, à Tel-Aviv, un militant de la Haganah est kidnappé par l'Irgoun. Il sera libéré lorsque Rappoport échappera à la pendaison.

La répression britannique n'empêche pas l'Irgoun de poursuivre ses opérations. À Tel-Aviv, la compagnie dirigée par Aryeh Yitzhaki participe à la défense des secteurs juifs contre les attaques des hommes du mufti et lance la contre-offensive. Le 26 août, la pose d'une bombe de plusieurs dizaines de kilos dans le souk de Jaffa fait vingt-quatre morts et trente-cinq blessés. Persuadée que les autorités britanniques sont complices de l'attentat, une foule arabe en colère tente d'incendier la Anglo-Palestine Bank.

Deux jours plus tard, le 28, l'Irgoun suspend ses opérations sous la pression de ses « parrains » du parti révisionniste qui ont fini par conclure un accord avec la Haganah. Il s'agit de coordonner les activités des deux organisations, une commission paritaire devant désormais approuver tout nouveau raid de représailles. Un arrangement qui ne plaît pas aux responsables de l'Irgoun, notamment à Avraham Stern. Il n'accepte pas de se retrouver les mains liées. David Ben Gourion, lui aussi, est hostile à l'accord. Le 20 septembre, de Londres, il télégraphie à Eliahou Golomb, le chef de la Haganah, pour lui annoncer que cet accord est, de son point de vue, nul et non avenu. Ben Gourion n'entend pas accepter ce qu'il considère comme une reddition, et l'intégration de l'Irgoun au sein de la Haganah.

Pour les jeunes activistes révisionnistes, l'accord n'est pas acceptable. Et au congrès mondial du Bétar qui s'ouvre le 11 septembre 1938 à Varsovie, Jabotinsky doit faire face à ses détracteurs. Le vieux leader voudrait faire rentrer l'Irgoun dans le rang, mettre un terme à l'extrémisme que l'organisation distille au sein du Bétar. Il explique donc que le parti révisionniste doit être l'horizon suprême pour la jeunesse militante. Autant dire : Faites de la politique ! N'adhérez pas à l'Irgoun ! L'unité du mouvement, dit-il, doit être préservée. C'est sans compter sur Avraham Stern qui, en coulisse, poursuit son travail de recrutement. Deux orateurs attaquent Jabotinsky de front. Menahem Begin, le chef du Bétar polonais, qui prononce un plaidoyer passionné en faveur du sionisme militaire. « *Cavour,* dit-il, *n'aurait jamais libéré l'Italie sans Garibaldi.* » Jabotinsky, sentant que son leadership est remis en question, riposte en ces termes : « *Garibaldi n'affrontait pas une autre nation en Italie ; en Irlande, les catholiques vivaient sur la terre de leur patrie. Les conditions [de notre combat] sont différentes de celles des Irlandais et des Italiens. Si vous pensez qu'il n'y a d'autre voie que celle proposée par Menahem Begin et que vous utilisez les armes, vous vous suicidez.* »

Un autre délégué prend la parole. Israël Scheib est un brillant universitaire – il a consacré son doctorat, à l'Université de Vienne, à l'étude de Schopenhauer, et enseigne aujourd'hui la Bible ainsi que la poésie hébraïque au lycée juif de Vilnius, où il est également chef de section du Bétar. Lui aussi interpelle Jabotinsky « *Des voleurs ont fait irruption au sein du mouvement national et semé l'opportunisme et le défaitisme.* » À l'issue de son discours, Nathan Yelin Mor demande discrètement à Scheib de le suivre. Il le conduit dans une pièce attenante, où l'attend un homme revêtu d'un costume sombre, élégant, un visage allongé, des mains fines. « *Je vous ai écouté,* lui dit-il. *Votre allocution était excellente, mais il faut que je vous pose une question. Devons-nous rester fidèles au Bétar ?* » Scheib lui répond qu'il ne faut à aucun prix prendre le risque de briser le cadre du Bétar s'il est possible de régénérer l'organisation par l'activisme. Scheib découvrira plus tard l'identité de son interlocuteur : c'est Avraham Stern. Il ne le reverra qu'en 1941, en Palestine[38].

En Palestine justement, l'Agence juive poursuit sa politique d'occupation du terrain. De 1936 à 1938 cinquante-cinq points de peuplement ont vu le jour, pour la plupart des *kibboutzim.* Mais la politique britannique a bien changé. Quelques mois plus tôt, le haut-commissaire en Palestine, Arthur Wauchope, l'homme du compromis avec les sionistes, a été remplacé par sir Harold MacMichael, l'ex-gouverneur du Tanganyka, et, à Londres, le très philosémite secrétaire aux Affaires coloniales, William Ormsby-Gore par sir Harold MacDonald, qui réclame de nouvelles limites à l'immigration juive. Autre sujet d'inquiétude : la France et la Grande-Bretagne acceptent un compromis avec Hitler. Le 30 septembre 1938, Chamberlain et Daladier signent les accords de Munich, et le 1er octobre, le Reich occupe une partie de la Tchécoslovaquie. Le 9 novembre, la communauté juive allemande subit l'infâme pogrom de la Nuit de cristal. Il n'est pas un foyer juif, pas une synagogue qui ne soit attaqué par la foule nazie. Cinq cents lieux de culte sont incendiés, quatre cents Juifs assassinés et près de cinquante mille autres conduits dans des camps de concentration. Cyniquement, Hermann Goering impose une amende d'un milliard de Reichsmarks à la communauté juive.

Après la Nuit de cristal

En Palestine, le Yishouv exprime aussitôt sa solidarité avec les Juifs allemands. Des journées de jeûne et de prières sont organisées par les grands rabbins de Palestine. Difficile de faire plus : l'immigration d'Europe a virtuellement cessé. Les chefs de l'Irgoun considèrent que ces événements confirment leurs analyses : la place des Juifs est bien en Terre d'Israël où il faut combattre l'occupant britannique. Mais, en cette fin d'année 1938, c'est d'abord vers la Pologne qu'ils ont les yeux tournés. Des dizaines de milliers de militants sont prêts à partir pour la Palestine.

Les responsables travaillistes du mouvement sioniste se posent, au même moment, une question angoissante : comment sauvera-t-on le judaïsme européen si l'État juif ne voit pas le jour ? Un homme comme David Ben Gourion, pour qui la diaspora n'a toujours représenté qu'un vaste réservoir d'immigrants potentiels, doit désormais examiner la question différemment. C'est que, quelques semaines après la *Kristallnacht*, l'Agence juive a demandé au gouvernement britannique d'autoriser l'immigration en Palestine de dix mille enfants juifs d'Allemagne et d'Autriche. Et la réponse a été négative. Le secrétaire aux Colonies, MacDonald, a en effet informé le cabinet de Sa Majesté qu'il était certes possible, du point de vue économique, d'accueillir en Palestine autant de réfugiés juifs, mais qu'un tel geste risquait de torpiller la nouvelle initiative de Londres sur la Palestine.

La conférence dite de la Table ronde de l'hôtel St. James débute le 7 février 1939, et très vite les dirigeants sionistes réalisent que la Grande-Bretagne n'a l'intention de faire de concessions qu'aux Arabes. MacDonald explique à Haïm Weizmann, qui dirige la délégation sioniste, que la présence britannique au Proche-Orient dépend surtout du bon vouloir du monde arabe. La guerre paraît imminente et le cabinet britannique doit s'assurer que les gouvernements de la région ne chercheront pas de soutien du côté des puissances hostiles. Il n'est plus question de partage de la Palestine.

Feu contre les Britanniques !

Les négociations sont dans l'impasse. Le 27, une bombe explose à Haïfa : vingt morts. Les Arabes de la ville portuaire manifestent violemment. Trois passants juifs sont lynchés. La conférence s'achève le 12 mars sur un désaccord total. Les sionistes refusent toute nouvelle limite à l'immigration. Mais rien n'y fait. Le 17 mai 1939, Chamberlain et MacDonald publient le *Livre blanc sur la Palestine.* Seuls dix mille Juifs pourront immigrer chaque année pendant cinq ans, plus un contingent exceptionnel de vingt-cinq mille réfugiés juifs. Après cette période, toute nouvelle immigration devra avoir recueilli l'approbation des Arabes. Les ventes de terres aux Juifs sont dès à présent interdites. Les portes de la Palestine se ferment devant le judaïsme européen.

Le soir même, une première manifestation a lieu à Tel-Aviv. Le défilé se termine place des Colonies où des militants mettent à sac les bureaux de l'administration. L'armée et la police britanniques interviennent brutalement. Huit manifestants sont blessés, dont un gravement. Le lendemain, Raziel décide de déclencher une nouvelle offensive contre les Arabes – mais aussi contre des objectifs britanniques. Mais deux jours plus tard, l'avion qu'il avait emprunté pour se rendre de Tel-Aviv à Haïfa afin d'éviter les barrages routiers fait une escale imprévue à l'aéroport de Lod. Un fonctionnaire britannique, auquel il avait déjà échappé en février, le reconnaît. Le chef de l'Irgoun est immédiatement appréhendé.

Hanokh Kalaï, qui dirige alors la section de Jérusalem, est nommé à la tête de l'organisation. Stern, dont Jabotinsky se méfie plus que jamais, reste son numéro deux. Les opérations reprennent dès le 29 mai à Jérusalem. Yaacov Levstein, un des meilleurs experts en explosifs de l'Irgoun – il a suivi un stage de sabotage en Pologne –, dépose un imperméable piégé dans le cinéma Rex, la principale salle de spectacle de la ville arabe, tandis que deux couples de militants y « oublient » des bonbonnières bourrées d'explosifs. L'attentat fait cinq morts et dix-huit blessés dont trois policiers britanniques et un jeune couple juif venu flirter discrètement dans un endroit où ils ne risquaient pas d'être reconnus.

Le même jour, la section d'Haïfa lance une offensive en règle contre Bir Adès, un village arabe. Kalaï a donné l'ordre de ne pas attaquer les femmes, les vieillards et les enfants[39]. Vingt-cinq militants participent à l'opération, qui se déroule dans un grand désordre. Les assaillants se retirent avec un seul blessé léger, après avoir hissé leur drapeau sur le village. Côté arabe, il y a dix morts dont quatre femmes ; un enfant a été aussi blessé. Le commandant du raid reçoit un blâme. Furieux, Jabotinsky expédie le 26 juin une lettre à l'état-major de l'Irgoun :

« Le Times *du 22 mai affirme qu'à Bir Adès quatre femmes ont été tuées à coups de pistolet à l'intérieur des maisons, c'est-à-dire que l'on a volontairement tué des femmes. Si c'est faux, il faut démentir immédiatement. Si c'est la vérité, il faut punir les responsables et m'en informer.*

Directives :

L'opinion publique, juive et non juive, est en faveur de ripostes aussi longtemps que l'on n'a pas l'impression que des femmes sont prises pour cibles. En situation défensive, il n'est pas possible de différencier entre les sexes, mais lors des attaques, il faut éviter toute action pouvant donner une telle impression. Voici les consignes :

– Tirs. Il vaut mieux ne pas tirer plutôt que de mettre une femme en danger.

– Opérations de masse. Il est préférable de renoncer à toute attaque dans des lieux où les femmes ont l'habitude de se rassembler.

Il faut diffuser des avertissements en arabe expliquant que, dans les circonstances actuelles, les hommes ne devraient pas envoyer leurs femmes au souk mais y aller eux-mêmes[40]. *»*

On torture des Juifs dans les caves de Sa Majesté

Les chefs de l'Irgoun répondent au vieux leader qu'ils ne peuvent tout de même pas demander aux lanceurs de bombes d'avertir de leur action au préalable. Et l'offensive se poursuit un peu partout en Palestine.

Des colis piégés explosent bientôt dans les locaux de la radio britannique à Jérusalem. Un mort, deux blessés. Les charges ont été préparées dans un local discret, 11 rue Lilienblum, dans le centre de Tel-Aviv. Le 5 août, un samedi soir, une explosion secoue tout le quartier. Aryeh Yitzhaki vient d'effectuer une fausse manœuvre en préparant des paquets piégés à la dynamite en compagnie d'un jeune militant. Les engins devaient être déposés quelques heures plus tard dans des boîtes postales de Jaffa. Yitzhaki est grièvement blessé. Son compagnon, légèrement atteint, part chercher du secours, mais une patrouille de police a entendu l'explosion et arrive aussitôt sur place. Un détective britannique demande à Yitzhaki quel est son nom. Il répond : « *Je m'appelle : la mort !* » Il décédera le lendemain à l'hôpital.

Le même jour à Jérusalem, Benyamin Zironi, le responsable de la section locale, est arrêté à bord d'une voiture qui a été utilisée la nuit précédente à l'occasion du cambriolage d'un entrepôt d'explosifs. À son domicile, les enquêteurs découvrent le rapport financier qu'il devait envoyer à ses supérieurs de l'organisation. Les chefs du CID, la branche de la police britannique chargée de démanteler l'Irgoun, se frottent les mains. Ils ont enfin capturé un gros poisson. Il faut le faire parler. Zironi sera torturé six jours d'affilée. Pendu par les orteils, soumis à la baignoire, le tout accompagné de solides corrections et d'injures antisémites. Le 11, aidé par la chance, il parvient à s'échapper et à se réfugier chez une militante.

Ce n'est pas la première fois que des membres de l'Irgoun subissent des tortures dans les caves du CID et l'état-major décide que la coupe est pleine. Yaacov Levstein se met au travail. Il prépare une mine télécommandée selon la recette fournie par ses instructeurs polonais : quinze kilos de gélinite, un détonateur électrique, des clous en métal. La cible : Ralf Krantz, le chef du département juif du CID. L'engin est enterré sur le chemin qu'il emprunte quotidiennement pour regagner son domicile à Rehavia, un quartier élégant de la nouvelle ville de Jérusalem. Le détonateur est relié à la charge par un fil de cinquante mètres. Le 26 août, les guetteurs sont en place. À 14 h 50, Krantz apparaît en compagnie d'un autre officier. Ils sont tués sur le coup. La seconde victime est Ronald Barker, l'un des responsables de la section arabe du CID[41].

Quatre jours plus tard, Levstein se rend à Tel-Aviv. Le déplacement est risqué puisque les Britanniques connaissent son identité, mais il n'a pas le choix. Il est convoqué par l'état-major de l'Irgoun. Cette réunion, à laquelle participent Kalaï, Stern, Kheikhmann et Naftaly Loubinsky – ce dernier est sur le point de partir pour l'Irlande afin d'y rencontrer Robert Brisko, une personnalité juive membre de l'IRA –, a été convoquée dans un appartement de la rue Aharonowitch. Levstein est félicité pour ses opérations réussies. Il reçoit aussitôt de nouvelles instructions et se poste dans l'entrée où il monte la garde. Les responsables examinent ensuite la dernière proposition de Jabotinsky : organiser un débarquement limité sur la plage de Tel-Aviv auquel il entend participer en personne. Au même moment, l'Irgoun attaquerait le siège du gouvernement mandataire à Jérusalem afin d'y faire flotter le drapeau d'Israël pendant quelques heures. Le temps de proclamer la formation d'un gouvernement juif en exil, en Europe ou aux États-Unis…

Stern est contre. Ce que propose Jabotinsky est, dit-il, prématuré. Une telle opération risque de torpiller son projet de conquête militaire de la Palestine par quarante mille combattants juifs, dont la formation n'est pas achevée en Pologne[42]. « *L'opération "Jabo" n'est que de la propagande aux moyens limités et qui de surcroît risque d'entraîner la destruction de l'infrastructure de l'Irgoun en Palestine* », répète Stern à ses camarades. Seul Kheikhmann semble s'enthousiasmer pour la proposition de Jabotinsky. Les autres sont d'accord avec Stern. L'Irgoun est encore trop faible pour se lancer dans une telle aventure.

Des bruits de pas et des cris dans l'escalier mettent fin à la discussion. Levstein jette un coup d'œil par la fenêtre. La police britannique encercle la maison. L'état-major de l'Irgoun est sur le point d'être capturé. Loubinsky parvient à sauter sur le balcon du second étage. Il a tout juste le temps de détruire quelques papiers. Menottes aux poignets, les cinq hommes sont conduits à la prison de Jaffa.

Le lendemain, 1er septembre 1939, les troupes de l'Allemagne nazie franchissent la frontière polonaise. La Seconde Guerre mondiale commence.

De France où il réside, Zeev Jabotinsky expédie un télégramme au président de la Pologne : *« Au nom d'un mouvement qui, il y a des années, fut l'un des premiers à comprendre la mission de la Pologne parmi les plus grandes puissances du monde et qui a conçu le lien providentiel entre la renaissance de l'État juif en Palestine et le triomphe de la Pologne, j'appelle humblement la bénédiction de Dieu sur votre pays*[43]. »

Un message pathétique. Une nuit de terreur et de mort s'abat sur la Pologne et ses Juifs. Les projets de l'Irgoun sont écrasés sous les bottes de la Wehrmacht et de l'Armée rouge qui occupe la partie orientale du pays au terme du pacte germano-soviétique conclu le 23 août 1939.

CHAPITRE 2

Hitler ou Churchill ?

L'armée polonaise est en déroute. À Varsovie, Menahem Begin, le chef du Bétar, lance un appel à ses militants pour qu'ils creusent des tranchées et fassent leur devoir de citoyens. Il propose à un général de l'armée polonaise de former un bataillon juif qui participerait au combat contre les nazis. La réponse est négative. Les militaires polonais ont d'autres soucis. Des bombes allemandes tombent sur la ville. La bataille s'achève. La répression hitlérienne est toute proche. Les responsables révisionnistes comprennent qu'il est temps de fuir s'ils veulent éviter la capture par les nazis.

Mais d'abord, le 5 septembre 1939, Nathan Yelin Mor épouse Frieda, l'élue de son cœur. Begin et Aliza, sa femme, sont leurs témoins. Les deux couples, rejoints par Israël Scheib, font tout de même bien vite leurs bagages et, avec les milliers de réfugiés, se dirigent vers l'Est, en direction des territoires sous occupation soviétique. Évitant les raids aériens allemands et les chars de l'Armée rouge, ils parviendront sept semaines plus tard à Vilnius, la capitale temporaire de la « Lituanie libre »[1].

En Pologne orientale, les Soviétiques occupent Rozhnoï, le village natal d'Yitzhak Yzernitzky. Un comité populaire est mis en place sous la direction de Yaacov Meir. Pour les Juifs, c'est une surprise. Meir n'a pas la réputation d'être un communiste. Propriétaire d'une tannerie à l'extrémité du bourg, on sait tout au plus qu'il apprécie la littérature dite « progressiste ». Mais de là à devenir le représentant de la région au soviet de Biélorussie à Minsk ! Un autre tanneur reçoit un poste important : Shlomo Yzernitzky (le père d'Yitzhak Shamir), qui devient commissaire chargé du commerce des cuirs et peaux – un produit stratégique à l'heure où des masses d'hommes sont mobilisées. Une fonction qui l'amènera à se rendre régulièrement à Moscou. Cette nomination est tout aussi surprenante que celle de Yaacov Meir : manifestement, Shlomo avait discrètement entretenu de solides contacts avec les Soviétiques depuis sa participation à la révolution manquée de 1905[2].

En Palestine, le Yishouv se prépare à la guerre sans trop y croire. L'Europe est bien loin, et le principal souci de l'opinion porte sur le sort des communautés juives en Pologne et en Allemagne dont on est pratiquement sans nouvelles. Pour Ben Gourion, la crise mondiale ouvre de nouvelles perspectives au mouvement sioniste. Il l'explique, le 8 septembre 1939, aux chefs de la Haganah convoqués à Jérusalem : *« La Première Guerre mondiale nous a apporté la déclaration Balfour, cette fois nous devons avoir l'État juif ! [...] Seuls notre victoire, notre effort permettront de réaliser cet objectif car la seule victoire de l'Angleterre n'assurera pas nécessairement l'octroi de la Terre d'Israël au peuple juif. Notre objectif est également la création d'une armée juive, d'abord en Terre d'Israël et pour le peuple juif ! [...] Il ne faut pas placer trop d'espoir dans l'entrée au gouvernement britannique de Winston Churchill et compter avant tout sur nous-mêmes* [3]. »

Moshe Dayan en prison

À Londres, plusieurs personnalités soutiennent Haïm Weizmann dans ses efforts pour persuader le gouvernement d'accepter la formation d'une brigade juive. Le très prosioniste Orde Wingate[4] va plus loin encore, et propose de mettre sur pied une division de quinze mille hommes commandés par cinq cents officiers juifs palestiniens. Mais le

3 octobre, les autorités mandataires décident de calmer les ardeurs des dirigeants du Yishouv. Repérée par la police alors qu'elle s'entraînait au maniement des armes, une unité de la Haganah est interceptée par l'armée britannique en Galilée. Quarante-deux recrues, dont Moshe Dayan, sont appréhendées et conduites à la prison de Saint-Jean-d'Acre. Épuisés, les prisonniers s'effondrent sur les paillasses de leurs cellules. Au bout de quelques minutes, les gardiens viennent chercher l'un des prisonniers. Quelque temps plus tard, il revient, titubant, couvert de sang. C'est au tour de Dayan. Il reconnaît appartenir à la Haganah, une organisation illégale. Oui, le groupe effectuait un entraînement militaire. Mais il ne révélera ni l'origine de leurs armes ni les noms de ses chefs. À cet instant, deux gardiens s'approchent de lui en brandissant des matraques. « *Attention !* avertit Dayan. *Si vous touchez à un seul d'entre nous, nos amis à l'extérieur vous puniront !* » Les Britanniques rangent les matraques[5].

Curieuse logique de l'occupant. Il emprisonne ses alliés et fait alliance avec ses ennemis d'hier. Pourtant, dès le 4 septembre, Zeev Jabotinsky a écrit à Neville Chamberlain pour l'informer que « *le judaïsme mondial est prêt, en période de guerre, à oublier ses griefs envers le pouvoir britannique en Terre d'Israël et placer son destin aux côtés de la démocratie combattante* [6] ». Deux jours plus tard, il est reçu par Malcolm MacDonald, le secrétaire aux Colonies. Sans consulter le leader travailliste, dans sa prison, David Raziel et deux autres chefs de l'Irgoun, depuis la prison où ils sont incarcérés, ont déjà pris leur décision et adressé une lettre au général commandant les forces britanniques en Palestine, au secrétaire général du cabinet mandataire et, pour faire bonne mesure, au commandant en chef de la police : « *La guerre déclarée par l'Empire britannique et ses alliés contre l'Allemagne nazie fait que la Terre d'Israël est en guerre avec l'Allemagne. Cela met en danger les centres juifs importants en Pologne où vivent trois millions et demi de Juifs. Si Hitler réussit son complot, ils auront le même sort que les Juifs allemands, autrichiens, tchèques.* » Et de réclamer leur libération, « *étant emprisonnés sur la foi d'informations erronées au sujet de leur attitude envers l'Empire britannique* ». La missive se termine sur une proposition on ne peut plus directe : « *Nos représentants officiels sont prêts à fournir des plans opérationnels sur tous les fronts, et peuvent mobiliser des milliers de jeunes prêts à se battre par le corps et l'esprit, et prêts à servir sous le drapeau britannique*[7]. » Raziel fait même diffuser un tract parmi les militants de l'Irgoun : « *Afin de ne pas gêner la guerre contre l'Allemagne et diriger un maximum de forces destinées à l'aide de l'Angleterre et de ses alliés, l'Irgoun décide de cesser toute opération offensive en Terre d'Israël qui risquerait de porter atteinte au gouvernement anglais et d'apporter une aide, quelle qu'elle soit, au plus grand ennemi du peuple juif dans le monde : le nazisme allemand. L'Allemagne a non seulement attaqué nos frères juifs, mais aussi fourni des armes au terrorisme arabe en Terre d'Israël.* »

À la mi-octobre, Raziel est conduit à Jérusalem où il expose ses intentions au secrétaire général du cabinet mandataire et au chef de l'Intelligence Service. L'Irgoun, dit-il, est prête à mobiliser trois mille hommes dans la diaspora. Ils agiraient derrière les lignes ennemies. L'organisation est également prête à participer à des opérations de renseignements dans les Balkans et les États baltes. Le lendemain, 20 octobre, nouvel entretien, au terme duquel on lui annonce qu'il est libre. Raziel, surpris, prend congé des policiers britanniques et sort du commissariat. Mais il s'aperçoit très vite qu'un policier en uniforme le file. Il se tourne alors vers lui et lui propose tout bonnement de l'accompagner. Les deux hommes s'en vont alors boire une bière au café Vienna, place de Sion, très fréquenté par les militaires de Sa Majesté. L'Irgoun a une source de renseignements dans l'établissement : une serveuse qui découvre avec stupéfaction son chef attablé parmi tous ces Britanniques.

Quelques jours plus tard, Raziel fait passer un message à ses camarades de l'état-major encore détenus. Il a reçu, par des canaux secrets, une proposition d'alliance avec l'Italie fasciste. Le gouvernement de Mussolini fournirait une aide militaire à l'Irgoun et accepterait la création d'un État juif fasciste en Palestine sous la protection italienne. L'affaire sent le soufre, la provocation. Stern, admirateur du Duce, fait savoir qu'il faut accepter un tel pacte. Raziel annonce : « *Je suis prêt à acheter des armes au diable mais pas à signer un tel document*[8] *!* »

Quand l'Irgoun travaille pour les Britanniques

À Tel-Aviv, l'organisation observe le cessez-le-feu décrété par Jabotinsky. Les militants se consacrent à une curieuse activité : la filature et la surveillance des organisations juives de gauche, l'Hashomer Hatsaïr et les communistes. L'opération est dirigée par Israël Pritzcker, le chef des Renseignements de l'Irgoun, qui reçoit les rapports. Plusieurs groupes, dont celui d'Yitzhak Yzernitzky, ont pour tâche de cambrioler les bureaux, de saisir le plus de documents possible, de les placer dans des cartons et de les déposer en certains lieux sûrs de Tel-Aviv. Après quelques semaines, les militants commencent à trouver ce petit manège pour le moins bizarre[9]. Deux d'entre eux décident de faire le guet après avoir déposé leur butin dans l'entrée d'un immeuble près de la rue Dizengoff, comme on le leur avait demandé. Et ils ont la surprise, une heure plus tard, de voir arriver des soldats britanniques qui s'emparent sans plus de façon des documents volés chez les « gauchistes ». L'Irgoun travaille bel et bien pour le compte de son ennemi, l'Intelligence Service.

Les choses se passent moins bien pour la Haganah. Ses quarante-trois hommes capturés en Galilée sont, en effet, condamnés le 30 octobre à des peines de prison de dix ans par le tribunal militaire qui les a reconnus coupables de détention illégale d'armes. L'un d'entre eux écope même d'une peine de détention à perpétuité. Les juges n'ont pas suivi l'argument de la défense, pourtant simple : les accusés se préparaient à combattre l'ennemi commun, l'Allemagne nazie... Ben Gourion décide de protester et d'intercéder en faveur des condamnés auprès du général Barker, le commandant en chef des forces britanniques en Palestine. Ce Barker n'est pas vraiment philosémite.

D'emblée, le général demande : *« À quelle organisation appartiennent ces gens ? »*

Ben Gourion : *« À la Haganah en hébreu, en anglais cela signifie "Défense". »*

Barker : *« Des gens qui ont des bombes ne peuvent appartenir à une "Défense". Il faut les appeler : "Attaque !" Dites-moi, comment dit-on attaque en hébreu ? »*

Ben Gourion : « *Hatkafa !* »

Barker se tourne vers son aide de camp : *« Prenez note ! Hatkafa ! C'est ainsi qu'il faut appeler cette organisation clandestine* [10] *! »*

Ben Gourion quitte la rencontre, inquiet. Tout cela ne présage rien de bon. En s'en prenant à la Haganah, le pouvoir britannique montre qu'il n'a aucune intention de mettre sur pied une brigade juive.

Pour sa part, l'Irgoun soigne ses relations avec les représentants de Sa Majesté. Des Britanniques sont invités à des réceptions organisées par les révisionnistes. L'inspecteur Wilkin, responsable du dossier Juifs au CID, viendra même honorer de sa présence une soirée dansante au cinéma Mograbi à Tel-Aviv. Les militants n'apprécient pas. Yitzhak Yzernitzky pose la question de but en blanc à David Raziel : *« Une telle collaboration entre l'Irgoun et la police britannique n'est-elle pas condamnable ? Pourquoi espionner d'autres organisations juives pour le compte des Britanniques ? »* La réponse est tout aussi claire : *« Les rapports avec l'Intelligence Service sont une arme importante, je ne pense pas que nous devions y renoncer* [11]*. »*

Les dossiers s'accumulent dans le bureau d'Israël Pritzcker. Max Goldman, l'un des responsables de l'Irgoun à Tel-Aviv, est témoin de leur transfert aux Britanniques, en pleine rue. Il raconte l'histoire à Yehouda Gour et à Yzernitzky, qui se disent scandalisés. Les chefs de groupe se réunissent tard dans la soirée chez Avner Erlich, le responsable de la propagande. Gour veut rendre son tablier, quitter l'Irgoun. Yzernitzky est plus pondéré. Prenons, dit-il, l'avis des chefs en détention. Le lendemain, à l'heure des visites, Max Goldman et Gour se rendent à la prison de Mizra. Avraham Stern leur conseille de ne pas démissionner mais de cesser tout espionnage et d'attendre patiemment la libération des membres de l'état-major encore détenus.

La révolte juive

Impuissant, diplomatiquement plus isolé que jamais, le Yishouv assiste aux drames des bateaux transportant des réfugiés qui viennent s'échouer sur les côtes et dans les ports où les soldats britanniques les arrêtent pour les expulser ensuite. Des navires chargés de Juifs fuyant l'Europe attendent en rade de ports turcs ou roumains l'autorisation d'appareiller vers Haïfa ou Tel-Aviv. La réponse des autorités mandataires est invariablement négative. Le 9 janvier 1940, l'*Orion*, transportant cinq cents Juifs, est intercepté au large de la Palestine ; le 30, vient le tour du cargo *Hilda*, avec huit cents réfugiés d'Allemagne, et le 15 février, celui du *Skaria*, avec deux mille trois cents Juifs qui s'étaient échappés de la région du Danube. MacDonald, le ministre britannique des Colonies, explique aux Communes : *« Il est impossible d'accepter ces personnes car les arguments qui interdisent l'immigration légale sont d'autant plus valables pour l'immigration illégale que nous sommes en temps de guerre. Des espions ennemis peuvent toujours se cacher parmi eux. »* Les réfugiés seront déportés dans des îles du Pacifique et de l'océan Indien.

Londres n'a donc aucune intention d'entrouvrir les portes de la Terre promise, où la répression s'intensifie. Le 21 janvier, la police effectue un raid dans le village de Ben Shemen. Des armes sont saisies, et onze membres de la Haganah arrêtés. Ils sont condamnés à des peines de trois à sept ans de prison. Le 28 février, Londres promulgue un nouveau décret limitant les ventes de terres aux Juifs. Sur 65 % du territoire palestinien, les achats ne sont autorisés qu'aux Arabes ; comme 30 % sont interdits de vente aux Juifs, ces derniers ne peuvent acquérir de terrains que sur les 5 % restants... Ben Gourion enrage. Il annonce sa démission à l'exécutif sioniste : « *Depuis hier, nous avons cessé d'être des citoyens jouissant de droits égaux dans notre pays. On nous a retiré le droit à la terre de la patrie. [...] Dans ces conditions, je ne peux plus assumer mes fonctions et je démissionne de mes fonctions au sein de l'Agence juive !* » Dégagé de ses responsabilités officielles, il va mener le combat contre l'administration mandataire et réunit, pour commencer, un premier groupe d'activistes, parmi lesquels les chefs de la Haganah.

Une grève générale de l'ensemble de la communauté juive a lieu le lendemain. Bravant l'interdiction de la police, une importante manifestation a lieu à Tel-Aviv. Les forces de l'ordre interviennent et, à 16 heures, le couvre-feu est décrété sur la ville. Suivant les instructions de Ben Gourion, la Haganah organise un affrontement violent le samedi 3 octobre. À 11 heures, dirigés par des responsables nommés pour la circonstance, des centaines de militants surgissent inopinément en brandissant des drapeaux frappés de l'étoile de David et en scandant des slogans antibritanniques. Ils sont armés de manches de pioche et de pierres. Une foule nombreuse les rejoint. Discrètement, les hôpitaux juifs ont été placés en état d'alerte. La police charge. Rien n'y fait, les manifestants résistent. Des policiers à cheval, sabre au clair, interviennent mais sont bientôt obligés de reculer sous une pluie de pierres et d'objets divers. Des militaires, baïonnette au fusil, sont déployés et tirent en l'air. Finalement le calme revient. Il y a cent vingt blessés. Le couvre-feu sera maintenu jusqu'au mardi suivant. L'état-major de la Haganah se cache dans la clinique du Magen David Adom (l'équivalent de la Croix-Rouge) et, grâce aux ambulances, parviendra à maintenir le contact avec ses sections dispersées un peu partout en ville.

Manifestation aussi à Jérusalem, où cinquante manifestants sont blessés. Un adolescent de dix-sept ans pénètre dans un cinéma et exige sa fermeture. Des policiers le capturent et le tuent à coups de matraque. Ses obsèques ont lieu le lendemain en présence d'une foule nombreuse.

À Haïfa, la Haganah prend d'assaut et saccage le commissariat de Hadar Ha Carmel. L'armée intervient et ouvre le feu. Il y a un mort et cinquante blessés. Des barricades sont dressées dans les rues attenantes au siège du tribunal de district. Le commissaire de district convoque les responsables de la communauté juive et les met en demeure de faire cesser l'émeute. Ces derniers répondent qu'il n'est pas en leur pouvoir de calmer la colère populaire.

Le dimanche matin, à Tel-Aviv, seules les femmes sont autorisées à sortir dans les rues pendant deux heures, le temps de faire leurs courses. C'est l'occasion de nouvelles manifestations. Quinze d'entre elles sont arrêtées, des militantes syndicalistes pour la plupart. Au siège de l'exécutif sioniste, Ben Gourion suit la situation d'heure en heure et donne le feu vert à la Haganah pour qu'elle mette sur pied un plan d'insurrection urbaine. Les rues seront barrées par des barricades et parsemées de clous, les réverbères détruits. Des groupes armés de pistolets devront se tenir prêts à intervenir... Mais les modérés de la direction sioniste et les membres du conseil municipal de Tel-Aviv paniquent lorsqu'ils apprennent ce qui se prépare. Ils interviennent auprès de Ben Gourion et tentent de le persuader d'annuler la manifestation qui, disent-ils, « *pourrait se terminer par des centaines de morts* ». Il cède. L'insurrection n'aura pas lieu. Deux jours plus tard, un défilé pacifique, conduit par les grands rabbins d'Israël, se déroule à Tel-Aviv sans incidents.

La plupart de ces événements ne trouvent pas place dans la presse juive de Palestine, lourdement censurée par les Britanniques. Mais le 13 mars 1940, débutent les premières émissions de Kol Israël, la radio clandestine de la Haganah. Elle diffuse les informations que les médias autorisés ne peuvent pas publier, mais aussi des avertissements aux

« délateurs juifs », membres de la police mandataire qui ont dénoncé des membres de la Haganah ou dévoilé l'emplacement des caches d'armes. Une commission juridique spéciale examinera chaque cas. Plusieurs hommes seront passés à tabac en guise de mise en garde, et six autres assassinés entre janvier et juillet 1940[12]. Ben Gourion reprend sa démission.

Les militants de l'Irgoun supportent mal ces mois d'inaction. Depuis la prison de Mizra, Stern s'exaspère. Il récuse les liens étroits qui s'étaient tissés entre Raziel (donc l'Irgoun) et les instances révisionnistes, et refuse toujours toute idée de coopération avec les Britanniques. Or Stern a alors de longues discussions avec un responsable de la communauté allemande de Palestine détenu en qualité de citoyen d'un pays ennemi. Il explique bientôt à ses camarades de détention que la victoire allemande semble inévitable et qu'instaurer des liens avec les nazis pourrait aussi bien sauver la communauté juive de Palestine[13]...

Les relations entre Raziel et les membres de son état-major encore détenus à Mizra se détériorent. Ces derniers l'accusent de brader les idéaux de l'Irgoun, d'avoir acheté sa liberté en échange d'une coopération avec les flics honnis du CID. Le 31 mai, ils publient un communiqué : « *[...] Le peuple juif ne peut sauver l'Angleterre de la défaite, même s'il le voulait. Mais le peuple juif peut obtenir des concessions pour satisfaire ses aspirations nationales s'il se bat et défend ses exigences. [...] Ce n'est que dans une position difficile que le gouvernement antijuif [britannique] fera des concessions aux Juifs. Pour cela, il faut adopter une attitude intransigeante et non pas suivre la voie du compromis, du renoncement et de la flagornerie* [14]. »

La scission d'Avraham Stern

En Europe, les événements se précipitent. À Londres, Neville Chamberlain a été contraint de former un cabinet de guerre. À la grande satisfaction des sionistes, Winston Churchill est au gouvernement en qualité de lord de l'Amirauté, et surtout Malcolm MacDonald, l'homme du Livre blanc, n'est plus secrétaire aux Colonies. Le poste est désormais occupé par lord Loyd, à qui Weizmann et Ben Gourion promettent que la communauté juive de Palestine ne « *fera pas de difficultés graves à la Grande-Bretagne en guerre* [15] ».

Le 10 mai 1940, l'armée allemande passe à l'offensive. Le 10 juin, l'Italie entre en guerre. Le 17, la France vaincue par la Wehrmacht demande l'armistice. En Palestine, les autorités ouvrent les portes des prisons et, le 18, Avraham Stern, Hanokh Kalaï, Haïm Loubinsky, Aharon Kheikhmann et Yaacov Levstein retrouvent la liberté. Le lendemain, l'état-major de l'Irgoun au complet se réunit secrètement à Tel-Aviv. Raziel affronte ses détracteurs et brise le verre posé devant lui : « *De même qu'il est impossible de recoller les débris de ce verre, je ne peux pas travailler avec vous !* » Il leur présente formellement sa démission. Avraham Stern est élu à sa place.

Les chefs du parti révisionniste prennent connaissance de la décision de l'état-major quelques jours plus tard. Pour eux, c'est la catastrophe. Cela signifie la rupture entre les politiques et l'Irgoun, un défi à l'autorité de Jabotinsky. Le 26 juin, le communiqué numéro 112 de l'organisation vient renforcer leurs craintes. Stern l'a personnellement rédigé :

« *En ces jours de détresse et de confusion pour le peuple et le Yishouv, il n'y a qu'une seule voie vers la vie et la liberté. Celle de l'Irgoun. Voici les principes qui jalonnent cette voie.*

1. L'Irgoun existe et combat par les armes pour la création du royaume d'Israël dans ses frontières historiques. Cette guerre, l'Irgoun la mènera comme une armée conquérante hébraïque avec son emblème, ses armes et ses officiers. Ses militants doivent éviter par tous les moyens la mobilisation dans une armée étrangère.

2. L'Irgoun conclut des alliances avec des Juifs et des non-Juifs, mais ne renonce pas à sa liberté. En aucun cas il ne deviendra un instrument aux mains d'un allié [16]. »

Aryeh Altman et Shimon Unitchman, les responsables révisionnistes, convoquent Raziel pour lui expliquer que sa démission est contraire aux règles du mouvement. Seul

Jabotinsky peut l'exiger, lui disent-ils. Plusieurs télégrammes sont expédiés au leader qui est arrivé, entre-temps, à New York. Mais l'appareil politique du mouvement n'est pas seul à œuvrer en faveur de Raziel. Au sein de l'Irgoun, un groupe conduit par Israël Pritzcker le soutient. Le 15 juillet, Raziel accepte de revenir sur sa démission. Le 17, deux télégrammes signés Mendelson (le nom de code de Jabotinsky, on s'en souvient) parviennent à Tel-Aviv. Raziel est confirmé à la tête de l'Irgoun : « *Je te nomme à nouveau dans les fonctions que tu occupais jusqu'à présent. Tu as tous pouvoirs pour nommer ou limoger des adjoints dans tous les départements de l'organisation*[17]. »

Stern est personnellement informé de la décision et sommé de s'y soumettre : « *Je nomme à nouveau David Liniavsky [le nom de code de Raziel] et t'ordonne officiellement d'obéir à cet ordre. Je te fais personnellement confiance pour que tu agisses en harmonie au sein de notre mouvement à la veille de grandes épreuves.* »

Stern et ses proches refusent de se soumettre. Les hostilités sont ouvertes. Tous les coups sont permis. Un fascicule anonyme paraît, qui accuse Aryeh Altman de malversations financières. Raziel et ses hommes parviennent à mettre la main sur la plupart des caches d'armes. Chaque camp tente de s'assurer d'un maximum de militants. Mais le 4 août, la nouvelle du décès de Jabotinsky arrive en Palestine. Le leader révisionniste est mort d'une crise cardiaque alors qu'il inspectait un camp du Bétar dans l'État de New York. C'est un coup dur pour Stern. Les télégrammes de New York prennent valeur de testament.

Début août, à Herzlia, au nord de Jérusalem, des militants de la Haganah découvrent avec stupéfaction que leurs caches d'armes sont vides. Il manque une trentaine de fusils, deux mitraillettes, des munitions. La cellule locale de l'Irgoun est soupçonnée. Son chef rejette cette accusation et autorise une fouille de ses bureaux. En vain. En fait, le vol remonte à plusieurs mois et les armes ne sont plus à Herzlia. La Haganah enlève des membres de l'Irgoun, les fait parler sous la torture et découvre dans des localités voisines deux caches de l'organisation, où sont saisis soixante-dix-neuf fusils d'origine polonaise. Les choses ne s'arrêtent pas là. Le 18, la Haganah lance un assaut en règle contre le siège du Bétar à Herzlia. Les militants qui s'y trouvaient sont passés à tabac à coups de matraques, les bureaux saccagés. Il y a plusieurs dizaines de blessés, dont un décédera à l'hôpital. La police intervient et parvient à interpeller onze assaillants. Présentés devant un juge de paix, ils seront acquittés, faute de preuves.

L'organisation de Raziel a gardé le nom de Irgoun Tsvaï Leoumi (Organisation militaire nationale). Le groupe qui fait sécession sous la houlette de Stern se nomme l'Irgoun Tsvaï Leoumi be Israël (l'Irgoun en Israël). Yaïr décide qu'il sera doté d'une structure totalement différente de celle de l'Irgoun. Si, dans l'organisation révisionniste, une nouvelle recrue est d'emblée intégrée dans un groupe d'une dizaine de membres entraînés ensemble, militairement et idéologiquement, l'Irgoun en Israël met l'accent sur l'individu, qui doit d'abord apprendre à se battre avant d'être intégré dans une petite cellule de trois à quatre membres observant les principes stricts de la clandestinité. Stern définit la base idéologique de son mouvement dans un texte intitulé : « Les 18 principes de la Renaissance ». Tout y est – son intransigeance, son fanatisme, ses rêves :

« 1. La nation. Le peuple juif est un peuple élu, à l'origine du monothéisme et de l'enseignement des Prophètes, le porte-étendard de la culture humaine, le gardien d'un patrimoine glorieux. Le peuple juif est éduqué [dans l'esprit] du sacrifice et de la souffrance. Sa vision de la survie et sa foi en la rédemption sont indestructibles.

2. La patrie. La patrie se trouve dans la Terre d'Israël dont les frontières ont été définies par la Bible ("À tes descendants je donnerai cette terre depuis le fleuve d'Égypte jusqu'à la grande rivière, l'Euphrate", Genèse 15, 18). C'est la terre des vivants où la nation entière vivra en sécurité.

3. La nation et sa terre. Israël a conquis la terre par l'épée. C'est là qu'il est devenu une grande nation et là qu'il renaîtra. Israël seul a donc un droit sur cette terre. C'est un droit absolu qui n'a jamais expiré et n'expirera jamais.

4. Les objectifs. 1) Rédemption de la terre. 2) Établir la souveraineté. 3) La renaissance de la nation. Il n'y a pas de souveraineté sans la rédemption de la terre, et il n'y a pas de renaissance nationale sans souveraineté.

Voici les objectifs de l'organisation durant la période de guerre et de conquête.

5. Éducation. Éduquer la nation dans l'amour de la liberté et garder jalousement le patrimoine éternel d'Israël. Inculquer l'idée que la nation est maîtresse de son destin. Rétablir la doctrine selon laquelle "l'épée et le livre sont parvenus liés ensemble du paradis" (Midrash Vaykra Rabba 35, 8).

6. Unité. Unir la nation tout entière autour de l'emblème du mouvement de libération hébreu. Utiliser le génie, le statut et les ressources des individus ; diriger l'énergie, la dévotion et la ferveur révolutionnaire des masses vers la guerre de libération.

7. Pactes. Conclure des pactes avec tous ceux qui sont prêts à apporter leur aide au combat de l'organisation et à lui fournir un soutien direct.

8. Force. Consolider et développer la force combattante dans la patrie et la diaspora, dans la clandestinité et dans les casernes pour devenir l'armée de libération juive avec son drapeau, ses armes et ses chefs.

9. Guerre. Guerre constante contre ceux qui empêchent la réalisation de ces objectifs.

10. Conquête. La conquête de la patrie contre l'occupation étrangère et sa possession éternelle.

Voici les objectifs du mouvement durant la période de souveraineté et de rédemption.

11. Souveraineté. Rétablissement de la souveraineté juive sur la terre après sa rédemption.

12. Régime de justice. L'établissement d'un ordre social dans l'esprit de la morale juive et la justice des Prophètes. Dans un tel ordre social, il n'y aura ni affamés ni chômeurs. Tous vivront harmonieusement dans le respect mutuel et l'amitié comme un exemple pour le monde.

13. Bâtir le désert. Reconstruire les ruines et bâtir le désert pour une immigration de masse. [...]

14. Les étrangers. Résoudre le problème des populations étrangères [les Arabes habitant la Palestine] par un échange de populations.

15. Réunir les exilés. Réunir dans leur État souverain tous les exilés [juifs].

16. Puissance. La nation juive deviendra une entité militaire, politique, culturelle et économique de premier plan au Proche-Orient et autour de la Méditerranée.

17. Renaissance. La renaissance de la langue hébraïque comme langage de la nation entière. La renaissance de la puissance historique et spirituelle d'Israël. La purification du caractère national par le feu de la renaissance.

18. Le Temple. Construire le troisième Temple [juif] comme symbole d'une nouvelle ère de rédemption totale. »

Aharon Kheikhmann tente une réconciliation. Il lui est très difficile de rompre avec son passé au Bétar, au mouvement révisionniste. Il demande donc à Yitzhak Yzernitzky de contacter Raziel[18]. La rencontre a lieu place Dizengoff, à Tel-Aviv, sous la protection d'Yzernitzky qui fait le guet. Raziel reconnaît qu'il a commis des erreurs, il l'implore de revenir à ses côtés. Kheikhmann accepte[19].

Quelques jours plus tard, en octobre, Yzernitzky réunit son groupe et, à la grande surprise de ses recrues, annonce : « *Après de longues hésitations, je suis parvenu à la conclusion que la voie choisie par Yaïr est dangereuse. Je ne vais pas avec lui*[20]. » Avraham Vered interpelle alors son chef : « *Ce que tu viens de nous déclarer est contraire à tout ce que tu nous as dit jusqu'à présent. Avant de décider, nous devons entendre l'autre côté.* » La proposition recueille la majorité. Le lendemain, Avner Erlich, qui était dans le camp de Stern, vient parler aux jeunes du groupe. Il ne parviendra à convaincre que cinq des dix militants présents. Yzernitzky et cinq recrues décident, quant à eux, de retourner chez Raziel[21]. La volte-face d'Yzernitzky surprend : jusqu'à la rencontre de Kheikhmann avec Raziel, il était plutôt du côté de Stern.

Un pacte avec le diable

Stern reçoit une nouvelle proposition de pacte avec l'Italie fasciste. Mais l'information est d'origine suspecte. Elle vient d'un certain Rotshtein qui, accusé de malversations, avait été expulsé de l'Irgoun en 1938. Certains le soupçonnent maintenant d'agir pour le compte de l'Intelligence Service. Moshe Savoraï, qui sert d'agent de liaison, effectue au fil des semaines plusieurs allers et retours entre Yaïr à Tel-Aviv et Haïm Loubentschik à Haïfa. Ce dernier travaillait avant la guerre pour une compagnie maritime italienne et maintient le contact avec Rotshtein. Stern finit par approuver un texte intitulé « Accord de Jérusalem » et dont plusieurs versions ont fait surface au fil des ans. Les anciens de l'organisation affirment qu'aucune n'est la bonne et que celles qui ont été publiées sont des faux réalisés par l'Intelligence Service...

Yaïr a-t-il accepté de considérer la Méditerranée comme une mer italienne, d'installer un régime fasciste à l'italienne en Palestine, de faire du port d'Haïfa une base maritime italienne, de combattre aux côtés des Italiens contre les Britanniques ? Le tout en échange de la reconnaissance de la souveraineté juive sur la Palestine mandataire des deux côtés du Jourdain (mais hors Jérusalem) et de l'aide de l'Italie pour organiser le transfert des Juifs d'Europe en Palestine ? Probablement pas, mais il est difficile de s'en assurer puisque le texte définitif a disparu. Selon les témoins, Stern n'a pas signé personnellement l'accord définitif, mais demandé à Savoraï et à Loubentschik de le faire au nom de l'Irgoun en Israël. Tout en ayant de bonnes raisons de penser qu'il s'agissait d'une provocation des services britanniques, il a donc accepté la négociation avec les fascistes italiens.

Rotshtein ne transmettra jamais la réponse des Italiens, se contentant d'expliquer qu'ils « étudient l'accord ». Eliahou Golomb, le chef d'état-major de la Haganah, reçoit au même moment des informations selon lesquelles la scission au sein de l'Irgoun aurait pour origine l'orientation pro-italienne de ses éléments les plus durs[22]. Les uns et les autres voient dans cette affaire la preuve qu'Avraham Stern est prêt à faire alliance avec le diable, à jouer le rôle d'une cinquième colonne. Et, s'il s'agit effectivement d'une provocation, on peut dire qu'elle a réussi...

Ben Gourion se trouve au même moment à Londres où il poursuit ses contacts politiques sous les bombes allemandes. Le 7 septembre, une armada de trois cents bombardiers escortée par six cent quarante-huit chasseurs bombarde la capitale britannique. Trois cents civils sont tués, treize cents blessés. Le 8, un dimanche matin, en compagnie d'une amie, il assiste à la messe dans l'église écossaise. Le pasteur lit un passage de l'Ancien Testament lorsque les sirènes retentissent. À sa grande surprise, les fidèles ne se précipitent pas dans les abris mais restent à leur place pour écouter le sermon. Un avion allemand s'écrase à proximité de l'église. Ben Gourion écrit : « *Je n'oublierai jamais cette expérience. Cet incident symbolise pour moi tout ce qu'est la situation de l'Angleterre* [23]. »

C'est le début du Blitz. Nuit et jour, la Luftwaffe poursuit son offensive. Le leader sioniste découvre la ténacité britannique, la capacité de résistance de cette nation en guerre.

L'Italie, quant à elle, ne laisse planer aucun doute sur ses intentions envers la communauté juive de Palestine. Le 9 septembre, en plein jour, l'aviation du Duce bombarde Tel-Aviv. Dès la première explosion, Stern, qui se reposait dans son appartement, se précipite pieds nus dans l'escalier en entraînant Roni, son épouse. Mais ils n'ont pas le temps d'arriver à l'abri qu'une bombe explose dans la cour. Yaïr se couche sur Roni pour la protéger. La cage d'escalier est détruite. Enseveli sous les décombres, il est légèrement blessé par plusieurs éclats. La défense passive mettra plusieurs heures à dégager le couple. Pas question d'aller à l'hôpital, il risquerait d'être reconnu. Un médecin ami viendra soigner le chef de l'Irgoun en Israël. Selon le communiqué officiel des autorités mandataires, quatre-vingt-seize Juifs et sept Arabes ont été tués. Il y a cent vingt-quatre blessés.

Convalescent, Yaïr affronte une situation de plus en plus difficile. Les ponts sont coupés avec les instances révisionnistes qui ont inscrit le nom des sécessionnistes sur une liste noire. Les militants ne trouvent donc pas de travail. Un matin, Yaacov Levstein, qui dirige la section de Jérusalem du groupe, est convoqué par Stern à Tel-Aviv. « *La bande à Raziel,* lui dit-il, *a mis la main sur la caisse. Il nous faudra du temps pour organiser des collectes, une section financière. Nous sommes tous au bord de la famine et il faut financer nos activités. Nous devons donc procéder à une "réquisition" de grande envergure. J'en ai chargé Yehoshoua Zettler mais il exige que tu y participes !* »

Un compliment pour Levstein, qui, au cours des dernières semaines, avait réalisé quelques petits hold-up à Jérusalem. Le matin du 16 septembre 1940, quatre hommes masqués pénètrent donc revolver au poing dans l'Anglo-Palestine Bank, rue Ben Yehouda, à Tel-Aviv. Yaacov Levstein a pour tâche de vider le coffre pendant que Yehoshoua Zettler et un militant tiendront en respect les employés et les clients. Un quatrième larron surveille l'entrée de la banque. À l'extérieur, Avraham Ampar et Zelig Jacques seront planqués sur les toits, armés de grenades, prêts à intervenir au cas où la police se manifesterait. Tout le monde prendra la fuite dans une voiture conduite par Gabriel Masseri.

Le casse réussit presque sans anicroches. Seul un conducteur tentera de rattraper les voleurs. Mais, après quelques échanges de coups de feu, l'imprudent automobiliste renoncera. Le butin s'élève à plus de 4 000 livres palestiniennes. À l'époque, c'était beaucoup d'argent.

Les forces italiennes reprennent leur avancée en direction de l'Égypte. Les armées de l'Axe progressent, et Yaïr décide de prendre l'initiative. David Siton, un militant d'Haïfa qui entretient d'excellents contacts avec des commerçants libanais, organise le voyage à Beyrouth de Haïm Loubentschik. Ce dernier a pour mission de contacter Otto von Hentig, le délégué du Reich allemand à la commission d'armistice du Levant, et de lui remettre le texte suivant :

« Des dirigeants connus ont déclaré que l'ordre nouveau en Europe signifie que la solution radicale du problème juif se fera par évacuation (Europe sans Juifs [sic]*). L'évacuation de masse des Juifs d'Europe est la condition préalable à la solution du problème juif. Cela se fera uniquement avec l'installation des foules juives dans la patrie du peuple juif en Terre d'Israël, avec la création d'un État juif dans ses frontières historiques.*

La solution du problème du peuple juif jusqu'à sa libération définitive est l'objectif politique et du combat de l'Irgoun en Israël, le mouvement de libération d'Israël.

L'Irgoun en Israël connaît parfaitement la position favorable du gouvernement du Reich allemand et de ses institutions à l'endroit des activités sionistes en Allemagne et du plan d'immigration juive. Nous considérons que :

1. Une communauté d'intérêt est possible entre l'exigence d'un ordre nouveau en Europe selon la conception allemande et les réelles aspirations du peuple juif représentées par l'Irgoun en Israël.

2. Une coopération est possible entre la nouvelle Allemagne et l'entité hébraïque populaire nationale renaissante.

3. La création d'un État juif historique sur une base nationale et totalitaire liée par des accords avec le Reich allemand correspond au maintien et au renforcement de la position de l'Allemagne au Proche-Orient.

[...] L'Irgoun en Israël propose donc de participer activement à la guerre au côté de l'Allemagne, à condition que les aspirations nationales du mouvement de libération d'Israël évoqué plus haut soient reconnues par le Reich allemand.

L'Irgoun en Israël pourra effectuer des opérations dans les domaines militaire, politique et du renseignement après certains préparatifs organisationnels hors de la Terre d'Israël. Mais à la condition que soient organisées et entraînées des unités militaires juives en Europe sous le commandement de l'Irgoun en Israël ; cela afin qu'elles participent aux opérations de conquête de la Terre d'Israël lorsqu'un tel front s'y développera [24]. »

Haïm Loubentschik parvient à Beyrouth en janvier 1941 où, en compagnie de quelques sionistes locaux, il est reçu par le capitaine Rudolf Rözer, un agent de renseignements allemand, et Otto von Hentig, un diplomate de haut rang du Reich. Ce dernier relatera le déroulement de cette visite singulière : « *La délégation [juive de Palestine] était conduite par un homme jeune à la belle allure d'officier qui s'offrit de travailler avec les nationaux-socialistes contre les siens, et notamment contre les sionistes orthodoxes, si Hitler garantissait la création d'une Palestine juive*[25]. »

Von Hentig leur répond que cette offre n'a aucune chance d'être acceptée par le Reich[26]. Il enverra néanmoins un rapport au ministère à Berlin, mais n'obtiendra aucune réponse. De retour en Allemagne, il posera la question à Ernst von Weizsäcker, le sous-secrétaire d'État aux Affaires étrangères, qui lui répondra : « *Pensez-vous vraiment que le Reich peut être intéressé à [la création] d'un État juif en Palestine au moment où nous recherchons le soutien du monde arabe et musulman pour notre guerre*[27] *?* » Loubentschik, repéré par les services britanniques, sera appréhendé par les autorités de la France libre après la défaite des forces de Vichy au Liban. Remis aux Britanniques en juin 1941, détenu en Syrie puis à Mizra en Palestine, il sera déporté en Érythrée où il mourra de maladie en avril 1946.

En Lituanie occupée par l'Armée rouge, Menahem Begin, très affecté par la disparition de Jabotinsky, prend des risques et, bien qu'il se sache surveillé par le NKVD, poursuit ses activités de bétariste. Le 20 septembre 1940, alors qu'il joue aux échecs avec Israël Scheib, des policiers frappent à la porte et lui demandent de les suivre. Accusé d'être « un élément dangereux », il est condamné à huit ans de détention « dans un camp de redressement ». Menahem Begin pénètre dans l'univers du Goulag.

Le 24 septembre 1940, les autorités mandataires annoncent la création des « Palestine Buffs », ces unités d'infanterie constituées de compagnies juives et arabes. Les Juifs du Yishouv se précipitent dans les bureaux de recrutement. Les institutions révisionnistes ont d'ailleurs autorisé les militants à s'enrôler individuellement. Mais il n'est pas question, selon Yaacov Méridor, l'adjoint de Raziel, d'accepter de mobiliser l'Irgoun en tant que telle puisque les Britanniques refusent d'accorder à l'organisation un statut officiel.

Cette attitude ambiguë suscite une nouvelle crise au sein de l'état-major. Plusieurs responsables sont furieux : « *Les instances dirigeantes autorisent la mobilisation individuelle dans l'armée britannique sans contrepartie politique* », disent-ils. Aharon Kheikhmann sort en claquant la porte et démissionne. Yitzhak Yzernitzky l'imite, mais, manifestement, l'inactivité lui pèse : quelques mois plus tard, en janvier 1941, selon certaines sources, il contacte Avraham Vered – un membre de son groupe qui était resté avec Stern lors de la scission – et rejoint l'Irgoun en Israël[28].

Que savait à l'époque Yitzhak Yzernitzky qui, sous le nom de Shamir on l'a dit, deviendra Premier ministre de l'État d'Israël, des contacts de Stern avec les nazis ? Il s'est heurté, selon ses propres termes, aux tentatives de négociation avec les puissances de l'Axe lors de son retour au sein du groupe Stern : *« Elles n'étaient pas de mon goût et cela bien que – du point de vue moral et national – j'aie estimé qu'elles n'étaient pas interdites. C'était avant le début de la destruction [des Juifs d'Europe]. Je pensais que politiquement c'était une erreur et qu'il n'en sortirait rien. Avant la scission, j'étais au courant des tentatives d'établir un lien avec les Italiens, qu'elles auraient même abouti à un accord. On nous a dit que Yaïr mettait beaucoup d'espoir dans ces contacts, bien que rien de tout cela ne fût essentiel pour lui. Au cours d'une de nos conversations, j'ai découvert qu'il ne croyait pas en la victoire de l'Axe et que, justement, il estimait pour cette raison qu'il était moins dangereux de contacter [les Allemands]. Ces efforts en ce sens, il me les a expliqués par "la nécessité d'essayer". Nous étions au courant à l'époque de la tentative de Loubentschik d'établir un lien avec l'Axe en Syrie. Ce dernier a rencontré Von Hentig. Les pourparlers n'ont pas été sérieux. Apparemment, on lui a demandé d'écrire un rapport ; ce qu'il a fait, et les choses en sont restées là. Je ne savais rien à l'époque de la mission de Nathan Yelin Mor en Syrie. Stern n'accordait plus grande importance à ces contacts* [29]. »

Pour compléter le dossier, il faut ajouter une autre déclaration d'Yitzhak Shamir, prononcée en 1966 au cours d'une rencontre avec d'autres anciens chefs de mouvements clandestins[30]. « *À cette époque, dira-t-il, nous n'étions pas assez imprégnés de l'idée de destin commun entre le peuple juif en diaspora et le peuple juif en Terre d'Israël [...], nous n'avions pas réalisé l'urgence du problème [...]. Je me demande, depuis des années, comment il est possible que, dans l'esprit d'aucun membre d'une organisation combattante [en Palestine] dans les années trente, n'ait germé l'idée d'abattre ce diable [Hitler] qui voulait détruire le peuple juif.* » Au cours de cette même réunion, un ancien de l'Irgoun de Menahem Begin demandera à Shamir s'il ne pensait pas que les contacts du groupe Stern avec les nazis avaient été une erreur. Réponse : « *Peut-être*[31] *!* »

RIVAGES INTERDITS

Le Yishouv continue de vivre au rythme du drame des bateaux d'immigrants illégaux. La situation des réfugiés juifs est catastrophique. Durant les premières semaines de novembre, trois cargos (l'*Atlantic*, le *Pacific* et le *Milos*), transportant 3 642 personnes, sont interceptés par la marine britannique et conduits à Haïfa. Ces Juifs avaient quitté l'Allemagne, l'Autriche et la Tchécoslovaquie. Ils étaient partis de Bratislava avec l'accord de la Gestapo. Parmi eux se trouvent les survivants de la communauté juive de Dantzig et des centaines de jeunes membres d'organisations sionistes, la plupart de gauche. Nombre d'entre eux ont de la famille en Palestine. Mais le gouvernement mandataire publie le communiqué rituel : « *L'immigration illégale juive dans les circonstances actuelles risque d'avoir des conséquences négatives sur la situation et menacer les intérêts britanniques au Proche-Orient. Les passagers de ces bateaux ne seront pas autorisés à débarquer en Palestine mais déportés dès que possible vers une colonie britannique.* »

Tous les appels des dirigeants du Yishouv auprès des autorités mandataires sont rejetés. Un mouvement de grève générale a lieu le 20 novembre, le jour où commence le transfert des immigrants à bord du *Patria*, le navire prison qui doit les emmener dans l'île Maurice. Le 25, la Haganah fait parvenir une charge explosive au comité des réfugiés. L'engin est placé dans la cale. L'explosion se fait entendre vers 9 heures du matin, mais la charge est si puissante que le *Patria* coule en quelques minutes. Des centaines d'immigrants n'auront pas le temps de gagner le quai et plus de deux cent quarante personnes mourront noyées[32].

Sur le port, un jeune homme assiste au drame. Il s'appelle Eliahou Hakim, il est un militant révisionniste d'Haïfa. Ce qu'il voit le persuade de prendre du service à l'Irgoun en Israël.

Le 9 décembre, la police britannique finit par évacuer *manu militari* les survivants du *Patria* et les immigrants illégaux emprisonnés dans le camp d'Atlith près d'Haïfa. Ils sont tous conduits vers un autre bateau prison qui les mènera bel et bien à l'île Maurice, où des dizaines d'entre eux succomberont au typhus et à la malaria. Le groupe Stern décide alors qu'il est grand temps d'agir.

Yaacov Levstein, qui a reçu le commandement de la section d'Haïfa où il vit sous l'identité d'un étudiant de l'institut polytechnique, se met au travail. L'objectif est le siège du département britannique de l'immigration, le service qui contrôle l'entrée des Juifs en Palestine. Levstein parvient d'abord à changer la serrure Yale de la porte d'entrée de l'immeuble. Puis il prépare quatre paquets piégés, chacun doté d'un détonateur à retardement réglé pour faire exploser les bombes les unes après les autres, à quinze minutes d'intervalle.

Un militant déguisé en livreur dépose les engins le 19 décembre dans la matinée. L'explosion ne fera pas de victimes mais détruira de nombreux dossiers. L'effet psychologique est considérable. L'Irgoun en Israël a marqué un point.

On a très peu de détails sur les activités d'Yitzhak Yzernitzky dans l'organisation de Stern à cette époque. Yaïr se méfiait du jeune homme, qui avait apparemment du mal à se décider. Il le soupçonne même d'être une taupe envoyée par l'Irgoun et l'emploie dans un premier temps comme recruteur. Il faut développer l'organisation, mettre sur pied de nouvelles cellules, les entraîner. Quelques-uns, des bétaristes qui ont échappé aux nazis, arrivent à cette époque d'Europe de l'Est, venus pour la plupart de territoires encore sous contrôle soviétique. Nathan Yelin Mor a ainsi quitté Vilnius et parvient en Palestine en janvier 1941. Il contacte immédiatement Yaïr, qui conseille à cet homme marié de trouver un emploi avant de se lancer dans l'activité militante. L'organisation n'a pas les moyens de faire vivre ses militants, et puis la police britannique surveille tout particulièrement les immigrants polonais. Il est vraiment urgent de s'organiser.

Le Yishouv au combat

Hitler semble aller de victoire en victoire. Depuis son débarquement en Libye, en janvier 1941, l'Afrika Korps est passé à la contre-offensive. La situation de la Palestine mandataire est de plus en plus précaire. Au nord, le Liban et la Syrie sont sous le contrôle des forces pro-allemandes de Vichy. Au sud, Rommel menace l'Égypte.

Les Britanniques font une nouvelle analyse. Les populations arabes sont, dans l'ensemble, favorables à l'Axe, alors qu'au sein de la communauté juive, certaines unités paramilitaires pourraient apporter une aide non négligeable à l'effort de guerre. Le 16 février, Moshe Dayan et tous les membres de la Haganah sont libérés de prison. Deux mois plus tard, toutes les unités de défense de la milice juive sont intégrées en un commandement unique. Formées surtout de membres des commandos de nuit d'Orde Wingate, neuf compagnies de choc (en hébreu : « Plougot Ha Makhatz », dont l'acronyme est « Palmach ») sont mises sur pied. Leur mission : défendre le Yishouv contre les attaques arabes, coopérer avec les Britanniques dans la défense de la Palestine et, en cas de défaite alliée, défendre la Palestine face à l'invasion de l'Axe – ou des Arabes.

Raziel, lui, collabore depuis quelques mois avec les renseignements militaires britanniques. Deux représentants de l'Irgoun ont été conviés au Caire – à bord d'un avion de la RAF, s'il vous plaît ! – pour y rencontrer le colonel Simpson, de l'état-major du général Wilson. Un accord a été conclu. Des militants de l'organisation sont formés aux opérations de commando derrière les lignes ennemies. L'entraînement de plusieurs d'entre eux a déjà commencé en Égypte et dans l'île de Malte.

Mais les Britanniques doivent faire face à un problème urgent à Bagdad. Leur casse-tête s'appelle Rachid Ali al-Qayli. Premier ministre depuis l'année précédente, partisan dévoué du mufti de Jérusalem et antisioniste, il a établi des liens avec Franz von Papen, l'ambassadeur du Reich en Turquie, promettant de mettre à la disposition de l'Allemagne les ressources naturelles de son pays. La Grande-Bretagne, qui a la tutelle de l'Irak et ne saurait se priver de son pétrole, a poussé Rachid Ali al-Qayli à la démission en janvier, mais ce dernier, après avoir renversé le régent Abdallah, est revenu au pouvoir le 3 avril 1941 – et des avions allemands atterrissent maintenant à Mossoul.

Au Caire, le colonel Simpson contacte donc le représentant de l'Irgoun. L'organisation peut-elle envoyer un commando faire sauter les citernes de carburant de l'aéroport de Bagdad ? Raziel accepte immédiatement la mission et décide d'y participer en personne, persuadé que ce raid, s'il réussit, sera le premier d'une longue série qui rendra l'Irgoun indispensable aux Britanniques. Elle pourra poser ensuite les conditions politiques de sa collaboration. Mais il a aussi un autre projet en tête. Profiter de son séjour dans la capitale irakienne pour kidnapper Hadj Amin al-Husseini, le mufti de

Jérusalem, et le ramener en Palestine. La question est posée au colonel Simpson. La réponse arrive du Caire : *« D'abord la mission, après nous ne voulons pas savoir ce que vous ferez ! »* Raziel voudrait également aider l'importante communauté juive de Bagdad à organiser sa défense face aux attaques arabes[33].

Après avoir pris congé de son épouse à Jérusalem, Raziel réunit son état-major à Tel-Aviv. Tous s'opposent à son départ et répètent : *« Ce n'est pas le rôle d'un chef de monter en première ligne. »* Mais rien n'y fait, Raziel entend donner l'exemple. Il a choisi pour l'accompagner son adjoint, Yaacov Méridor, et deux combattants arabophones.

Le dimanche 18, ils montent avec armes et bagages – y compris des charges préparées par l'Irgoun – à bord d'un appareil de la RAF qui les transporte à la grande base britannique de Habbanyeh, en Irak, où ils sont accueillis par un bombardement allemand. Le commando découvre que les renseignements dont ils disposaient étaient inexacts : la route entre Falouja et Bagdad est coupée. Le général commandant la position se dit fort sceptique à l'idée que Raziel et ses hommes parviennent à rejoindre leur objectif. Raziel décide malgré tout d'effectuer une mission de reconnaissance à partir de Falouja, où se trouve une garnison britannique.

Ils quittent donc Habbanyeh à bord d'un véhicule conduit par un sergent, en compagnie d'un officier de la base. Quelques centaines de mètres plus loin, le commando découvre qu'un barrage sur l'Euphrate a été détruit et que la région est inondée. Il faut traverser à l'aide d'un canot. Mais il n'y a pas assez de place pour six passagers. Raziel décide que Méridor et un autre membre du commando emprunteront l'embarcation puis se rendront à pied à Falouja. Lui-même fait demi-tour en compagnie des deux Britanniques. Subitement, des chasseurs-bombardiers Heinkel font leur apparition. Des explosions, une roquette touche le véhicule. David Raziel, le sergent et l'officier sont tués sur le coup. Méridor n'apprendra la nouvelle qu'à son retour de Falouja. Il regagnera la Palestine huit jours plus tard et sera nommé à la tête de l'organisation.

À Tel-Aviv, Yaïr est profondément choqué par la disparition de son adversaire politique. L'état-major du groupe consacre une réunion à la mémoire de Raziel.

Le chef de l'Irgoun est mort le 20 avril 1941 au service de l'Empire qu'il avait tant combattu.

L'armée britannique se prépare maintenant à lancer l'offensive contre les forces de Vichy en Syrie et au Liban, et le Palmach est mis à contribution. Une opération commando contre les raffineries de pétrole de Tripoli dans le nord Liban échoue. Vingt-trois combattants sont portés disparus le 20 mai. Quelques jours plus tard, Moshe Dayan reçoit une mission : reconnaître les axes que devront emprunter les forces motorisées australiennes le long de la route côtière menant à Beyrouth. En quinze jours, il forme et entraîne son commando. Le 7 juin, en compagnie de cinq combattants du Palmach, de dix militaires australiens et d'un guide arabe, l'unité passe à l'action, prend le contrôle de deux ponts et part à l'assaut d'une position tenue par des soldats français, faisant plusieurs prisonniers. Des renforts pétainistes interviennent.

Au cours de la bataille, qui dure plusieurs heures, Moshe Dayan est blessé par balle et perd un œil. Il est évacué en Palestine après l'arrivée de l'avant-garde australienne. La mission a réussi. En Irak, les Britanniques ont réoccupé Bagdad le 2 juin. Trop tard pour empêcher le massacre de cent quatre-vingts Juifs par une foule arabe dirigée par des policiers irakiens. Il y a deux cent quarante blessés. Près de six cents magasins juifs ont été pillés, neuf maisons et une synagogue détruites. Huit émeutiers, parmi lesquels des officiers et des policiers irakiens, sont condamnés à mort. Hadj Amin, accusé d'avoir incité au pogrom, a pris la fuite. Recherché par les Britanniques, il se réfugie en Iran.

Le 13, le ministère allemand des Affaires étrangères l'invite officiellement à venir à Berlin.

Le groupe Stern entre en crise

Le 22 juin 1941, le jour où l'Allemagne déclenche l'opération « Barbarossa » contre l'Union soviétique, un groupe de militants conduits par Enshel Spielman parvient à Tel-Aviv après de longues tribulations en Europe centrale. Ils ont décidé de rejoindre le groupe Stern où ils sont accueillis par le responsable de la section de Tel-Aviv, Yitzhak Yzernitzky, qui les prend en charge[34]. Lui-même n'aura plus de nouvelles de ses parents restés à Rozhnoï, en Pologne orientale : le village est occupé pas les nazis.

À nouveau les caisses de l'Irgoun en Israël sont vides. Il faut réussir un gros coup pour s'assurer d'importants moyens financiers. Cette fois, il s'agit de vider le coffre de la Banque nationale arabe, sise près de la porte de Jaffa, à l'entrée de la vieille ville de Jérusalem. Peu après minuit, le 15 juillet 1941, un officier britannique accompagné de deux sergents, d'un policier arabe et de deux détectives en complet-veston se présentent au domicile du directeur de l'établissement pour lui annoncer qu'ils entendent perquisitionner son logement. La fouille ne donne rien, si ce n'est un gros diamant et quelques obligations que l'officier, Eliahou Amikam, le chef de la section de Jérusalem de l'Irgoun en Israël, a la générosité de ne pas saisir. Un « sergent » et les deux « détectives » restent en compagnie de la famille pendant que l'officier se rend à la banque avec le reste de ses hommes et le directeur. Tout se déroule à la perfection, jusqu'au moment où Amikam découvre qu'une des deux clés du coffre a été déposée, par mesure de sécurité, chez le caissier. Il donne alors l'ordre au gardien d'aller chercher la clé en question, en compagnie d'un « sergent » et du « policier arabe ». Quelques minutes plus tard claque un coup de feu. Un voisin remarquant des policiers dans l'établissement avait téléphoné au commissariat où les policiers – vrais, ceux-là –, n'étant pas informés d'une quelconque opération de perquisition, avaient conclu à un hold-up...

Des patrouilles se rendent sur les lieux. Les militants parviennent, sous le feu des policiers, à s'échapper, à l'exception d'Amikam qui est capturé. Il sera condamné à cinq ans de prison. Il y avait plus de 60 000 livres dans le coffre de la banque. De quoi résoudre tous les problèmes financiers de l'Irgoun en Israël. Le fiasco contribue à alourdir l'atmosphère au sein de l'organisation. Les désertions se font de plus en plus nombreuses. Découragés, certains s'enrôlent dans l'armée britannique. Au moins, ils se battront ! D'autres retournent purement et simplement à l'Irgoun de Raziel.

En novembre 1941, Stern décide de faire le point. Apparemment, il a reçu des informations sur les pourparlers secrets que mènerait son chef des opérations, Benyamin Zironi, avec l'Irgoun. De fait, Zironi envisage une nouvelle union avec l'organisation révisionniste, après avoir fait enlever Yaïr pour le neutraliser. Les négociations échouent. Yaacov Méridor n'était prêt à accorder qu'une représentativité limitée au groupe Stern. Yaïr, de son côté, est de plus en plus méfiant. Ses proches enquêtent sur les circonstances de l'évasion de Zironi, le 5 août 1939, estimant qu'elle était suspecte. La confiance ne règne vraiment plus dans le groupe et son état-major se réunit au complet au début du mois à Tel-Aviv, dans un logement appartenant à la famille Masseri, pour faire le point.

Hanokh Kalaï est là ainsi que Benyamin Zironi, Yossef Broshi, et Michael Sterlitz, Yehoshoua Zettler, Yaacov Levstein et Yitzhak Zelnick. Stern ouvre la discussion en décrivant l'échec de la mission de Loubentschik à Beyrouth. Il ajoute que certains camarades estiment que l'organisation se trouve désormais dans l'impasse. Kalaï se lève et prend la parole : *« J'ai toujours soutenu les projets politiques de Yaïr, l'Irgoun en Israël est la renaissance du réseau Nili* [35]*, mais il n'y a pas le choix. À la suite des derniers échecs, il faut se placer sous la protection du parti révisionniste. Nous n'avons pas l'argent* *nécessaire pour mener des opérations et nous n'en aurons pas davantage demain ; nous n'avons pas de quoi assurer la défense des militants arrêtés, nous n'avons pas de quoi assurer la survie des familles plongées dans le dénuement.* »

Zironi intervient. Il analyse l'échec du hold-up de la Banque arabe à Jérusalem. La séance est levée, elle reprendra le lendemain.

Zironi annonce alors qu'il estime possible la survie de l'organisation : « *Nous devons cesser,* dit-il, *de tenter de négocier avec les puissances de l'Axe. Il nous faut nous concentrer sur des opérations menées en Terre d'Israël. Mais la condition du succès est la démission de Yaïr. Il a été prouvé qu'il est incapable de diriger l'organisation d'une manière efficace.* » Puis, se tournant vers l'intéressé : « *Comme tu n'as jamais combattu [physiquement], tu ne peux pas me dire quand et comment réaliser une opération ! Tu ne peux que décider de la politique de l'organisation.* » À l'exception de Kalaï, tous rejettent ces accusations. L'un après l'autre, les chefs de l'Irgoun en Israël expriment leur soutien à Yaïr.

La troisième journée est la plus dramatique. Zironi poursuit ses critiques, et, subitement, désigne du doigt Yitzhak Zelnick, en proposant de le nommer chef d'état-major à la place de Stern. Zelnick rejette la proposition. Le ton monte. Yaïr ne réagit toujours pas et se contente de donner la parole aux uns et aux autres, l'air pensif. Kalaï et Zironi finissent par annoncer qu'ils quittent l'Irgoun en Israël. Le premier répète que Stern n'a jamais participé à une opération de combat. Le second lui lance : « *Tu ne tiendras pas longtemps, les Britanniques finiront par t'avoir !* » Kalaï, très ému, sort en claquant la porte et prend le risque de descendre dans la rue. Pourtant, il fait encore jour et des passants risquent de le reconnaître : son portrait ne figure-t-il pas sur les affiches des « terroristes recherchés » ? Un militant parti à sa recherche le trouvera errant sur la plage de Tel-Aviv.

Les deux rencontres suivantes ont lieu dans une autre planque. Cette fois, Yitzhak Yzernitzky y assiste[36]. Stern redistribue les rôles. Zettler est nommé chef d'état-major, Broshi responsable de la section de Jérusalem, Levstein de celle d'Haïfa. Yzernitzky est chargé avec Zettler et Zelnick de préparer un plan de financement par de nouvelles « réquisitions », autrement dit des hold-up. Yaïr annonce que les tentatives de négociations avec l'Axe vont continuer. Il révèle que Nathan Yelin Mor se trouve à cet instant en Syrie, avec pour mission de reprendre les contacts avec l'Allemagne quelque part dans les Balkans. Cette information ne suscite aucune réaction parmi les participants.

Stern ne sait pas que le mufti Hadj Amin est arrivé à Berlin après être passé par Rome où il a rencontré Mussolini qui lui a dit tout le mal qu'il pensait des Juifs. Italiens et Allemands lui proposent de se joindre à une déclaration commune qui reconnaîtrait les revendications arabes d'indépendance, sauf en Afrique du Nord. Après deux semaines de discussions avec le ministre des Affaires étrangères, Ribbentrop, et ses conseillers, le mufti est reçu par Hitler le 28 novembre 1941.

Le Führer explique à son interlocuteur que « *le problème juif sera résolu étape par étape* ». Il reconnaît Hadj Amin comme « *le leader des Arabes, un personnage central dont l'opinion sera décisive pour les questions arabes* », mais, pour l'heure, dit-il, pas question de rendre publique une telle déclaration, de crainte qu'elle ne porte atteinte aux relations du Reich avec ses alliés, cela jusqu'au moment où la Wehrmacht atteindra le sud du Caucase[37].

À Tel-Aviv, le même jour, Yitzhak Yzernitzky a sa dernière rencontre avec son chef. Elle se déroule dans la rue, en pleine nuit. La ville observe le black-out. Stern est profondément pessimiste. « *Je sais qu'ils me tueront si je suis capturé,* dit-il, *et raconteront ensuite que j'ai tenté de m'échapper. Tant pis, notre exemple conduira de nombreux autres au combat. Je suis tout à fait tranquille, certain que notre combat ne s'arrêtera pas avec ma mort mais au contraire se renforcera. La guerre ne dissipe pas la force, elle la crée.* » Et Stern de conseiller à Yitzhak Yzernitzky de ne pas chercher à le venger immédiatement après sa mort, mais de laisser la colère s'apaiser : réfléchir et agir ensuite[38].

Shimon Unitchman, un dirigeant du parti révisionniste qui avait gardé le contact avec le groupe Stern, lance l'alerte : le CID a découvert l'adresse de Yehoshoua Zettler. Yzernitzky se précipite chez Broshi où se déroule une réunion secrète dirigée par Stern et à laquelle participe Zettler. Les participants se dispersent immédiatement. Stern donne l'ordre de surveiller l'endroit et de ne pas y retourner pendant quelques jours. Zettler se cache dans un petit appartement appartenant à des sympathisants, près de la gare routière de Tel-Aviv. La situation est vraiment inconfortable pour lui : tous ses vêtements se trouvent à son domicile. Finalement, le 2 décembre, il commet l'imprudence de regagner son logement après avoir inspecté les alentours à plusieurs reprises. Le soir même, la police frappe à la porte et lui passe les menottes. Le lendemain, Yzernitzky se rend chez Zettler qui, nouvelle imprudence, l'avait convoqué. Le pot de fleurs qui devait être déplacé en cas de danger est bien à sa place. Tout semble donc normal. Il ouvre la porte. Deux détectives le maîtrisent aussitôt. Daniel Masseri, Yossef Broshi et deux autres militants tomberont aussi dans la souricière[39].

Un beau coup de filet pour le CID. Yzernitzky est fouillé. Les policiers trouvent dans sa poche une lettre de son employeur, l'expert-comptable Broïda. Sur l'enveloppe figure l'adresse du suspect, 48, rue Borokhov. Les hommes du CID s'y précipitent. Yzernitzky est enchaîné à un barreau du lit pendant que la perquisition commence. Du bruit à la porte : quelqu'un glisse une clé dans la serrure. Les détectives se précipitent et appréhendent un nouveau militant, David Orlovsky, qui rentrait innocemment à la maison. Les policiers découvrent une fausse carte d'identité et le cachet du préfet de district, de quoi préparer de faux papiers d'identité pour Moshe Savoraï. Imprudemment, Yzernitzky ne les avait pas cachés avant de sortir. Les deux hommes sont conduits au commissariat de Jaffa où Yzernitzky a droit à un interrogatoire conduit par Wilkin en personne. *« D'où viens-tu ? Tu n'apparais sur aucune de nos listes, tu n'es ni au Bétar ni au mouvement révisionniste.*

C'est la première fois que nous entendons parler de toi ! » Le suspect garde le silence.

Il sera condamné à trois mois de prison ferme pour faux et usage de faux par le juge du tribunal de Tel-Aviv. En entendant le verdict, il éclatera de rire. Il ne savait pas que sa détention serait automatiquement prolongée par décret administratif et qu'après quelques semaines en cellule à Jaffa, il serait transféré à la prison de Saint-Jean-d'Acre où il purgerait le reste de sa peine avant d'être expédié au camp de Mizra où l'attendaient Orlovsky et de nombreux camarades.

Avant leur capture, Zettler et Yzernitzky avaient décidé d'annuler un projet de hold-up, le jugeant trop risqué. Il s'agissait d'attaquer en plein jour le caissier d'un grand magasin de Tel-Aviv, le Mashbir. Mais ils n'avaient pas eu le temps d'en informer Stern et, en leur absence, l'état-major de l'organisation donne le feu vert.

Le jeu en vaut la chandelle. Le butin doit s'élever à 1 000 livres palestiniennes. Le 3 janvier 1941, deux militants, Yehoshoua Becker et Nissim Reouven, tentent donc d'arracher la sacoche du caissier qui résiste et hurle « Au voleur ! ». Des passants interviennent. La victime parvient à s'échapper. Pour se débarrasser de ses poursuivants, Becker tire en l'air. Des policiers arrivent sur les lieux. Dans l'échange de coups de feu, deux passants juifs sont tués. C'est l'échec. Le scandale. Aux yeux de l'opinion juive de Palestine, la preuve est faite une nouvelle fois que le groupe Stern n'est qu'une bande de gangsters. La presse réclame des mesures urgentes.

Conduits menottes aux poignets, Reouven et Becker sont interrogés par l'inspecteur Wilkin et un officier juif du nom de Goldman. Ils finissent par révéler l'emplacement d'une cache d'armes. Du point de vue de Stern, l'affaire est catastrophique, d'autant que, selon certains informateurs, Becker et Reouven subissent des tortures. En fait, les deux hommes n'ont eu droit qu'à un passage à tabac. Mais Stern décide d'attaquer directement les chefs du CID.

Le groupe Stern règle ses comptes

Le 18 janvier, Yaïr réunit les derniers membres de son état-major – Zelnick, Levstein et Savoraï – dans l'appartement loué par Zelig Jacques au 30, rue Dizengoff. On décide qu'un attentat sera organisé contre les responsables du CID. L'idée est de Savoraï, l'opération est confiée à Levstein. L'Irgoun en Israël tentera, par ailleurs, d'assassiner Littelton, le ministre britannique des Colonies, qui réside au Caire. Stern révèle, à cette occasion, que l'organisation compte quelques militants parmi les soldats juifs stationnés en Égypte. Le cas Zironi est enfin longuement discuté. Il est soupçonné de trahison. Faut-il l'exécuter ? Aucune décision n'est prise.

Deux jours plus tard, l'attaque contre les chefs du CID peut être lancée. Yaacov Levstein a installé une charge dans une mansarde au 8, rue Yaël à Tel-Aviv. Il raconte : « *À l'intérieur de la commode, près de l'entrée, j'ai placé 25 kilos de* Blasting gelatine *– l'explosif le plus puissant dont nous disposions – dans une boîte de métal, cinq détonateurs en série avec un accélérateur au TNT. [...] Autour de l'explosif, j'ai disposé 15 kilos de clous de toutes sortes, enduits d'acide afin d'aggraver les blessures. Le tout enveloppé d'une plaque de métal et refermé hermétiquement par une soudure. De là j'ai tiré le fil électrique de mise à feu sur le toit d'un immeuble voisin en le maquillant en une antenne*[40]. » Une seconde charge de faible puissance est placée sur le toit de la mansarde, et une mine a été cachée sur le chemin qui mène à l'escalier du 8 de la rue Yaël.

À 8 h 30, un guetteur fait signe. Wilkin et Morton sont arrivés à leur bureau à Tel-Aviv. L'opération peut commencer. Un militant allume le cordon de la charge sur le toit et descend l'escalier en courant, tout en répandant du sang de poulet sur les marches. Comme prévu, les voisins appellent le commissariat. L'alerte est donnée mais Wilkin et Morton participent à une réunion importante : ils donnent l'ordre à deux officiers juifs, Goldman et Schiff, de se rendre sur place en compagnie d'un Britannique. Les policiers arrivent sur les lieux et se précipitent dans la mansarde. Le militant qui s'est vu confier la responsabilité d'actionner la charge est persuadé que ce sont bien Wilkin et Morton qui se sont rendus sur les lieux, et il actionne le détonateur. L'explosion est considérable. Des débris volent à plusieurs centaines de mètres de là. Les deux officiers juifs sont tués sur le coup. Le Britannique, gravement blessé. Cette fois, Wilkin et Morton se précipitent sur les lieux. Au grand dam de Levstein, qui surveille la scène à distance, Yehoshoua Cohen, le troisième homme qui était censé actionner la mine, craque : il craint de faire des victimes civiles et renonce à appuyer sur le détonateur. L'opération est complètement ratée.

À nouveau, l'Irgoun en Israël a tué des Juifs. Cette fois la presse se déchaîne contre l'organisation qualifiée de « cinquième colonne ». Moshe Shertok, le chef du département politique de l'Agence juive, écrit au commandant de la police de Palestine pour annoncer qu'il soutiendra « *toute mesure qui mettrait un terme aux agissements de ces meurtriers et libérerait le Yishouv de ce cauchemar* ».

Une semaine plus tard, le CID aura sa vengeance. Un conducteur d'autobus a informé la police de certains déplacements suspects dans un appartement voisin du sien, 30 rue Dizengoff. Vers 16 heures, Morton et un groupe de détectives britanniques s'y précipitent l'arme au poing. Ils découvrent Yaacov Levstein, Avraham Ampar, Zelig Jacques (qui avait échappé quelques jours plus tôt aux policiers qui le conduisaient à la prison de Saint-Jean-d'Acre) et Moshe Savoraï (évadé de Mizra). Le groupe s'entraînait au maniement des armes en prévision de l'attaque de la prison de Mizra, en vue de libérer les détenus de l'Irgoun en Israël...

Morton ouvre le feu immédiatement et blesse grièvement Ampar et Jacques. Savoraï est plus légèrement touché à la mâchoire. Levstein tente de s'échapper par la fenêtre des toilettes. Il est rattrapé et blessé par balle à la hanche. Pendant deux heures, les Britanniques n'autoriseront pas les ambulanciers à s'approcher des blessés maltraités par les policiers. Les quatre hommes seront finalement conduits en camion à l'hôpital gouvernemental de Jaffa, un centre hospitalier arabe, et non pas à l'hôpital juif de Tel-Aviv (Hadassah). Jacques et Ampar mourront trois jours plus tard.

David Ben Gourion se trouve alors à New York, où il participe au Congrès juif américain. Sa vision géopolitique a changé ces derniers mois. Conséquence du conflit mondial, l'entente avec les Arabes est désormais impossible : « *Tel qu'ils comprennent leur propre intérêt, les Arabes,* dit-il, *considèrent n'avoir pas besoin de lutter contre Hitler. La guerre ne suscite aucune base pour une coopération. Au contraire*[41] *!* » Il œuvre donc en faveur d'une prise de position commune des organisations juives américaines pour la création d'un État juif – il emploie le terme de « Commonwealth juif » – en Palestine et l'annulation du Livre blanc britannique.

Le 7 décembre, alors que Ben Gourion est en pleine discussion avec Yeshayahou Berlin, le dirigeant sioniste britannique en mission aux États-Unis pour le compte du gouvernement Churchill, la nouvelle tombe : les Japonais ont lancé une attaque surprise contre Pearl Harbor. L'Amérique entre en guerre.

Begin quitte le Goulag

Dans le camp de Petchor Lag, en Sibérie, Menahem Begin est occupé à survivre. Jour après jour, le chef du Bétar polonais décharge des traverses de chemin de fer. Un matin, sur le chemin du chantier, une sentinelle lui annonce que les citoyens polonais vont être libérés. Il apprendra plus tard qu'un accord avait été conclu le 30 juillet 1941 entre le gouvernement polonais en exil et l'Union soviétique. Staline y déclarait nuls et non avenus tous les pactes conclus avec l'Allemagne hitlérienne, notamment le démembrement de la Pologne, dont tous les prisonniers de guerre allaient retrouver la liberté. Ils formeraient un nouveau corps d'armée placé sous le commandement du général Wladyslaw Anders tout juste sorti de sa cellule à la Loubianka, la prison du NKVD à Moscou.

En septembre, Begin et les autres anciens détenus polonais commencent donc, sans un sou, leur longue migration vers le centre de recrutement. Après plusieurs mois, alors qu'il se trouve dans une gare d'Asie centrale et attend l'occasion de grimper dans un train, il entend une femme prononcer le nom « Halperin ». C'est ainsi qu'il retrouvera sa sœur Rachel à Dzizak, une petite ville ouzbèke entre Tachkent et Samarkand. Ils sont les seuls survivants de la famille Begin. Leurs parents et leur sœur ont été assassinés par les nazis.

Nouveau problème pour Begin, l'armée polonaise ne veut pas de lui pour cause de mauvaise santé. Il ne se décourage pas et parvient à persuader un général de l'accepter. L'armée Anders partira pour le Proche-Orient en février 1942, où elle sera placée sous commandement britannique. Le soldat Begin arrivera en mars à Jérusalem où il retrouvera son épouse Aliza. Ses fonctions : secrétaire et interprète du chef de la sécurité militaire polonaise[42].

L'assassinat de Stern

L'étau se resserre autour d'Avraham Stern. Dès le 28 février, des affiches sont collées dans les lieux publics. Sa tête est mise à prix : 1 000 livres palestiniennes. Les journaux publient sa photographie et celles de plusieurs militants, notamment de Benyamin Zironi et d'Hanokh Kalaï dont la capture vaut respectivement 500 et 250 livres. N'étant plus membres de l'organisation et pour échapper au sort de Jacques et d'Ampar, ils se constituent prisonniers. L'Irgoun en Israël n'existe pratiquement plus. L'émetteur radio clandestin a été saisi le 22 janvier et le dernier tract imprimé sur un mauvais stencil date du début du mois.

Stern change constamment de planque. Depuis l'affaire de la rue Dizengoff, il se cache dans l'appartement d'une sympathisante en compagnie de Zelnick, puis chez un médecin d'origine polonaise qu'il avait connu à Varsovie. Finalement, il s'installe au 8 bis, rue Mizrahi, chez Tova Savoraï, l'épouse de Moshe. Il ne sort que la nuit pour de très brèves rencontres avec des militants ou de proches amis. Un seul agent de liaison, Hissia Shapira, apporte les messages en se faisant passer pour une femme de ménage. Tova s'occupe des repas.

Les informations sur la décision qu'auraient prise le CID et son chef, Geoffrey Morton, de liquider Yaïr sont de plus en plus convergentes. Quelques-uns de ses adversaires politiques tentent alors de l'aider. C'est ainsi qu'Eliahou Golomb, le chef de la Haganah, lui propose, par l'intermédiaire de Nehemiah Brosh, le frère de Roni, l'épouse de Stern, de le cacher dans un kibboutz en faisant croire qu'il a quitté le pays. Yaïr refuse en expliquant que la nouvelle de son départ de Palestine risquerait de détruire l'esprit combattant de la jeunesse juive.

Mais Yaïr a conscience du risque qu'il court en restant dans l'appartement de Savoraï, alors que celui-ci est le prisonnier des Britanniques. Tôt ou tard, le CID viendra frapper à la porte. Depuis quinze jours, des camarades lui proposent d'ailleurs une nouvelle planque à Jérusalem, mais pour s'y rendre, Yaïr devra se déguiser en femme, ce qui ne lui plaît pas. Pourtant, Hissia a souvent l'impression d'être suivie ou de faire des rencontres bizarres sur le chemin qu'elle emprunte pour se rendre rue Mizrahi.

Le danger se précise bientôt. Le 12 février 1942, Hissia arrive à une heure inhabituellement matinale, porteuse d'un message de Yaacov Méridor, le chef de l'Irgoun. Lui aussi propose à Stern de l'abriter jusqu'à ce que les choses se calment. Il refuse. Hissia repart vers 7 h 30, emportant la réponse de Yaïr.

Des coups sont frappés à la porte. Stern se précipite dans l'armoire où il se cache chaque fois que des étrangers se rendent chez les Savoraï. Tova ouvre la porte. L'inspecteur

Wilkin pénètre dans la pièce, accompagné de plusieurs officiers. La perquisition commence. Morton arrive lui aussi sur les lieux. Les Britanniques ne tardent pas à ouvrir l'armoire et à en extraire Avraham Stern, très pâle. Il est menotté et placé sur le canapé. Wilkin donne l'ordre aux voisines attroupées dans l'entrée de partir, à Tova de mettre son imperméable et de sortir. Elle descend l'escalier escortée par deux policiers lorsque retentissent trois coups de feu. Morton vient d'abattre Avraham Stern. Officiellement, *« le terroriste »* a tenté de s'échapper. Mais il s'agit d'une exécution.

L'homme qui devait organiser la libération de la Terre d'Israël à la tête de quarante mille combattants juifs est mort, abattu comme un vulgaire gangster. Il laisse derrière lui une légende que ses disciples entretiendront :

Les jours rouges de massacre et de sang
Les nuits noires de désespoir...

CHAPITRE 3

Stern après Stern

Le Yishouv accueille la nouvelle de la mort d'Avraham Stern sans regrets. Le 13 février 1942, le quotidien *Ha Boker* titre : *« Les mille livres palestiniennes resteront dans nos caisses, annonce la police... »* Les chefs politiques poussent un soupir de soulagement. Moshe Shertok, qui s'occupe des relations extérieures de l'Agence juive, est particulièrement choqué par un article du *Times* londonien qualifiant Yaïr de « Quisling », c'est-à-dire de collaborateur. « *Apparemment,* dit-il, *les Britanniques veulent prouver que, même au sein de la communauté juive, il existe des groupes prêts à collaborer avec l'ennemi.* » Vingt jours plus tard, il admettra qu'il avait des informations selon lesquelles la mort de Yaïr était en fait une exécution[1].

Les dirigeants sionistes ont d'autres préoccupations. Des informations extrêmement inquiétantes leur parviennent sur des massacres de Juifs dans les territoires occupés par les Allemands. Le mois précédent, à la BBC, l'écrivain Thomas Mann avait parlé de chambres à gaz et de fours crématoires. Des horreurs auxquelles on commence à croire en Palestine, en raison du manque total d'informations directes en provenance d'Europe centrale[2]. En Afrique du Nord, Rommel va de victoire en victoire. Une défaite britannique dans cette région du monde ne semble pas impossible. L'ennemi nazi se rapproche de la Palestine.

Côté révisionniste, tout en condamnant avec virulence le comportement de la police « *qui avait abattu un prisonnier sans défense après qu'il eut levé les mains en l'air* », comme l'affirme un tract de l'Irgoun, on n'est pas franchement mécontent. L'adversaire est au tapis. Quelques-uns profitent de l'occasion pour suggérer aux survivants du groupe de réintégrer le giron de l'Irgoun. Sans grand succès. Les sternistes encore en liberté ne veulent pas entendre parler de cette organisation qui dépend plus que jamais des orientations politiques du parti révisionniste et prône toujours l'enrôlement dans l'armée britannique.

Struma, LE CARGO MAUDIT

Le drame du *Struma* vient exacerber les sentiments antibritanniques de l'opinion publique juive en Palestine. Ce cargo avait quitté le port roumain de Constanta le 12 décembre, avec 769 passagers à son bord. Des réfugiés juifs dont le but était de faire escale à Istanbul afin d'y déposer des demandes de visa pour la Palestine. Le navire, vétuste et surchargé, bat pavillon panaméen. Son équipage est bulgare. Il est arrivé à destination le 16 décembre, mais les autorités turques l'ont mis en quarantaine. Les passagers n'auront pas de visa et ils n'ont pas le droit de pénétrer en Turquie. Le 10 janvier, G. T. Gorbatenco, le capitaine du *Struma*, envoie une lettre en français au directeur du port d'Istanbul :

« *1. Étant donné que le Panama est en guerre avec les pays de l'Axe, le voyage par la Méditerranée étant très dangereux, je ne peux pas prendre sur moi la responsabilité de conduire le bateau qui m'a été confié dans ces eaux. Ce bateau ne pourrait continuer son voyage qu'escorté d'un navire de guerre turc et ayant à son bord un pilote turc qui doit le conduire jusque dans les eaux territoriales syriennes. [...]*

2. Étant donné que la Bulgarie est en guerre avec l'Angleterre, moi, sujet bulgare, et les autres sujets bulgares de mon équipage sommes obligés de retourner dans notre pays pour y faire notre devoir envers notre drapeau, car autrement nous serons traduits en conseil de guerre. D'autre part, étant bulgares nous ne pouvons pas entrer dans les eaux contrôlées par la flotte anglaise.

3. La mauvaise et défectueuse construction du bateau [...] ne me donne pas la responsabilité de continuer ce voyage sans risquer la vie de mes passagers.

4. D'autre part, les passagers sont tellement affaiblis qu'il serait impossible de leur faire subir les efforts d'un tel voyage.

5. La seule solution que je voie, c'est leur débarquement immédiat et la poursuite de leur voyage par un autre bateau.

Dans le cas où aucune solution ne serait prise, je décline toute responsabilité, d'autant qu'à bord il y a beaucoup de maladies qui, n'ayant rien de commun avec des maladies contagieuses, peuvent pourtant se transformer en vraies catastrophes [3]. »

Le 19 janvier, l'Agence juive demande aux autorités mandataires d'accueillir les réfugiés. Seuls quatre d'entre eux reçoivent les certificats d'immigration nécessaires. La situation à bord du navire ancré dans le port d'Istanbul se détériore. Personne n'est autorisé à s'en approcher. En Palestine, les informations sur ce drame sont censurées, et c'est par le bouche à oreille que les parents de passagers du *Struma* apprennent ce qui se passe et tentent d'intervenir. Le 13 février, Moshe Shertok, de l'exécutif de l'Agence juive, écrit au secrétaire général du gouvernement mandataire : « *Ces réfugiés fuient les expulsions de masse, les massacres de masse où des gens sont entassés dans des trains de marchandises qui les mènent vers des destinations inconnues, la détention dans des camps de concentration et de travaux forcés.* » Les Britanniques finissent par accepter l'entrée en Palestine des enfants de moins de seize ans. L'Agence juive s'engage à assurer tous leurs besoins. Mais, en dépit des demandes répétées des organisations sionistes, rien n'est fait pour permettre leur débarquement et, le 23 février, la marine turque remorque le *Struma* en haute mer où il est torpillé le lendemain par un sous-marin soviétique. Il n'y aura qu'un seul survivant... qui finira par recevoir l'autorisation d'immigrer en Palestine.

Deux jours plus tard, tous les journaux du Yishouv (qui ne sont toujours pas autorisés à révéler les détails de la tragédie) publient des faire-part bordés de noir. Des informations tronquées seront diffusées le 29.

Harold MacMichael, le haut-commissaire britannique qui, plus que tout autre, a œuvré pour empêcher l'entrée en Palestine des réfugiés du *Struma*, câble au Colonial Office : « *Le destin de ces gens a été tragique, mais il n'en demeure pas moins qu'il s'agit de citoyens d'un pays en guerre contre la Grande-Bretagne venant d'un territoire sous contrôle ennemi.* » À la Chambre des lords, Walter Guiness, baron de Moyne et ministre des Colonies de Sa Majesté, dans un discours aux accents antisémites, justifie ce refus d'assistance à personnes en danger : « *La Palestine est trop petite et déjà surpeuplée pour accueillir les trois millions de Juifs que les sionistes veulent y amener après la guerre. Le Liban, la Syrie et la Transjordanie pourraient absorber un grand nombre de Juifs sans que cela menace l'indépendance politique de ces pays. Les Arabes de Palestine considèrent les Juifs comme des éléments étrangers par leur culture et par le sang.* » Et d'affirmer que les anthropologues estiment qu'il n'y a pas de race juive pure[4]. Le groupe Stern parvient à diffuser un tract annonçant que la lutte armée contre les Britanniques doit être la seule riposte possible à cette tragédie. L'Irgoun publie une affiche. Sous la mention « *Wanted for murder* » se trouve le portrait de MacMichael. Le Yishouv proclame une journée de deuil et de prières.

Seuls contre tous

Les chefs du CID, qui ont eu la peau du « Stern gang », prennent leurs précautions. Ils savent que plusieurs « terroristes » sont encore en liberté. L'assassin de Yaïr, Geoffrey Morton, se déplace le moins possible, toujours entouré de gardes du corps. Cela ne l'empêche pas de frôler la mort. Une première mine est découverte un matin, cachée sur le bord de la route qu'il emprunte pour se rendre à son bureau de Jaffa. Quelques jours plus tard, le 1er mai 1942, une autre bombe (six doigts de gélinite !) explose au passage de sa voiture. Elle était placée dans un tuyau d'écoulement, sous la chaussée. Doté d'une solide baraka, il quittera la Palestine quelques années plus tard, sain et sauf.

Mais les survivants de « l'Irgoun en Israël » ont des projets plus ambitieux : décapiter l'ennemi britannique. L'opération doit se dérouler à Jérusalem en deux temps. D'abord assassiner le commandant en second de la police de Palestine, l'inspecteur général Michael Joseph MacConnel. Puis, faire exploser des charges lors du passage de son cortège funèbre auquel participera certainement le haut-commissaire. Mais la chance est, une fois encore, du côté britannique : seul un policier arabe est tué, alors qu'il ouvrait la portière de la voiture de MacConnel où était cachée la bombe. Les onze mines placées à l'entrée du cimetière anglican du mont Sion seront découvertes le lendemain. Une autre charge, celle qui devait tuer le numéro 1 de la police, Sanders, sera également désamorcée.

Cette série d'échecs, la mort de Yaïr, l'affaire de la rue Dizengoff, les arrestations de plus en plus nombreuses, la saisie de l'émetteur radio, tout cela est-il dû au hasard, à la malchance ? Les sternistes encore en liberté pensent que non, et une atmosphère de profonde méfiance s'installe au sein du petit groupe. La première victime de ce climat est Yitzhak Zelnick, qui a pris la tête de l'organisation après la mort de Yaïr. Au bout de quelques semaines, il se constitue prisonnier. Il avait appris que ses subordonnés le soupçonnaient d'être un agent provocateur ou un indic et préparaient son empoisonnement. Il sera imité par d'autres camarades qui craquent à leur tour. Entre la paranoïa des militants et les gâchettes faciles du CID, assistées parfois par la Haganah, il faut avoir les nerfs particulièrement solides et Touvia Hen Tsion, un ancien speaker de la radio clandestine de l'Irgoun en Israël, décide, avec une cinquantaine de jeunes militants, de couper tout lien avec le reste de l'organisation qu'il ne rejoindra qu'après l'évasion d'Yzernitzky.

Cela n'empêchera pas Yehoshoua Cohen de le considérer pendant de longues années comme un déserteur. À dix-neuf ans, Cohen a déjà une belle réputation. Arrêté, puis traduit en justice après le hold-up de l'Anglo-Palestine Bank, il avait été acquitté faute de preuves. Sans argent, pourchassé par le CID, ne disposant que de quelques armes en mauvais état, il décide, avec Israël Scheib, d'organiser l'évasion de quelques-uns des pensionnaires de Mizra, condition nécessaire pour ressusciter le mouvement fondé par Yaïr. Son QG se trouve dans une orangeraie de Raanana, au nord de Tel-Aviv. Ses principaux agents de liaison sont deux jeunes Bulgares arrivés en juin 1941, Sarah Lévy, surnommée « Sarika », et son fiancé, Pessah Shrori. Ils seront plus tard les acteurs d'une nouvelle tragédie qui secouera l'organisation.

Les sternistes reçoivent bientôt de l'aide en provenance d'une source inattendue : la France libre. La famille Masseri, qui avait préparé la mission de Loubentschik à Beyrouth, a en effet organisé à Tel-Aviv une rencontre entre Enshel Spielman et Cohen avec un émissaire gaulliste venu du Liban, un commandant des FFL qui leur offre une petite somme d'argent et deux pistolets. Des armes françaises qui serviront donc à tuer... des Britanniques[5] !

Yehoshoua Cohen parvient à faire passer des messages à ses camarades détenus dans la prison de Mizra en les cachant dans des boîtes de conserve à double fond, ou dans des paquets de cigarettes. Faute de moyens financiers, il ne peut que rarement leur faire parvenir des colis. Dans le camp, l'atmosphère n'est pas à l'amour fraternel entre les militants de l'Irgoun et les sternistes. On se déteste cordialement. Les disciples de Yaïr sont sans le sou. La plupart n'ont pas de famille en Palestine et regardent avec envie leurs adversaires fumer des cigarettes ou se partager les colis de ravitaillement envoyés aux « prisonniers de Sion » par des sympathisants du mouvement révisionniste. Eux devront se contenter du menu frugal offert par les prisons de Sa Majesté britannique. Les détenus de l'Irgoun refusent même de partager le repas de Pessah, la Pâque juive, avec les sécessionnistes.

Le comble : à la demande des politiques du mouvement révisionniste qui avaient fourni une liste aux autorités, les deux groupes ont été séparés – et les sternistes regroupés dans la baraque 4. L'objectif était surtout d'éviter la contamination idéologique de l'Irgoun. Pour faire bonne mesure, les Britanniques expédient les cinq « terroristes » considérés comme les plus dangereux à la prison de haute sécurité de Saint-Jean-d'Acre, notamment Shlomo Ben Shlomo et Naftali Loubentschik.

Des informations fragmentaires à propos du massacre des Juifs en Europe parviennent maintenant de Palestine, mais sont systématiquement interdites ou tronquées par la censure britannique alors que la plupart des rédacteurs en chef de la presse du Yishouv les considèrent comme très exagérées. Le Yishouv apprendra bien plus tard que les chambres à gaz d'Auschwitz et de Belzec fonctionnaient déjà à plein rendement. La construction du camp de Treblinka commençait. En mai, Szmul Zygielbojm, le leader du Bund* et membre du gouvernement polonais en exil, révèle pourtant que plus de sept cent mille Juifs ont été massacrés.

Vers un État juif en Palestine

Des renseignements sur la situation en Europe de l'Est parviennent également à New York, où les efforts de David Ben Gourion portent leurs fruits. Le 9 mai 1942, les sionistes américains adoptent le programme du Biltmore, du nom de l'hôtel où s'est réuni leur congrès. C'est un rejet de la politique britannique en Palestine :

« *1. Les sionistes américains réunis en assemblée extraordinaire réaffirment leur attachement sans faille à la cause de la liberté dans*

* Le mouvement juif socialiste antisioniste.

la démocratie et à la justice internationale pour laquelle le peuple des États-Unis, allié avec les autres nations, combat. Ils expriment leur foi en la victoire ultime de l'humanité et de la justice sur l'illégalité et la force brutale.

2. Cette conférence envoie un message d'espoir et d'encouragement à ses frères juifs dans les ghettos et les camps de concentration dans l'Europe dominée par Hitler et prie pour que l'heure de leur libération ne soit pas trop éloignée.

3. La conférence adresse ses plus chaudes salutations à l'exécutif de l'Agence juive à Jérusalem, au Comité national et à l'ensemble du Yishouv en Palestine, et exprime sa profonde admiration pour leur fermeté et leurs réalisations face à de grandes difficultés. [...]

4. À notre génération, en particulier au cours des vingt dernières années, le peuple juif s'est éveillé et a transformé son ancienne patrie : de cinquante mille personnes à la fin de la dernière guerre, il est passé à plus de cinq cent mille. [...]

5. Les voisins arabes en Palestine ont bénéficié des nouvelles valeurs ainsi créées. Le peuple juif, dans son œuvre de rédemption nationale, salue les développements économiques, agricoles et nationaux des peuples et des États arabes.

6. La conférence appelle à la réalisation du but originel de la Déclaration Balfour et du mandat [britannique] qui reconnaît le lien historique du peuple juif avec la Palestine [à savoir], comme l'a déclaré le président Wilson, d'y fonder un Commonwealth juif. La conférence affirme son rejet total du Livre blanc de mai 1939 et lui dénie toute validité morale ou légale. Le Livre blanc cherche à limiter et, en fait, à supprimer les droits juifs à l'immigration et à l'installation en Palestine et, comme l'a déclaré Winston Churchill à la Chambre des communes en mai 1939, "Il constitue une rupture et un rejet de la déclaration Balfour." La politique du Livre blanc est cruelle et indéfendable par son refus d'un sanctuaire pour les Juifs fuyant la persécution nazie [...].

7. [...] Le droit des Juifs de Palestine à jouer pleinement leur rôle dans l'effort de guerre doit être reconnu, [...] par [la création d'une] force militaire juive combattant sous son propre drapeau et le commandement des Nations unies.

8. La conférence déclare que le nouvel ordre mondial qui suivra la victoire ne pourra être réalisé sur des bases de paix, justice et égalité que si le problème de l'absence de patrie juive est finalement résolu. La conférence demande instamment que les portes de la Palestine soient ouvertes ; que l'Agence juive soit investie du contrôle de l'immigration en Palestine [et dotée également] de l'autorité nécessaire pour reconstruire le pays, ce qui inclut le développement des terres vacantes et en friche ; et que la Palestine soit constituée en Commonwealth juif intégré dans les structures du nouveau monde démocratique.

Alors, et seulement alors, l'injustice commise envers le peuple juif sera réparée [6]. »

Sous la houlette de David Ben Gourion, le mouvement sioniste vient de se métamorphoser. Il ne cherche plus à passer un compromis avec les Britanniques en vue de la création d'un Foyer national juif sur le territoire mandataire, mais réclame la liberté d'immigration pour les Juifs dans un État souverain en Palestine. Le centre de l'activité politique sioniste se trouve désormais à New York. À Londres, Haïm Weizmann tente toujours, mais sans succès, d'obtenir du gouvernement Churchill la création d'une division juive.

Des Juifs à Bir Hakeim

Les volontaires juifs de Palestine sont intégrés individuellement, ou par petites unités, dans les forces britanniques. Censure militaire oblige, leur rôle est souvent passé sous silence par la presse du Yishouv. En juin 1942, une compagnie du King's West African Rifles, composée de quatre cents Juifs palestiniens, est déployée en plein désert de Libye, à 80 km de la position de Bir Hakeim, avec pour mission de miner un carrefour de pistes pour protéger le flanc sud des positions britanniques et barrer la route aux divisions de Rommel. L'unité est commandée par le major Felix Liebmann, un Juif de Tel-Aviv originaire de France. Munie de quelques armes et de cocktails Molotov, elle résistera pendant huit jours à l'attaque d'une colonne de panzers, aux bombardements de Stuka, puis à l'assaut de la division italienne Ariette. À bout de forces, quarante-trois survivants parviendront à rejoindre la brigade des Forces françaises libres qui s'était repliée de Bir Hakeim après avoir victorieusement barré le passage aux colonnes blindées allemandes. Le général Kœnig, qui commande l'unité française, a aperçu l'un des soldats palestiniens glisser un fanion bleu et blanc dans un étui. Il demande à Liebmann, le porte-drapeau, ce dont il s'agit :

« *Il ne nous est pas permis d'arborer ce drapeau* », explique le major.

« *Pardon,* répond le général, *ici, c'est moi qui commande ! Je me fiche pas mal du règlement britannique. Votre drapeau flottera sur mon véhicule de commandement à la place qui lui revient, à côté du nôtre. Nous avons tous deux remporté la victoire !* »

Le porte-drapeau déploie le fanion frappé de l'étoile de David. Aux officiers et aux légionnaires qui l'entourent, Kœnig ordonne : « *Le drapeau juif ! Messieurs, saluez* [7] *!* » L'épisode ne sera rendu public que bien des années plus tard.

UNE ÉTRANGE VISITE À LA PRISON DE MIZRA

Nathan Yelin Mor n'a pas réussi à contacter les représentants du IIIe Reich. Capturé au début de l'année par les Britanniques près d'Alep, en Syrie, il a été transféré à Mizra quelques semaines après la mort de Yaïr. Le CID avait découvert son adresse sur des lettres qui se trouvaient dans le sac à main de Frieda, son épouse, appréhendée à Tel-Aviv [8]. Dans la baraque 4, il rencontre pour la première fois Yitzhak Yzernitzky qu'il décrira ainsi : « *De petite taille mais à l'ossature large, de fortes mâchoires, une grande tête disproportionnée par rapport au reste du corps, des sourcils épais qui se mélangeaient à la chevelure [...], des conversations courtes nous suffisaient car nous nous comprenions. [...] Il avait fini par prendre la responsabilité de nos militants. Son ancienneté en Palestine, sa connaissance du pays, ses contacts dans l'organisation, et surtout sa lucidité d'esprit, son réalisme, tout cela, et un courage personnel, le prédisposait à être le premier*[9]. » Les deux hommes prennent la tête des détenus du groupe Stern.

Quelques-uns des militants emprisonnés ne résistent pas à la pression et, à l'exemple d'Avner Erlich, l'ancien chef de la propagande de l'Irgoun passé au groupe Stern, ils craquent. Erlich est remis en liberté après avoir persuadé les Britanniques qu'il a renoncé. Selon Mattityahu Shmulewitz, un autre pensionnaire de la baraque 4, sur cent cinquante détenus, quarante seulement veulent continuer le combat. Le CID pense qu'il tient le bon bout et tente d'enfoncer le clou.

Un matin du mois d'août, le directeur du camp rassemble les détenus. Des visiteurs importants sont là. Le chef du CID en Palestine, Gales, et un général couvert de médailles, le commandant de l'Intelligence Service au Proche-Orient, semble-t-il. Il s'agirait d'un certain « général Ballantine ». Plus tard, des recherches permettront d'établir qu'il n'y avait pas de général de ce nom dans l'armée britannique au Proche-Orient.

Certains sont pieds nus, la plupart en slip et torse nu : il fait très chaud à Mizra. Les cent cinquante détenus font face aux représentants de Sa Gracieuse Majesté. Le « général » prend la parole : *« C'est la première fois que je visite ce pays et il nous sera donc facile de nous comprendre. Vous avez peut-être causé beaucoup de problèmes à M. Gales et aux autorités, peut-être qu'eux aussi n'ont pas toujours fait preuve de modération et de compréhension. Je suis venu afin que nous puissions nous comprendre. Je sais que vous avez des revendications politiques, mais, gentlemen, pourquoi ne pas nous les présenter ? Pourquoi utiliser des bombes et des pistolets alors que nous pouvons parler ? Vous tuez des membres des forces de sécurité. Nous tuons vos camarades. C'est sans fin, cherchons à nous comprendre. Pourquoi cette effusion de sang inutile ? »*

L'assistance trouve la plaisanterie un peu saumâtre. Quelqu'un murmure : *« Ou c'est un con ou il nous prend pour des cons ! »* Un autre lance : *« Demandez-lui à qui il s'adresse ! »*

La question est traduite par le représentant des détenus, lui aussi à demi nu, ne portant qu'un caleçon. Le « général » répond : *« Je m'adresse aux membres du groupe Stern ! »* La réponse fuse : *« Il n'y en a pas ici ! Nous sommes détenus sans procès, illégalement ! » « Okay !* poursuit le "général", *peut-être que ceux qui ont pris la parole n'appartiennent pas à ce groupe et sont ici par erreur. Mais je pense qu'il y en a d'autres qui sont membres de cette organisation, et c'est à eux que je m'adresse. Je promets qu'il n'arrivera rien à quiconque prendra la parole en leur nom, n'est-ce pas Mr Gales ?... Vous voulez que je continue ? »*

Le discours commence à faire son effet. Plusieurs détenus, parmi ceux qui ont renoncé à la lutte, se mettent à crier « Oui ! Oui ! » tout en lançant des regards inquiets en direction des « durs ».

« Ne pensez pas que c'est pour notre bien que je suis venu, c'est pour le vôtre. Savez-vous que les forces de sécurité, dans ce pays, comptent trente mille hommes ? Comment pourrez-vous nous vaincre ? Nous savons tout ! Nous savons où se trouve Yehoshoua Cohen et, si nous le voulons, nous l'arrêterons... » Vient ensuite l'essentiel : *« Pour vous permettre de contacter vos camarades à l'extérieur, nous sommes prêts à libérer deux d'entre vous qui devront promettre qu'ils reviendront au bout d'une semaine. Nous nous engageons à ne pas les suivre. Ils seront libres de leurs mouvements. S'ils parviennent à persuader Yehoshoua Cohen de cesser ses opérations terroristes jusqu'à la fin de la guerre, vous serez tous libérés ! Le gouvernement vous traitera dans l'honneur. Nous vous aiderons, sans tenir compte de votre séjour en prison. Vous pourrez même occuper des postes de fonctionnaires. »*

Les détenus ont deux heures pour se consulter et prendre une décision. Afin de ne pas permettre aux autorités du camp de repérer les véritables chefs clandestins du groupe, tous participent à la réunion qui se déroule dans une des baraques. Une réponse en quatre points est rédigée :

« 1. Il n'y a pas de sternistes à Mizra, seulement de simples détenus, et c'est uniquement en tant que tels que nous sommes prêts à négocier.

2. Les autorités accorderont l'immunité aux détenus qui seront désignés pour mener les pourparlers et s'engageront à ne pas les pourchasser par la suite.

3. Les négociations ne se dérouleront pas avec les représentants du gouvernement britannique mais avec ceux de l'armée britannique et de l'Intelligence Service.

4. Afin de permettre aux détenus de donner une réponse aux propositions de l'Intelligence, ils auront la possibilité de consulter les prisonniers politiques détenus dans les autres prisons du pays. Ce n'est qu'alors qu'il sera décidé de soumettre ces propositions au parti Stern à l'extérieur. »

Yelin Mor et Yzernitzky se méfient. Ils veulent surtout gagner du temps. L'évasion de six militants est en cours de préparation. Ce sont donc les responsables des baraques – leur rôle est de veiller à l'ordre et à la propreté, et ils sont connus du chef du camp – qui iront porter les contre-propositions des détenus au « général ». Ces intermédiaires reviennent bientôt avec une réponse positive.

Le lendemain, une délégation de l'Intelligence Service vient faire des avances encore plus attrayantes : *« Un État juif sera créé après la guerre, mais le calme doit régner en Palestine jusqu'à la victoire sur les Allemands. L'accord avec le groupe Stern peut rester secret. »*

La grande évasion

Toute cette affaire a détendu l'atmosphère à Mizra. Dans les autres enclos du camp, on est persuadé que les sternistes vont bientôt recouvrer la liberté. Des poignées de main sont échangées ; les agents nazis et certains détenus arabes viennent même saluer les « futurs ministres » de l'État juif. La garde autour des baraques où se trouvent les « terroristes » juifs est allégée. Le projet d'évasion qu'ils préparent depuis quelque temps se présente donc sous les meilleurs auspices. Six candidats à la belle doivent, la nuit venue, franchir une première barrière de barbelés puis ramper jusqu'à une tranchée qui sert d'abri en cas d'attaque aérienne, parvenir ensuite jusqu'à la clôture extérieure, où attendront Yehoshoua Cohen et Enshel Spielman[10]. Ces derniers, déguisés en soldats britanniques, auront maquillé une voiture volée en véhicule militaire.

Mais, en pleine nuit, des hurlements retentissent dans l'enclos où sont détenus les Arabes appréhendés lors des affrontements de 1938, et que l'on soupçonne d'être pronazis. Les prisonniers viennent de poignarder l'un des leurs, accusé d'être un informateur. La victime avait réussi à s'échapper, et ses assaillants ont décidé de tenter l'évasion en passant par la tranchée… que devaient emprunter Yzernitzky et ses camarades. L'alerte est donnée. Ils sont tous découverts et capturés. Le lendemain, un poste de garde est installé devant la tranchée.

Les sternistes doivent mettre au point un autre plan d'évasion, et donc gagner du temps. Les représentants des détenus réclament alors la poursuite des négociations, la possibilité de consulter les camarades se trouvant dans d'autres prisons. Et au bout de quelques jours, sept sternistes emprisonnés à Saint-Jean-d'Acre sont conduits à Mizra. Parmi eux, deux vieilles connaissances, Ben Shlomo et Loubentschik. C'est l'occasion de retrouvailles qui durent toute la journée. Les visiteurs, qui subissent un régime pénitentiaire à haute sécurité, ont le teint pâle et semblent mal nourris. Ils y seront reconduits dans la soirée.

Les Britanniques réclament à présent une réponse. « *Nous n'avons pas pu consulter tout le monde* », expliquent les détenus. L'Intelligence Service réplique : « *Cela suffit ! Vous avez pu consulter les politiques !* » Pas question de contacts avec les militants emprisonnés à Jérusalem. Condamnés par les tribunaux militaires, ils sont considérés comme des droits communs. Et un beau matin, le chef du camp de Mizra reçoit le texte suivant :

« *A. Nous sommes prêts à accepter les promesses politiques de la Grande-Bretagne, à croire en la pureté de ses intentions, à condition que le pouvoir en Terre d'Israël soit immédiatement transmis à des Juifs.*

B. La Grande-Bretagne sera autorisée à maintenir ses armées dans le pays jusqu'à la fin de la guerre.

C. Le contrôle de l'immigration sera immédiatement remis à une autorité juive. La Grande-Bretagne s'engage à mettre à la disposition de l'autorité de l'immigration tous les moyens de transport maritimes et terrestres nécessaires.

D. L'Agence juive participera aux négociations sur le transfert des pouvoirs.

E. Cet accord doit être entériné dans un délai d'un mois durant lequel l'organisation clandestine est prête à maintenir le calme.

F. Si, entre-temps, les forces allemandes s'approchent du pays et que la Grande-Bretagne décide de l'évacuer, ses représentants s'engagent à libérer tous les détenus juifs et à mettre à leur disposition les entrepôts d'armes. Une alliance sera alors possible car l'organisation clandestine se battra toujours contre tout pouvoir étranger en Eretz Israël[11]. »

L'Intelligence Service n'apprécie pas. Et les deux représentants des détenus qui ont servi d'intermédiaires sont transférés dans le quartier de haute sécurité de la prison de Saint-Jean-d'Acre.

À l'extérieur, Cohen et Spielman ne savent pas que le projet d'évasion a été annulé. Ils font appel à des militants de la cellule d'Haïfa, qui a mieux résisté que les autres aux coups de boutoir du CID : Mizra n'est, en outre, pas très éloigné de la ville portuaire. Mais rien ne se déroule comme prévu. D'abord, le vol d'un taxi, qui devait être maquillé en véhicule militaire britannique, tourne au fiasco. Et puis, jour après jour, en compagnie de « Hissiah », une militante, David Blau et parfois Tsfoni Shomron doivent jouer les amoureux non loin des grillages qui entourent la baraque 4 : ils finissent par perdre patience, hurlant maintenant la chanson convenue : « *Aujourd'hui, aujourd'hui j'ai eu de la fièvre, j'ai bu du jus...* » Finalement, quelqu'un parmi les détenus finit par leur faire comprendre qu'ils doivent partir en agitant un drap. Il y a donc un problème[12]...

Excédé, Spielman fait alors parvenir un message à Mizra : *« Cela fait six nuits que nous attendons votre évasion à l'endroit convenu. On va finir par être découverts. Cela suffit ! Annoncez-nous votre décision en accrochant votre linge à midi* [13]. »

Les détenus font savoir que le projet est annulé. Ils ont un autre plan. Cette fois, on ne cherchera pas à faire évader six militants, mais seulement trois. Le choix est vite fait : Yzernitzky, un militant du nom de « Siomka » et Eliahou Giladi. D'origine roumaine, ce dernier est un ancien de l'Irgoun. Grande gueule, il avait participé à plusieurs opérations au cours desquelles il avait fait preuve d'un grand courage et s'était assuré de soutiens parmi les sternistes du camp.

Il s'agit de passer en rampant vers l'enclos voisin où se trouvent les ressortissants de pays ennemis. La garde y est moins stricte. Une nuit, le plan est mis à exécution. Mais, manque de chance, répondant à l'appel de la nature, un gardien quitte brusquement son poste et aperçoit trois silhouettes suspectes. D'un coup de sifflet, il donne l'alarme. Les candidats à l'évasion se précipitent vers les baraques. Ils y parviennent quelques minutes avant les gardiens, cachant au passage leurs deux revolvers et la tenaille. L'un d'eux découvre qu'il a encore un chargeur dans sa poche, il le lance sur le toit de la baraque voisine. Les Britanniques font irruption dans la pièce. Il ne manque personne, tous les lits sont occupés. Un sergent a l'idée de vérifier si les détenus ont un rythme cardiaque normal. Il écoute les cœurs, sans résultat. Yzernitzky a l'air profondément endormi. Il garde les bras sous sa couverture, cachant sa main ensanglantée...

Après avoir étudié la question pendant plusieurs jours, les sternistes préparent un nouveau plan. Seuls deux hommes peuvent s'évader, Yzernitzky et Giladi.

La veille de l'opération, Nathan a une dernière conversation avec Yitzhak Yzernitzky. D'abord pour le mettre en garde.

« Eliahou Giladi est un révolutionnaire qui n'accepte aucune autorité. Il est à la limite du nihilisme, imprégné des théories social-révolutionnaires russes du XIXe siècle et cite régulièrement Dimitri Pis-

sarev : "Ce qui peut être détruit doit l'être. Est sain ce qui résiste aux coups. Le déchet volera en éclats. Frappe à droite et à gauche !" Il n'a aucune fidélité envers un homme ou une idée. Méfie-toi de lui.

– Il a des qualités très précieuses pour l'organisation à ce stade. De l'imagination, de l'audace, un courage absolu, répond Yzernitzky.

– Ces qualités sont dangereuses si elles ne sont pas contrôlées par la raison, la vision du danger.

– Eliahou m'a promis de ne rien faire sans mon accord, sans mon autorisation.

– Il n'empêche, je suis persuadé que même s'il tient sa promesse au début, il risque d'échapper à ton contrôle, il finira par dégainer. Sois sur tes gardes, dégaine le premier. »

Yzernitzky a un autre argument : Giladi est très proche de Yehoshoua Cohen et de quelques autres militants en liberté, indispensables à la réalisation des projets des deux nouveaux chefs du groupe. Yelin Mor lui a remis la liste du groupe de Polonais arrivés l'année précédente. Il a expliqué à Yitzhak la nécessité d'établir le contact avec Israël Scheib, qui enseigne dans un lycée de Tel-Aviv, et de rencontrer Menahem Begin qui porte toujours l'uniforme de l'armée polonaise. « *Begin est lié pour la vie au mouvement de Jabotinsky, inutile de tenter de le recruter, mais il peut au moins œuvrer pour assainir l'atmosphère entre l'Irgoun et le groupe Stern*[14]. »

Les deux hommes prennent une dernière décision. Le moment est venu de changer définitivement le nom du groupe. Quelques mois avant sa mort, Avraham Stern avait dit à plusieurs de ses proches qu'il voulait transformer l'Irgoun en Israël en Lohamei Herout Israel, LEHI : « Combattants pour la liberté d'Israël ». Cela éviterait toute confusion avec l'Irgoun Tsvaï Leoumi et mettrait l'accent sur le but politique, la liberté pour Israël, tout en marquant l'ouverture d'un nouveau chapitre dans l'histoire de l'organisation fondée par Yaïr.

Le 31 août 1942, Shmouel Kaplan, le détenu responsable des achats à la cantine, sort du camp en compagnie de deux prisonniers de corvée : Yzernitzky et Giladi. Profitant d'un moment d'inattention du cantinier, ils se glissent tous deux à l'intérieur de l'entrepôt voisin. À partir de ce moment, le problème à résoudre est simplement d'arithmétique. Au même instant, six détenus reviennent eux aussi de corvée, deux d'entre eux prennent la place des candidats à l'évasion et retournent au camp en compagnie de Kaplan. L'échange passe inaperçu grâce à deux autres détenus, des fascistes italiens qui, bénéficiant d'un régime de faveur, ont plus de liberté et jouent aux cartes derrière la cantine. Invités à une partie de bridge dans la baraque 4, ils auront, bien involontairement, assuré la bonne présentation du groupe des six.

MICHAEL, ALIAS YITZHAK YZERNITZKY

Toutes ces manœuvres sont observées avec inquiétude par les évadés depuis la fenêtre de l'entrepôt. Yitzhak Yzernitzky a raconté la suite dans *Maas*, le journal du LEHI :

« Tout s'était bien passé et nous attendions l'appel du soir. À 19 heures retentit la sirène ordonnant aux détenus de rentrer dans les chambrées. Nous avons ensuite entendu les gardiens passer d'une baraque à l'autre. La première, où Shmouel devait certainement plaisanter avec les Britanniques pour cacher sa nervosité. La seconde, où se trouve Nathan, la troisième où la plupart des détenus sont des nôtres, la quatrième où nos camarades doivent être pâles en raison de notre absence. Pourvu que les camarades aient réussi à s'y faufiler pour répondre à notre place. Silence. Tout va bien. Nous attendons. Cinquante mètres nous séparent de la dernière barrière de barbelés. Il est 21 heures, j'ouvre doucement la fenêtre. Il fait nuit noire. Par tous les diables ! Totalement imprévu ! C'est un policier arabe, un Noir, qui, en raison de la chaleur, dort à la belle étoile juste à côté de l'entrepôt. Que faire ? Impossible de savoir s'il est endormi. Nous attendons jusqu'à 23 heures. Nous nous glissons le plus doucement possible par la fenêtre et commençons à ramper. Subitement le policier semble se réveiller et s'assied sur son lit. Nous ne bougeons plus, paralysés. Au bout d'un temps infini, il se recouche en nous tournant le dos. Nous parvenons à l'enceinte du camp et cisaillons sans diffi-

culté les barbelés, mais, nouvel imprévu. Un véhicule s'approche tous phares allumés sur la route voisine. Il risque, en nous éclairant, de nous découvrir. Miracle ! La voiture passe sans s'arrêter. Les barbelés nous écorchent un peu, déchirent légèrement nos vêtements. Nous sommes dehors. »

Les deux évadés s'éloignent de la route en courant. Ils évitent les axes de circulation, passent le reste de la nuit dans un champ près du kibboutz Kfar Masarick et, grelottant dans le froid matinal, parviennent à Kyriat Motzkin, au nord d'Haïfa, où Yitzhak Yzernitzky a un ami originaire de Pologne. Celui-ci comprend très vite la situation et les accompagne à Haïfa en autobus.

Dans la ville portuaire, le contact est établi avec Eliahou Hakim. Il installe les deux hommes dans l'appartement de son frère, en voyage à l'étranger. Cette première nuit de liberté est plutôt agitée. L'aviation italienne bombarde Haïfa. Craignant d'être découverts dans un abri public, Giladi et Yzernitzky décident de ne pas sortir de leurs chambres.

Les bonnes nouvelles seront pour le lendemain. Enshel Spielman arrive de Tel-Aviv en compagnie d'une militante. Il apporte deux uniformes de l'armée polonaise et deux pistolets. L'organisation fonctionne ! Les deux chefs se répartissent la tâche : Yitzhak ira d'abord s'occuper du recrutement, des contacts politiques et de la propagande. Eliahou, des opérations. En quelques semaines, plusieurs dizaines d'anciens militants et de sympathisants apprennent qu'ils peuvent reprendre du service. Un important lot d'armes est « récupéré » dans un entrepôt, où les responsables de l'entraînement de la Haganah cachaient leur matériel militaire. Yzernitzky avait appris l'adresse au cours de son séjour à Mizra.

Il prend le nom de guerre de « Michael », par admiration pour l'Irlandais Michael Collins. Un personnage emblématique pour les révolutionnaires antibritanniques de par le monde. Membre du Sinn Féin, Collins avait participé à la révolte de Pâques 1916. Chef des services secrets de l'IRA, il avait finalement accepté une solution de compromis avec les

Britanniques. Président du gouvernement provisoire, il avait été assassiné par des opposants à l'accord passé avec Londres lors de la guerre civile, en 1922. Un homme qui a su cesser le combat pour accepter le compromis et qui a été tué par ses anciens camarades, tel est le modèle que se donne Yitzhak Yzernitzky, au moment où il s'apprête à déclencher la lutte à outrance contre les Britanniques...

Giladi, lui, a choisi le nom de Shaoul. Il a réuni un petit groupe pour mener les opérations les plus urgentes : assurer la sécurité de l'organisation renaissante, et surtout trouver de l'argent, cet argent qui fait presque totalement défaut. Très vite s'annoncent les difficultés. Pour éviter les risques qu'auraient fait courir des hold-up, Giladi décide d'organiser des cambriolages. Pas d'entreprises britanniques, mais bel et bien de sociétés appartenant à des Juifs aisés, que le LEHI met ainsi à contribution à leur corps défendant. Les militants n'apprécient guère. Plusieurs refusent, affirmant qu'ils ne sont pas des voleurs. Giladi répond en agitant son pistolet : *« Tu obéis ou je te descends. »* La terreur s'installe, même si les proches de Giladi expliquent volontiers que tout cela n'est que fanfaronnades. La rumeur au sein du LEHI veut également que Shaoul s'accorderait un droit de cuissage sur quelques militantes, agents de liaison. Ces affaires ne plaisent pas. Au fil des mois, les relations entre les deux évadés de Mizra se durcissent[15].

Un soir, à Tel-Aviv, sur les conseils de Nathan, Michael rencontre Menahem Begin. On ne connaît pas la teneur de leur discussion, mais en sortant il lance à Spielman qui monte la garde dans la rue : *« Il n'y a rien à faire avec lui* [16] *! »* Menahem Begin entend toujours faire les choses dans les règles. D'abord obtenir une démobilisation en bonne et due forme de l'armée polonaise, puis rejoindre les rangs de l'Irgoun qu'il regarde comme le dépositaire légitime des principes du révisionnisme. Israël Scheib, que Begin avait quitté à Vilnius lors de son arrestation, le rencontre alors régulièrement et le pousse à abandonner l'uniforme, lui répétant : *« Tu dois choisir : être un déserteur de l'armée d'Anders ou un déserteur de notre front national ! »*

LE LEHI RECRUTE

Vers la fin de l'été 1942, Michael fait contacter Benyamin Gepner qui avait servi sous ses ordres dans la 8e compagnie de l'Irgoun. Il avait ensuite été capturé par le CID alors qu'il participait à une séance d'entraînement. Après sa libération, il s'était enrôlé dans l'armée britannique pour se battre contre les Allemands. Gepner attendait son transfert en Égypte.

La rencontre a lieu à Tel-Aviv dans une planque du LEHI. Il fait nuit, et Michael interdit à son interlocuteur d'allumer la lumière pour ne pas qu'il reconnaisse son déguisement. Pendant une heure, les deux hommes discutent des circonstances de l'échec de l'Irgoun en Israël et de la mort de Yaïr, puis, voyant que Gepner paraît d'accord, Yitzhak lui propose de déserter : « *Nous avons besoin de toi, nous ne sommes pas assez nombreux. Tu es indispensable.* »

Gepner hésite : « *Je ne crois pas que tu réussiras. Il n'est pas possible durant la Guerre mondiale de combattre les Britanniques.* »

Michael insiste. Puis Gepner a une idée : « *Voici ce que je te propose. Je m'enrôle dans l'organisation mais je ne déserte pas. Je vais créer des cellules du LEHI parmi les vingt mille soldats juifs de Palestine qui se trouvent en Égypte, et je pourrai vous ramener des armes d'Égypte. Le désert occidental en est jonché.* »

Michael accepte. Le projet lui semble excellent. Il annonce à Gepner qu'il pourrait se voir confier une autre mission à laquelle rêvait Yaïr avant sa mort : l'assassinat du ministre d'État britannique résidant au Caire[17].

Benyamin Gepner part pour l'Égypte quelques semaines plus tard. À chacune de ses permissions, il rapportera des valises chargées d'armes et de munitions. De son côté, Michael rétablit le contact avec quelques-unes de ses anciennes recrues de l'Irgoun en Israël. Un soir, il a une longue discussion avec Eliahou Beit Tsouri.

« Notre nouvelle organisation agira différemment de l'Irgoun, explique Yitzhak, *nous annoncerons publiquement que nous rejetons la souveraineté britannique sur Eretz Israël. Ils sont ici illégalement, et nous devons les expulser. Notre objectif ? Libérer notre peuple de l'occupant étranger. C'est notre guerre contre l'Angleterre ! [...] Nous ne luttons pas contre l'administration britannique afin de la rendre meilleure. [...] Comment ? Nous ne serons qu'un petit groupe. Peu contre beaucoup. Nous serons isolés dans notre guerre. La population nous pourchassera jusqu'à ce que nous parvenions à l'éduquer. [...] Non, pas d'insurrection armée. C'est une idée romantique peut-être, mais pas complètement irréaliste. Nous mènerons une guerre de guérilla. C'est la seule arme des faibles contre les forts, la seule manière d'aboutir à un équilibre des forces. [...] Frappe et disparais ! Choisir le bon moment, l'endroit, l'objectif. Frapper avec force sans avertir et disparaître !*

– *Quel type d'opérations pouvons-nous mener ?* lui demande alors Eliahou Beit Tsouri.

– *Le terrorisme individuel !* répond Michael. *Des actions terroristes dirigées individuellement contre des personnalités qui se trouvent à la tête de l'administration occupante. Ces opérations affaibliront le pouvoir britannique, le rendront inefficace et lui prouveront qu'il ne peut maintenir la loi et l'ordre en Eretz Israël que s'il maintient ici des forces militaires au prix de millions de livres sterling. [...] Je sais que nous, les hommes du LEHI, ne parviendrons pas, seuls, à libérer le pays. Mais si nos opérations ont suffisamment d'ampleur, elles serviront d'exemple, réveilleront le public et le rapprocheront de nous et de nos buts. Comme le disait Yaïr, ce seront des opérations éducatrices. »*

Eliahou Beit Tsouri décide de rejoindre le LEHI[18].

SHOAH

La presse du Yishouv n'est toujours pas autorisée à publier toutes les informations qui lui parviennent épisodiquement sur les atrocités commises par les nazis en Europe. Ainsi, la nouvelle du massacre des Juifs de Chernigov en Ukraine, en août, a été censurée. Mais, le 29 novembre 1942, les autorités mandataires ne sauraient ignorer, elles, le communiqué publié à Londres par le vice-premier ministre polonais Stanislaw Mikolajczyk, au nom de son gouvernement :

« *L'ordre de Himmler, qui a décrété l'année 1942 comme étant celle de la liquidation d'au moins 50 % du judaïsme polonais, est exécuté avec une barbarie impitoyable, inégalée dans l'histoire mondiale. Les chiffres sont éloquents. Parmi les quatre cent mille personnes vivant dans le ghetto de Varsovie, deux cent soixante mille ont été liquidées depuis le 17 juillet. Des massacres se déroulent partout dans le pays. Les Juifs polonais sont exterminés en compagnie de Juifs venus de pays occupés, transportés sur le territoire polonais. [...]*

Les citoyens polonais doivent réaliser pleinement que si la rapidité avec laquelle se déroulent ces meurtres s'applique aujourd'hui aux Juifs seuls, demain cela s'appliquera au reste de la population[19]. »

Des témoins de première main arrivent à Tel-Aviv. Plusieurs dizaines de Juifs palestiniens sont revenus de Pologne, où ils étaient retenus prisonniers depuis l'invasion allemande. Les autorités britanniques ont accepté de les échanger contre des citoyens allemands détenus en Palestine. Ils présentent leur témoignage devant l'exécutif de l'Agence juive le 22 novembre.

Le massacre est systématique. Un conducteur de locomotive leur a raconté que les Juifs sont conduits dans des constructions spéciales où ils sont asphyxiés au gaz. Dans un petit village appelé Oswiecim – Auschwitz pour les Allemands –, il y a trois fours crématoires où les Juifs sont incinérés[20].

La censure britannique ne saurait empêcher plus longtemps la publication des horreurs nazies. Le 23 novembre 1942, le quotidien *Davar*, l'organe travailliste, dans un article entouré d'un bandeau noir, révèle : « *Un représentant de l'Agence juive a transmis à des journalistes de Tel-Aviv des informations sur les horreurs commises par les nazis dans les territoires occupés. Lorsque les premières informations nous sont parvenues à ce sujet, a-t-il dit, nous ne pouvions pas les croire car elles dépassaient toute imagination, mais elles sont vérifiées. Il n'y a pas de doute, elles sont exactes : les nazis accélèrent l'extermination des Juifs.* » Pour *Haaretz* : « *La* Vernichstung Kommission *de Himmler organise la déportation et le meurtre de tous les Juifs de Pologne.* » Les enfants juifs de moins de douze ans sont exécutés par milliers. Vingt-sept mille des trente mille Juifs du ghetto de Kielce ont été déportés. À Brest-Litovsk, des milliers de Juifs ont été noyés dans la rivière Bug. À Bialystok, les nazis ont enfermé mille cinq cents Juifs dans la grande synagogue et y ont mis le feu. À Tiktin, les Juifs ont été enterrés vivants. Il ne reste plus que quatre cents Juifs à Hambourg.

La presse du Yishouv condamne régulièrement l'action des « terroristes juifs », mais n'y accorde plus qu'une importance secondaire. À présent que Rommel ne menace plus l'Égypte et donc la Palestine, les journaux suivent de près le déroulement de la guerre sur tous les théâtres d'opérations et accordent plus de place au sort du judaïsme européen.

Le 17 décembre 1942, Anthony Eden, le secrétaire au Foreign Office, informe les Communes des massacres nazis :

« Les autorités allemandes qui ont privé les Juifs de leurs droits humains les plus élémentaires exécutent à présent le plan souvent répété par Hitler d'exterminer le peuple juif en Europe. De tous les pays occupés, des Juifs sont transportés en Europe de l'Est dans des conditions épouvantables d'horreur et de brutalité. En Pologne, qui est devenue le principal abattoir nazi, les ghettos établis par l'envahisseur allemand sont systématiquement vidés de tous les Juifs, à l'exception de quelques ouvriers spécialisés employés par les industries de guerre. Ceux qui sont emmenés disparaissent à jamais. Les personnes valides sont astreintes aux travaux forcés jusqu'à la mort. Les infirmes sont abandonnés à la mort par le froid et la famine ou sont massacrés au cours d'exécutions de masse. Le nombre de victimes de ces sanglantes cruautés est estimé à des centaines de milliers d'hommes, de femmes et d'enfants entièrement innocents. »

Les gouvernements belge, tchèque, grec, luxembourgeois, hollandais, norvégien, polonais, soviétique, yougoslave, britannique, américain et le Comité national français s'associent immédiatement à cette déclaration et « *condamnent dans les termes les plus stricts cette politique bestiale d'extermination de sang-froid. Ces événements,* déclarent-ils, *ne peuvent que renforcer la volonté des peuples pacifiques de vaincre la tyrannie hitlérienne barbare. Ils réaffirment leur résolution solennelle que tous les responsables de ces crimes n'échapperont pas à leur châtiment* ».

Anthony Eden annonce alors que les Alliés s'efforceront d'accueillir le plus de réfugiés possible, mais qu'il faut pour cela surmonter « *d'immenses difficultés géographiques et [satisfaire à] des procédures de sécurité* ».

James de Rothschild, député travailliste, remercie le secrétaire au Foreign Office et les Alliés au nom du judaïsme britannique. Un jeûne est décrété par toutes les synagogues de Grande-Bretagne[21].

Michael, alias Yitzhak Yzernitzky, est sans nouvelles de sa famille depuis le déclenchement de l'opération « Barbarossa » en juin 1941. Ce n'est qu'en 1948 qu'il apprendra le destin tragique de ses parents. Dès l'occupation de Rozhnoï par les Allemands, son père, Shlomo, a été nommé à la tête du *Judenrat* du village, le comité de dirigeants juifs otages des nazis. Ils répondaient sur leur tête de la bonne exécution des ordres de l'occupant nazi. Confiscation de nourriture, de bijoux, de meubles, travail obligatoire. Le 28 novembre 1942, toute la population est conduite, à pied, jusqu'à Volkowisk, la ville voisine. La veille, apprenant qu'ils allaient être déportés, la sœur de Michael, son mari et ses deux enfants sont allés se réfugier dans une cachette qu'ils avaient préparée dans la forêt. Leur contremaître ukrainien les assassine tous les quatre. Dans un froid glacial, les Juifs de Rozhnoï sont entassés dans des bunkers abandonnés par l'armée polonaise. Les nazis prennent plaisir à abattre les affamés qui se précipitent sur les chariots de pommes de terre amenés dans le camp pour les narguer. Vingt-six jours plus tard, les survivants seront transportés vers les chambres à gaz de Treblinka. Shlomo avait réussi à s'échapper du camp. Il tentera de se réfugier chez des amis d'enfance polonais qui l'assassineront[22].

À cette époque, celui qui deviendrait Premier ministre de l'État d'Israël n'avait pas choisi de combattre les nazis mais l'ennemi de l'Allemagne, la Grande-Bretagne, qui constituait à ses yeux le principal obstacle à la création d'un État juif, la seule solution, à ses yeux, au problème de l'existence juive. Il savait qu'il avait peu de chances de revoir sa famille vivante : les informations sur les atrocités nazies qui circulaient en Palestine ne lui laissaient guère d'espoir. C'est aussi en raison des lois mandataires britanniques limitant l'immigration que ses proches n'avaient pas pu venir s'installer en Palestine.

Michael règle ses comptes

Michael doit affronter un problème immédiat. Le comportement de Giladi est de plus en plus critiqué par les militants. Elisha, un activiste pourtant particulièrement efficace, vient un jour chez Michael pour lui demander d'intervenir. Giladi lui a annoncé son exclusion du groupe. Yitzhak lui répond : *« Règle ce problème avec Eliahou ! »* Elisha devra faire amende honorable.

Les anciens du LEHI rejetteront sur Giladi la responsabilité du suicide de son agent de liaison, Pessah Shrori, le jeune bétariste bulgare arrivé en Palestine en juin 1941. Enshel Spielman m'en avait raconté les circonstances, en 1989 : *« Un soir de juin, après une scène particulièrement violente avec Eliahou, Pessah m'avait rendu son pistolet et ses balles en m'expliquant qu'il ne pouvait plus continuer. Giladi l'avait giflé en lui disant qu'il ne méritait pas de participer à notre organisation. Un jour de novembre 1942, Pessah s'est suicidé en laissant une lettre à son amie, Sarah Lévy, affirmant qu'il ne pouvait pas vivre s'il ne faisait pas partie de l'organisation. »* Mais, peu après la publication de ma biographie de Shamir en 1991, un proche de Michael m'a présenté un rapport des services de renseignements de l'Irgoun datant de l'époque : *« Pessah Shrori s'est suicidé car son amie de cœur, Sarah, l'agent de liaison de Michael, en était la maîtresse.* » Sarah, dont le nom de guerre était Shoulamit, est devenue Mme Shamir.

La goutte d'eau qui fera déborder le vase, ce sera, toujours selon les anciens du LEHI, en septembre 1942, la décision d'Eliahou Giladi d'organiser une provocation à l'occasion d'une manifestation populaire contre la déportation des immigrants illégaux par les autorités mandataires. Deux commandos de trois militants armés de grenades et de pistolets avaient pour mission de suivre les manifestants jusqu'au siège régional de l'administration coloniale, rue Allenby, à Tel-Aviv, y mettre le feu puis attaquer les forces de l'ordre qui ne manqueront pas d'arriver sur les lieux.

Deux mille personnes composent le cortège. Des policiers font bientôt irruption, mais, au lieu de faire face à la foule, se mêlent aux manifestants. Enshel Spielman et David Blau, ce dernier arrivé de Jérusalem, demandent immédiatement à Michael d'annuler l'opération : elle risque de faire bien trop de victimes juives. Giladi est fou de rage. Il estime au contraire qu'il faut tirer sur les Britanniques afin de les amener à riposter en direction des manifestants. Michael donne raison à Spielman et Blau. Trois heures plus tard, Giladi, furieux, se rend chez Michael qui n'a pas même le temps de se lever de son lit : *« Tu as dit aux gars de ne pas écouter mes ordres ! Méfie-toi, mon flingue est armé. Je te descendrais comme un chien ! »* Yitzhak lui répond sur le même ton : *« La sécurité [de mon pistolet] a sauté elle aussi* [23] *! »*

Michael hésite pendant une semaine. Il fait passer un message à Yelin Mor qui a été transféré à la prison de Latroun. Nathan lui répond qu'il est de son devoir « *de liquider ce danger* [24] ». Lorsque la lettre parviendra à son destinataire, tout sera terminé. Trois militants pressaient Michael de régler le problème, c'est-à-dire d'assassiner Eliahou Giladi. Il finit par accepter.

Enshel Spielman monte le guet-apens. Un matin, il invite Giladi dans un café de Tel-Aviv et lui annonce qu'une nouvelle opération se prépare. Un militant d'Haïfa va lui présenter un projet de création d'une petite base navale à partir de laquelle le LEHI pourra attaquer des bateaux britanniques. Giladi part en compagnie de ce deuxième homme, en qui il a pleine confiance, pour la plage de Rishon le Tsion, au sud de Tel-Aviv. Elisha les attend au pied d'une dune. Les deux hommes sortent leurs pistolets, annoncent la décision de Michael à Giladi qui n'a pas d'arme et le tuent[25].

Le lendemain, quelqu'un téléphonera aux pompes funèbres. Le corps sera enterré sous un faux nom dans un cimetière de la région. Shamir n'a pas assisté personnellement à l'exécution. Le nom du second tueur reste secret, de même que la date et le lieu exacts de l'assassinat ainsi que l'endroit où est enterré le corps.

Deux jours plus tard, Michael réunit treize militants pour leur annoncer la mort de Giladi. À la surprise des deux assassins et de trois autres camarades qui en connaissent les détails, il assume pleinement la décision et l'exécution du meurtre, sans révéler la véritable identité des exécutants. Il parle pendant des heures, explique les raisons qui l'ont amené à agir, analyse les événements des derniers mois puis, annonce, très ému : « *Je mets mon destin entre vos mains, vous pouvez me condamner si vous voulez !* » Tous l'approuvent. Yehoshoua Cohen, l'ami de Giladi, ne sera informé de l'exécution que deux mois plus tard. Il finira par l'accepter. En 1949, Yitzhak Shamir donnera le prénom de « Gilada » à sa fille.

Mais quand donc les Alliés se décideront-ils ?...

Le 15 avril 1943, une station de radio clandestine de la Résistance polonaise annonce que les nazis ont incendié deux cents immeubles dans le ghetto de Varsovie. Quatre membres du *Judenrat* ont été exécutés par les Allemands. Leurs corps ont été jetés sur un tas d'ordures. Le lendemain, à Tel-Aviv, *Yedihot Aharonot*, le quotidien du soir, publie la nouvelle sur cinq colonnes à la une. Pas d'autre commentaire. L'histoire détaillée de cet épisode sanglant de la Shoah ne sera connue que des années plus tard.

En deux ans, trois cent soixante-dix mille Juifs, parmi ceux qui étaient parqués dans le ghetto, sont morts de faim, de maladie ou, pour la plupart, dans les chambres à gaz de Treblinka. Depuis le 18 janvier, tous les mouvements juifs – socialistes, sionistes, communistes – ont formé une organisation de combat commune commandée par Mordechaj Anielewicz de l'Hashomer Hatsaïr. Ils combattent les nazis qui, le 19 avril, décident d'en finir. Un régiment de la Wehrmacht est pourtant obligé de se replier face à la résistance des Juifs. Une unité de SS commandée par le général Jürgen Stroop, et équipée de pièces d'artillerie, intervient alors et détruit les immeubles un par un. Les Juifs capturés sont exécutés sur place ou expédiés vers un camp de la mort.

Le 8 mai, l'état-major du soulèvement est localisé par les Allemands. Anielewicz et une centaine de chefs juifs mourront au cours de l'assaut.

Le 13 mai, Stroop publie un communiqué de victoire. Le ghetto de Varsovie n'est plus ! Seuls quelques groupes de Juifs réussissent à s'échapper. La veille, à Londres, Szmul Zygielbojm, leader du Bund et membre du gouvernement polonais en exil, s'est suicidé en signe de protestation contre l'indifférence des Alliés face au génocide. Il a laissé une lettre adressée au président polonais :

« Les dernières informations qui nous sont parvenues de Pologne révèlent, sans l'ombre d'un doute, que les Allemands assassinent à présent, et avec une cruauté débridée, les derniers survivants du judaïsme polonais. Derrière les murs du ghetto se joue le dernier acte de cette tragédie.

La responsabilité de ce crime [...] incombe d'abord à ceux qui le commettent mais, indirectement aussi, sur le reste de l'humanité, sur les peuples des nations alliées et leurs gouvernements qui, à ce jour, n'ont pas pris une seule mesure pour que cesse ce crime. En assistant passivement au meurtre de millions d'enfants, de femmes et d'hommes torturés, ils en partagent la responsabilité. [...] Sur près de trois millions et demi de Juifs polonais et sept cent mille Juifs d'autres pays déportés en Pologne, seuls trois cent mille étaient encore vivants selon les chiffres officiels du Bund et les meurtres continuent sans fin[26]. »

À Tel-Aviv, le 25 mai, sous le titre : « *Les combats dans le ghetto se déroulent maison par maison* », *Yedihot Aharonot* n'accorde que huit lignes en première page au suicide de Zygielbojm. Le lendemain, le journal constate avec fierté que « *Radio Londres compare le ghetto de Varsovie à Massada* ».

Apologie du terrorisme

En Palestine, la crise au sein du LEHI est surmontée. Michael a pris en main l'ensemble des opérations. Le recrutement progresse. De nouvelles cellules commencent à s'implanter un peu partout. Les morceaux éclatés de l'Irgoun en Israël se recollent. Encore faut-il donner une base idéologique au mouvement fondé par Stern. Début juillet 1943, réunis dans la bibliothèque d'un lycée de Tel-Aviv, Israël Eldad, Shamir et Emmanuel Katz décident de publier un mensuel clandestin, *Ha Hazit* (« Le Front »), qui définira la base idéologique du LEHI. Il s'agit d'un bulletin tiré à quelques centaines d'exemplaires sur une polycopieuse à stencils. Dès le deuxième numéro, l'organisation annonce la couleur dans un article intitulé « Terrorisme ». Le ton se veut pédagogique. Extraits :

« *[...] Selon la définition la plus large, le terrorisme est une forme de violence imposée à l'homme à l'aide de sanctions. Par exemple, si j'empêche un homme de travailler et de gagner son pain quotidien, c'est également du terrorisme et cela, bien que je ne le juge pas, ne l'expulse pas ou n'attente pas à sa vie. [...] Il est généralement admis que le terrorisme est illégal mais, en fin de compte, qu'est-ce que la légalité ? Pouvons-nous douter qu'un grand nombre de lois – surtout les lois politiques – ne sont qu'une forme déguisée de terrorisme, c'est-à-dire de contrainte ? Si nous disposons de la force (la force : cela signifie la police et l'armée), nous pouvons promulguer des lois nous convenant et tous ceux qui les enfreignent sont des révolutionnaires, des terroristes ou des anarchistes. [...] Sors et va vérifier, et tu découvriras facilement que la loi est fondée sur la "terreur", c'est-à-dire appliquée par la contrainte.*

Notre propos n'est pas de philosopher sur les lois, nous voulons seulement suggérer qu'il est possible de répondre par des arguments simples au baratin contre le terrorisme proféré par ceux qui prônent "la voie légale" et "démocratique", et dévoiler ainsi tout le terrorisme qu'ils recèlent eux-mêmes. [...] Toute la "crème" sociale, de gauche à droite, est "choquée" jusqu'au plus profond de sa pourriture mentale par ces actes [de terrorisme]. Elle est prête à coopérer avec le pouvoir pour liquider et mener à la potence ces terroristes anarchiques. [Cette crème sociale n'agit pas] si, par exemple, avec l'aide de la loi, sont assassinés 769 réfugiés du Struma et des milliers d'autres qui auraient pu être sauvés. Mais cela, c'est tout au plus une "mauvaise loi", ou de la "cruauté". Il est extrêmement facile de vivre [avec une terminologie aussi fallacieuse]. Il est également facile d'affirmer qu'il faut lutter par d'autres moyens contre la "violence". [...]

Certains pourraient présenter des arguments d'un autre genre : "Les terroristes, diraient-ils, sont des embusqués ! Ce n'est pas correct, c'est de la dissimulation ! Ce n'est pas de l'héroïsme ! [Le terrorisme est] une forme de donquichottisme si ce n'est une supercherie scélérate." [...] C'est une question de vie ou de mort. L'héroïsme ne saurait être une fin en soi, de même que la guerre n'est pas un objectif en soi. Le seul but, c'est la victoire. [...]

Ni l'éthique d'Israël, ni la tradition d'Israël ne peuvent rejeter cette forme de combat. [...]

Si la question posée est la suivante : Est-il possible d'engendrer la révolution ou de mener à la libération par le terrorisme ? La réponse est Non ! Si la question est : Est-il possible de progresser vers la révolution et la libération par de telles actions [terroristes] ? La réponse est Oui ! Il n'y a pas de différence entre un ennemi de l'intérieur (Russie) et de l'extérieur (Pologne, France, Tchéquie). Du point de vue tactique, le terrorisme a des aspects négatifs : l'ennemi n'est que partiellement atteint [...]. Le mouvement subit des pertes élevées. Tactiquement donc, chaque opération terroriste paraît être un échec (même si, dans les meilleurs des cas, elle réussit). Mais du point de vue stratégique, chaque opération est une réussite. [...]

Nous sommes loin d'avoir des hésitations morales sur le terrain de la guerre nationale [...]. Avant tout, pour nous, le terrorisme fait partie de la guerre politique dans les conditions actuelles, et son rôle est très important. Il fait entendre clairement notre guerre contre l'occupant dans le monde entier et chez nos malheureux frères à l'extérieur de ce pays. Le véritable terroriste se cache derrière la pile de papier des lois qu'il promulgue.

[Notre terrorisme] n'est pas dirigé contre des individus mais contre des représentants, et il est donc utile. Et, s'il sort le Yishouv de son indifférence, tant mieux ! Ainsi, et pas autrement, débutera la bataille pour la libération[27] *!* »

Une nouvelle évasion

Avant de passer à l'étape suivante, l'offensive, il faut libérer Yelin Mor et un groupe de militants détenus dans la prison de Latroun, où ils commencent à perdre patience. Ce n'est pas simple : il s'agit non seulement de faire évader une vingtaine d'hommes, mais de les conduire ensuite à Tel-Aviv, de les répartir dans diverses planques, de leur assurer des moyens d'existence tout en les intégrant dans la nouvelle organisation. Une tâche à la limite du possible pour le LEHI qui, à l'époque, ne compte que quelques dizaines de militants.

Avant tout, il faut adresser une mise en garde à ceux qui pourraient être tentés de dénoncer des combattants. En l'occurrence, il s'agit de régler un vieux compte avec Pritzcker, l'homme qui, en 1939, avait manipulé l'Irgoun en envoyant Yzernitzky et ses camarades espionner des sionistes de gauche pour le compte des Britanniques. Il est abattu le 3 septembre de deux balles dans la tête. Il représentait un véritable danger pour le LEHI dont il connaissait la plupart des militants. Son exécution servira d'exemple. Yitzhak Shamir expliquera, des années plus tard : « *Jusqu'à la disparition de Pritzcker, nos vies ne valaient pas grand-chose. On nous trahissait, on nous dénonçait aux Britanniques sans craindre quoi que ce soit. Après [l'exécution de Pritzcker], la situation a changé et il n'y eut presque plus de dénonciations* [28]. »

À Latroun, début octobre, Yelin Mor et ses camarades ont l'impression que Michael en fait un peu trop et attend que soient réunies les conditions idéales pour les faire évader. Mais il répond invariablement à leurs messages pressants que tout sera bientôt prêt. Et de fait, le tunnel de 76 mètres qu'ils ont creusé en huit mois au nez et à la barbe de leurs geôliers britanniques est terminé.

Un matin, un détenu, Emmanuel Strasberg, se met à hurler de douleur. Il a déjà subi une opération à l'estomac, et le médecin du camp décide de ne pas prendre de risque. Le malade est transporté à l'hôpital gouvernemental de Jérusalem d'où il s'échappe quelques jours plus tard. Strasberg rejoint l'organisation et transmet à Michael les derniers détails nécessaires à l'évasion prévue pour le 1er novembre 1943. La date est importante : à minuit, la Palestine passe à l'heure d'hiver, ce qui donne une heure supplémentaire aux candidats à la belle.

À 21 heures, par groupes de cinq, les vingt hommes passent par le tunnel qui aboutit près d'un barrage de barbelés où une ouverture a été découpée. Ils se dirigent ensuite 300 mètres plus loin vers un bosquet où les attendent deux militants déguisés en policiers auxiliaires. Chacun reçoit un pistolet chargé, comme le veut la nouvelle règle du LEHI : tout militant ne doit, en effet, se déplacer qu'armé, et ouvrir le feu s'il est sur le point d'être capturé. Pendant trois heures, en se tenant par la main pour ne pas se perdre dans l'obscurité, les évadés et leurs deux guides marchent au travers des orangeraies et des oueds, jusqu'à la route de Tel-Aviv où les attend un autobus d'une coopérative routière. Le conducteur est un sympathisant. Mais un des évadés manque à l'appel, apparemment égaré dans la nuit. Toutes les recherches sont vaines. Il réapparaîtra quelques jours plus tard, après avoir bénéficié de l'hospitalité d'un kibboutz du voisinage. Il est 2 h 30 du matin, et le groupe décide de partir. L'autobus les conduit à la clinique d'un professeur de médecine mise à la disposition de l'organisation par un de ses assistants, militant au LEHI. Les dix-neuf y passeront le reste de la nuit, pieds nus, chuchotant pour faire le moins de bruit possible. À l'aube, des militants viennent chercher un par un les anciens locataires de Mizra pour les conduire à leurs nouvelles planques.

Le lendemain soir, le Centre – c'est le nom du triumvirat qui dirige le LEHI – se réunit pour la première fois. Nathan Friedman Yelin Mor prend le nom de guerre de « Géra ». Il est essentiellement chargé des activités politiques du groupe. Israël Scheib est le responsable de l'idéologie et des publications. Il signe ses articles dans le nouveau bulletin de l'organisation, *Sambation*, du nom d'une rivière légendaire au-delà de laquelle auraient été exilées les tribus perdues d'Israël. Plus tard, il prendra le nom d'Eldad.

Michael reste responsable des opérations. Il est assisté par un petit état-major. L'organisation qu'il a mise en place est parfaitement centralisée. Il vérifie tout, contrôle chaque détail et ne donne son imprimatur que lorsqu'il a la certitude que l'opération qu'on lui propose – ou que lui-même a ordonnée – est planifiée au mieux. Jusqu'à son arrestation, en juillet 1946, tous les hold-up, toutes les exécutions, toutes les attaques, tous les attentats commis par le LEHI portent sa signature. Il écrira très peu dans les diverses publications internes ou externes du groupe.

Une étroite collaboration unit les trois hommes. Des agents font la liaison deux fois par jour, parfois plus. Les décisions importantes sont adoptées au consensus. Le profil militariste que l'Irgoun avait hérité du Bétar est abandonné. Plus de grades militaires. Les chefs ne portent plus désormais que le titre de « responsables ». Michael est surnommé « le Vieux » par les jeunes militants. Il a vingt-huit ans.

Une mauvaise nouvelle vient assombrir l'atmosphère. La mort d'Yitzhak Siman Tov, l'un des vingt de Latroun. En compagnie de quatre camarades dont Elisha, il est tombé par hasard sur une patrouille britannique. Il a été tué, l'arme au poing, en couvrant la fuite de ses compagnons. Il était marié, père d'une petite fille de deux ans. Mais six semaines plus tard, un renfort de choix vient rejoindre le LEHI : Yaacov Levstein. Il a réussi une évasion particulièrement audacieuse depuis la prison centrale de Jérusalem.

La Haganah marque des points

Nathan Yelin Mor contacte Aryeh Ben Eliezer. Ancien envoyé de l'Irgoun en Pologne, ce dernier avait réussi à se réfugier aux États-Unis au début de la guerre. Après y avoir participé à la création de divers comités de soutien à la cause sioniste et révisionniste, il est revenu en Palestine pour, officiellement, agir en faveur des Juifs des Balkans. En fait, sa mission est de ressusciter l'Irgoun et de tenter une réconciliation avec le LEHI. Il échouera sur ce dernier point.

Yelin Mor rencontre également Menahem Begin. Les deux hommes ne s'étaient pas revus depuis leur séjour commun à Vilnius sous contrôle soviétique. L'entretien se déroule au cours d'une promenade dans les rues de Tel-Aviv.

Begin : *« Comment comptez-vous combattre l'Empire britannique avec quelques pistolets ? »*

Yelin Mor : *« Inutile d'entrer dans les détails et de définir les formes de guerre originales. L'exemple irlandais d'il y a vingt ans doit nous servir d'exemple. Ils ont combattu et conquis leur indépendance. Imitons leurs méthodes, nous parviendrons aux mêmes résultats. »*

Begin ne semble pas convaincu.

Le 26 janvier 1943, le Centre doit résoudre un problème grave. Un incident a opposé deux jours plus tôt des jeunes du mouvement de gauche Hashomer Hatsaïr à des militants du LEHI venus distribuer des tracts. L'affaire a failli mal se terminer. Un moniteur de l'Hashomer a même été blessé par balle. Certains chefs travaillistes ont perçu cet événement comme un véritable acte de guerre de la part du groupe Stern et réclament une opération de représailles contre lui. Le ton monte. Le Centre publie un tract : *« L'opinion publique ne se laissera pas tromper par une propagande qui ne peut que servir le pouvoir britannique [...]. Nos armes ne serviront que contre l'ennemi extérieur. Mais nous saurons nous défendre avec courage et détermination contre toute tentative d'enlèvement et de délation auprès de la police britannique. »*

Le chef de la Haganah, Eliahou Golomb, décide de régler le problème en négociant directement avec les responsables du LEHI. Une rencontre est organisée par l'un des dirigeants du parti révisionniste, qui avait gardé le contact avec les disciples d'Avraham Stern. Un accord est conclu dans un appartement à Tel-Aviv. Ce sera le premier entre le LEHI et la Haganah. Les militants du groupe Stern ne distribueront plus de propagande à l'intérieur des locaux d'organisations liées au mouvement travailliste. À l'extérieur, ils ne seront pas inquiétés.

Golomb a un problème autrement urgent. Les autorités mandataires durcissent leur politique envers la Haganah. Le 2 octobre 1943, huit cents soldats effectuent ainsi une perquisition dans le kibboutz Hulda, entre Tel-Aviv et Jérusalem. Les habitants résistent. Les militaires découvrent une soixantaine d'obus et des cartouches. Le secrétaire de la localité et six membres du kibboutz sont arrêtés, accusés de détention illégale d'armes et de résistance aux forces de l'ordre. La nouvelle du raid ne sera rendue publique que le 7 décembre, lorsqu'ils seront condamnés à des peines de six à deux ans de prison par le tribunal militaire de Jérusalem.

Le 16 novembre, en début de matinée, une force composée de huit cents militaires indiens, trois cents policiers armés et quatre automitrailleuses encercle le kibboutz Ramat Hakovesh, dans la plaine du Saron. Une unité pénètre dans la plantation de bananes et commence à creuser le sol, à la recherche d'une cache d'armes. Un second groupe de militaires défonce le sol et les murs de la salle à manger. Les habitants résistent, eux aussi. Depuis la cuisine, les femmes lancent des casseroles et des assiettes sur les assaillants. Plusieurs dizaines d'hommes sont battus en représailles et placés dans un enclos de barbelés. La fouille permet de découvrir un sac de grenades, et le commandant de l'opération, l'inspecteur Raymond Caffareta, décide alors d'appréhender trente-cinq hommes. Ils sont embarqués de force dans des camions. Alertés, les voisins du kibboutz arrivent sur place et commencent à lancer des pierres sur les Britanniques. Trois policiers lancent « *Heil Hitler !* » et font le salut fasciste. Les manifestants ripostent en scandant : « *Caffareta est un nazi !* » et aussi : « *Hébron ! Hébron** *!* » Caffareta se tourne alors vers eux et ouvre le feu, blessant deux *kibboutzikim.* Trente-huit habitants de Ramat Hakovesh auront été blessés au cours de cette option, dont un, le crâne défoncé, décédera à l'hôpital[29].

Un policier britannique décrira ainsi l'opération dans son journal intime :

« Nous devions rechercher des terroristes, des armes et des munitions illégales, et aussi des preuves liant la localité à une attaque contre le poste de police voisin. [...] Les colons ont donné tous les signes qu'ils allaient résister par la force. C'est apparemment la doctrine de la Haganah, pour qui les Juifs ont le droit moral fondamental de posséder des armes illégales pour se défendre contre des attaques. (Contre des attaques arabes ? Ou contre des perquisitions légales à la recherche de criminels qui ont utilisé la colonie pour attaquer des immeubles gouvernementaux ?) La question n'a jamais été tranchée. L'Agence juive et la Histadrout ont décidé de transformer l'opération en un spectacle public et montrer des Juifs défendant leurs domiciles contre la police. [...] La police a été obligée d'effectuer plusieurs charges à la matraque. Les Juifs ont résisté en s'alignant devant une barricade et en plaçant des femmes et des enfants au premier rang pour dissuader les policiers. Les femmes ont été particulièrement acharnées et paraissaient déterminées à blesser les policiers

* Caffareta était un des responsables de la police d'Hébron lors des pogroms de 1929. Soixante-sept Juifs avaient alors été massacrés.

[...]. L'inspecteur Caffareta a été obligé de tirer à deux reprises dans les jambes de Juifs pour s'extirper de la colonie. Plus tard, un de ces Juifs est décédé à l'hôpital de Naplouse où il avait été envoyé avec les autres Juifs blessés pour y être soigné. Le corps a été envoyé à l'hôpital Hadassah à Jérusalem pour une autopsie (pour satisfaire les Juifs). Il y aura ensuite une manifestation dans Jérusalem pour agiter les esprits. La presse juive s'est autorisé une dose de critiques au vitriol [contre nous] au cours des jours suivants [30]. »

L'épisode est interdit de publication par la censure britannique. Mais, cette fois, les rédacteurs en chef décident de passer outre. Le 18 novembre, tous les journaux publient un article identique, décrivant en détail l'attaque du kibboutz et le comportement des Britanniques. Les autorités mandataires réagissent en suspendant la publication des quotidiens. Le Yishouv restera sans journaux pendant une semaine[31].

La municipalité de Tel-Aviv publie un communiqué accusant le pouvoir britannique « d'actes hostiles contre le peuple juif destinés à dissimuler la faillite de la politique du Livre blanc ». Le 20, des milliers de personnes défilent dans les rues de la ville. La police intervient. Les manifestants lancent des pierres sur les forces de l'ordre. Un adolescent est blessé par balle. Trente-deux personnes sont hospitalisées. Sept policiers ont été blessés par des pierres. Toute la ville observera deux minutes de silence pendant les obsèques de la victime de Ramat Hakovesh, le 22.

Moshe Shertok rencontre alors MacMichael qui le met en garde : *« Le gouvernement utilisera la force chaque fois qu'il aura des renseignements sur des actes illégaux. »* Mais le haut-commissaire donne l'ordre aux chefs militaires de cesser toutes les perquisitions et les saisies d'armes dans les localités juives. Pour la Haganah, l'affaire de Ramat Hakovesh est un succès[32].

CHAPITRE 4

L'Irgoun déclare la guerre

Le 2e corps d'armée polonais, commandé par le général Anders, a quitté la Palestine pour l'Italie où il combat aux côtés des forces alliées. À Jérusalem, un responsable du mouvement révisionniste est parvenu à conclure un accord avec l'état-major polonais au terme duquel plusieurs militaires juifs sont autorisés à rester en Palestine. Le soldat de 2e classe, Menahem Begin, obtient ainsi une permission d'un an et quitte l'uniforme.

Le 26 janvier 1944, il prend la tête de l'Irgoun et diffuse un communiqué parmi les militants : « *J'ai été appelé à servir la jeunesse combattante et diriger ses officiers et ses soldats. [...] Un état-major a été mis sur pied, composé de combattants éduqués et formés au sein du mouvement de libération*[1]. » Cinq jours plus tard, des affiches sont collées dans les rues un peu partout en Palestine. L'Irgoun déclare la guerre. Le texte porte la marque de Begin :

« *Au peuple hébreu à Sion.*

Nous assistons à la dernière phase de la guerre mondiale et, aujourd'hui, chaque peuple fait ses comptes. Quelles sont ses victoires ? Quelles sont ses pertes ? Quelle voie doit-il emprunter pour réaliser ses objectifs et assumer son destin ? Quels sont ses amis et ses ennemis ? Qui sont ses véritables alliés ? Qui le trahit ? Avec qui doit-il aller à la bataille décisive ?

Le peuple d'Israël doit, lui aussi, choisir sa voie, examiner le passé et en tirer des conclusions pour l'avenir, car les années qui viennent de s'écouler furent les pires de notre histoire et les prochaines seront les plus décisives.

Voici les faits :

1. En 1939, tous les mouvements juifs se sont rangés aux côtés de l'Angleterre, de la France et de la Pologne dans la guerre contre l'agresseur hitlérien.

2. L'Allemagne a proclamé que cette guerre mondiale était une "guerre juive" et que le peuple d'Israël était son principal ennemi. Malgré cela, la Grande-Bretagne a toujours refusé, et avec obstination, toute proposition de créer une force militaire juive qui combattrait les armées allemandes.

3. En Terre d'Israël, un cessez-le-feu a été proclamé entre les Juifs et le gouvernement, et le Yishouv a proposé son aide pleine et entière aux nations alliées dans leur guerre contre la tyrannie hitlérienne.

4. Plus de vingt-cinq mille jeunes Juifs [de Terre d'Israël] ont rejoint les rangs de l'armée britannique dans l'espoir que l'Angleterre mettrait sur pied une armée nationale juive.

5. En 1941, les Arabes d'Irak ont profité de la situation difficile dans laquelle se trouvait l'Angleterre pour – avec l'aide de l'Allemagne – attaquer l'armée anglaise. Les Arabes de Syrie ont soutenu les envoyés de Hitler. La cinquième colonne égyptienne a eu une influence considérable. Les Arabes en Terre d'Israël attendaient Rommel comme un sauveur pendant que le mufti, leur leader, recevait ses ordres de Hitler.

6. La communauté juive est demeurée loyale [envers la Grande-Bretagne] durant les années difficiles, en 1940 et 1941. Elle a mis ses experts et son industrie au service du Proche-Orient dans son ensemble. Les fils d'Israël ont sacrifié et mis leurs vies en danger en Syrie, en Égypte et en Irak.

7. L'Allemagne a entrepris d'anéantir le judaïsme européen. La Pologne est devenue un abattoir. Les communautés juives d'Allemagne, d'Autriche, de Hollande et de Belgique ont été anéanties. Les Juifs de Lettonie, Lituanie et d'Estonie baignent dans leur sang. Les survivants du judaïsme polonais luttent pour leur survie dans des ghettos. En Roumanie, les Juifs risquent l'anéantissement. Les Juifs bulgares sont sur le point d'être déportés. Les Juifs de Hongrie craignent pour leur vie. La mort, la famine, les épidémies et le poison guettent nos frères en Europe. Toutes les communautés juives de diaspora [baignent] dans le sang.

8. Nos frères n'ont nulle part où se réfugier. Toutes les nations ont fermé [leurs portes] devant eux. Même ceux qui se sont enfuis en Asie russe, [les Juifs venus] de Pologne, de Roumanie et des États baltes, meurent de faim, de froid et de maladie. Nul ne vient à leur aide, car ils sont juifs.

9. Face au massacre terrible qui se déroule, les Alliés n'ont eu que des mots vides de sens et qui ne valent même pas le papier sur lequel ils ont été écrits.

10. Le gouvernement britannique a proclamé qu'il ne pouvait lancer des opérations de sauvetage car cela "gênerait [la marche] vers la victoire finale". Et il ne s'est pas contenté de cette vision diabolique des choses, mais, de ses mains, il a écrit les chapitres sanglants de l'immigration juive : le Patria, *le* Mauritius, *le* Struma.

11. Ce gouvernement du Livre blanc a attaqué le Yishouv, assassiné ses représentants dans les villes et les villages sans procès. Ses juges ont diffamé et souillé l'honneur d'Israël aux yeux du monde.

12. [Les interdits] du Livre blanc sont maintenus. Ils sont appliqués en dépit de la trahison arabe et de la fidélité juive, malgré la mobilisation de masse [des Juifs] dans l'armée anglaise, malgré la trêve et le calme qui ont régné en Terre d'Israël, en dépit du massacre en masse des Juifs en Europe. Cela, bien qu'en dépit de la défaite de l'hitlérisme, il n'y ait plus d'avenir pour les Juifs parmi les peuples d'Europe rongés par la haine d'Israël.

Les faits parlent d'eux-mêmes. Ils sont à la fois simples et horribles. Pendant les quatre années de guerre, nous avons perdu des millions [de nos frères], l'élite de notre nation. Des millions d'autres sont en danger d'extermination. [Les portes] de la Terre d'Israël leur sont fermées, car le pouvoir britannique y règne et cherche ainsi à éliminer le dernier espoir de notre peuple.

Fils d'Israël, jeunes Hébreux !

Nous voici arrivés à la dernière étape de la guerre et nous devons faire face à la décision historique qui marquera notre destin pour des générations.

La trêve proclamée au début de la guerre a été enfreinte par le pouvoir britannique. Les gouvernants de ce pays n'ont tenu compte ni de [notre] loyauté, ni de [nos] concessions, ni de [nos] sacrifices. Ils poursuivent leur but : en finir avec le sionisme.

Quatre années ont passé et les espoirs que nous avions en 1939 se sont évanouis. Aucun statut international ne nous a été accordé, aucune armée juive n'a été formée. Les portes de la Terre d'Israël ne se sont pas ouvertes. Le pouvoir britannique a accompli sa honteuse trahison de la nation juive. Sa présence en Terre d'Israël n'a aucun fondement moral.

Nous devons sans tarder tirer les conclusions qui s'imposent. En Terre d'Israël, il ne saurait plus y avoir de trêve entre la jeunesse juive et l'administration britannique qui livre nos frères à Hitler. Guerre du peuple contre ce pouvoir. Guerre jusqu'à la victoire.

Cette guerre fera de nombreuses victimes et nécessitera des sacrifices. Mais nous la mènerons dans la fidélité à nos frères dont le massacre se poursuit : c'est pour eux que nous nous battons, c'est à eux que nous jurons fidélité. »

L'Irgoun pose ses conditions : un gouvernement juif en Palestine, seul représentant légal du peuple hébreu ; création d'une armée juive ; évacuation de tous les Juifs d'Europe ; signature d'un traité avec les Alliés ; l'extraterritorialité des Lieux saints chrétiens et musulmans. Elle promet aussi l'égalité complète des droits à la population arabe et lance cet appel à la révolte :

« Toi qui brandiras le drapeau de la guerre civile, tu devras :

A. Refuser de payer les taxes du pouvoir répressif.

B. Manifester jour et nuit dans les villes pour exiger la formation d'un gouvernement juif en Terre d'Israël.

C. N'obéir à aucun ordre du gouvernement étranger.

D. Les travailleurs sont appelés à proclamer la grève générale sur tous les lieux de travail, publics et privés. Soyez prêts à subir la faim et les privations, mais ne brisez pas la grève car elle est sacrée.

E. La jeunesse étudiante est appelée à quitter les établissements scolaires et universitaires pour consacrer tout son temps et son énergie à cette guerre [2]. »

Dès le 12 février 1944, des commandos font sauter les bureaux des services d'immigration à Jérusalem, Tel-Aviv et

Haïfa. Quinze jours plus tard vient le tour des perceptions dans les trois villes. Ces attentats n'ont fait aucune victime : l'Irgoun a pris la précaution de prévenir les occupants des immeubles avant les explosions[3].

La fusion impossible

Cette façon d'avertir l'ennemi inquiète le Centre du LEHI. Yelin Mor y consacre un article dans *Le Front* :

« *Ils [l'Irgoun] ont choisi de mener une guerre "d'effets extérieurs"* [sic] *qui ne gâche pas trop leurs relations avec les autorités. Les responsables [britanniques] ne se laisseront pas impressionner par la destruction de quelques bureaux. Or il faut qu'ils craignent pour leurs vies, qu'ils aient peur de se déplacer. [...] Au contraire, les autorités ont peut-être intérêt à de telles opérations peu dangereuses de ce genre, car cela permet à la jeunesse juive d'exprimer sa colère* [4]. »

La controverse est essentiellement académique. Au LEHI, on est surtout ravi de n'être plus seuls à mener le combat. Une rencontre est même organisée entre les chefs des deux mouvements. Elle a lieu dans l'appartement d'un militant qui était retourné à l'Irgoun après l'assassinat d'Avraham Stern.

Michael et Yelin Mor refusent d'entrée de jeu la proposition de Begin d'union entre les deux organisations. « *C'est encore trop tôt,* disent-ils, *parlons plutôt de coopération.* » Begin répond qu'il faut d'abord se mettre d'accord sur des points de sémantique. Le chef de l'Irgoun voudrait que le LEHI rectifie quelque peu sa rhétorique, dise « *régime d'oppression* » plutôt qu'« *impérialisme britannique* » ou « *occupant étranger* ». « *Non,* réplique Yelin Mor, *l'oppresseur n'est pas toujours un étranger, mais les Britanniques sont bel et bien des étrangers en Terre d'Israël, et ils n'ont rien à y faire. Un occupant étranger peut être libéral, sous son régime on peut s'enrichir, mais sur le fond, il faut le combattre.* »

Begin développe la théorie révisionniste selon laquelle l'administration coloniale britannique en Palestine est à l'origine de la politique antisioniste de Londres. Sur ce point encore, les dirigeants du LEHI disent leur désaccord. Yelin Mor évoque alors le problème arabe : « *Il faut,* dit-il, *que l'opinion publique internationale soit persuadée que seules deux forces combattent pour la Terre d'Israël. Le pouvoir britannique esclavagiste d'un côté, et les forces de libération juives de l'autre. Si les Arabes deviennent partie au conflit, les Britanniques pourront se présenter comme des arbitres, comme au-dessus de la mêlée.* » L'argument porte. Quelques jours plus tard, l'Irgoun diffuse un tract destiné à la population arabe de Palestine : « *Cette guerre n'est pas dirigée contre vous. Nous ne vous considérons pas comme nos ennemis. Il y a assez de place en Terre d'Israël pour vous aussi*[5]. »

Cette discussion reflète les divergences idéologiques qui séparent les deux mouvements. Si le LEHI et l'Irgoun sont d'accord sur deux principes – la nécessité de créer un État juif sur les deux rives du Jourdain, le principal moyen pour y parvenir étant la guerre –, ils sont en désaccord sur la tactique. En 1944-1945, le groupe Stern se considère lui-même comme « *un mouvement politique et éducatif* » alors que l'Irgoun est « *militariste* », selon le Centre. Eldad critique violemment le sigle de l'Irgoun et écrit dans *Le Front* qu'il s'agit de la pauvre expression d'une « *soldatesque* » ! On y voit, en effet, un bras brandir un fusil sur une carte de la Palestine accompagné de cette légende : « *Seulement ainsi.* »

Sous l'impulsion de Yelin Mor et d'Yzernitzky, qui n'a manifestement rien oublié des lectures marxistes de sa jeunesse, la propagande du LEHI intègre, de son côté, des éléments issus de la révolution soviétique : elle affirme ainsi n'être pas insensible aux problèmes sociaux, et proclame que « *la libération nationale doit être aussi sociale* ». Le groupe Stern reproche fondamentalement à l'Irgoun d'en être resté au révisionnisme orthodoxe en prônant l'égalité des droits pour toutes les classes sociales, faisant ainsi le jeu de la « *réaction, profiteuse et antinationale* ». Begin, qui a connu le Goulag, n'apprécie guère ces relents de bolchevisme et rejette les accusations du Centre pour qui l'Irgoun développe le culte de la personnalité. La tactique du terrorisme individuelle du LEHI fait également l'objet d'une controverse.

Toutes ces divergences, sans compter les susceptibilités personnelles – le schisme de 1941 a laissé de profondes cicatrices –, font obstacle à la fusion des deux organisations. Un accord de coordination est malgré tout conclu.

Il faut tuer le haut-commissaire !

Michael prépare une opération censée secouer le Yishouv et porter un coup dur à la politique britannique : l'assassinat du haut-commissaire Harold MacMichael. Sa culpabilité est, du point de vue du Centre, sans appel. Pour le LEHI, il est en effet personnellement responsable des déportations d'immigrants illégaux, du drame du *Struma* et de la politique de répression antijuive. Il ne doit, à aucun prix, quitter vivant la Palestine.

Yehoshoua Cohen est transféré à Jérusalem pour diriger l'opération. Depuis des mois, des militants surveillent les allées et venues de la « cible ». Problème : depuis l'attentat manqué de 1942, le haut-commissaire ne se déplace qu'avec une escorte. Deux policiers à motocyclette, six autres armés de pistolets-mitrailleurs dans un command-car, tandis qu'une voiture rouge transporte d'autres gardes du corps.

Une première tentative a lieu le 3 février 1944. C'est un dimanche et MacMichael doit assister à la messe en l'église Saint-George. Une bombe a été placée dans un tuyau d'évacuation des eaux près de l'entrée. Eliahou Beit Tsouri, le guetteur, donne bien le signal au moment de l'arrivée du haut-commissaire, mais le système ne fonctionne pas. Apparemment, il s'est produit une coupure quelque part le long des cent mètres de fil électrique qui relient le détonateur à l'engin. Le coup est manqué. Deux jours plus tard, un jardinier découvrira la bombe.

Shamir vient alors s'installer à mi-temps à Jérusalem pour vérifier personnellement chaque détail. Une seconde tentative a lieu devant la gare de Jérusalem. Elle implique deux hommes : le « rouquin », Avraham Steinberg, et « Beni », qui n'est autre qu'Eliahou Hakim, tous deux venus de Tel-Aviv. Leur mission : lancer une grenade à l'intérieur du véhicule de MacMichael au moment où il ralentira. Mais une patrouille britannique vient contrôler l'identité de Steinberg et lui demande de circuler. Les poches bourrées de grenades, un pistolet caché dans son pantalon, il obtempère en maugréant. Quelques jours plus tard, sur un terrain vague entre la gare et l'immeuble David près de l'hôtel King David, des arpenteurs sont au travail, équipés de théodolites et de cartes. Les armes sont cachées dans leurs sacs. Mais l'opération est annulée à la dernière minute : la police a retrouvé le taxi volé grâce auquel les militants devaient prendre la fuite. À sept reprises, MacMichael échappera ainsi aux vengeurs du LEHI.

L'Irgoun, de son côté, fait face à un problème de sécurité intérieure. Menahem Begin a reçu un avertissement de Yelin Mor : *« Yaacov Hilvitz est un traître ! »* Le chef de l'Irgoun ordonne une enquête. Hilvitz a milité au sein du Bétar à la fin des années trente, et il a gardé le contact avec de nombreux militants. Or, selon le LEHI, il collabore avec les services de renseignements britanniques. Apparemment, il leur a même fourni une liste de noms qui a permis à la police de procéder à un certain nombre d'arrestations.

Begin, faute de preuves formelles, décide de ne pas ordonner son assassinat. Un matin, pour le premier anniversaire de Benjamin Begin, une amie arrive rue Alfassi à Jérusalem, porteuse d'un cadeau pour l'enfant, en compagnie d'un homme qu'elle présente sous le nom de Yaacov. Il s'agit en fait d'Hilvitz, qui repart quelques instants plus tard. Le lendemain, la maison est cernée par la police. Menahem Begin se trouve ce jour-là à Tel-Aviv. Un militant l'avertit : « *Ne rentre pas à Jérusalem. La police est là !* »

Hilvitz comprend très vite qu'il a été démasqué et, avec l'aide des Britanniques, s'enfuit en Égypte d'où il partira ensuite pour les États-Unis. Problème : Aliza et le bébé sont surveillés par la police. Régulièrement, des détectives viennent visiter l'appartement. Par l'intermédiaire d'une amie, l'Irgoun lui demande de se rendre chaque jour à la même heure promener son bébé dans le parc municipal tout proche. Un matin, un taxi noir s'arrête brutalement. Deux hommes en sortent, et emmènent Aliza et Benjamin qui retrouvent Menahem à Tel-Aviv où, sous le pseudonyme de « M. Ben Zeev », il occupe la chambre 17 de l'hôtel Savoy près du front de mer[6].

Du côté de la gauche sioniste, on ne voit pas d'un bon œil le réveil de l'Irgoun. L'organisation menace de devenir le bras armé du parti révisionniste, une force militaire réelle, tant au plan quantitatif que qualitatif. Le 11 mars, Eliahou Golomb condamne le « terrorisme » de l'Irgoun. Quelques semaines plus tard, il l'accuse de vouloir prendre le contrôle du Yishouv pour en extorquer des fonds.

Quant à la Haganah, si elle est prête à définir les termes d'un modus vivendi avec le LEHI, elle tire à boulets rouges sur l'organisation de Menahem Begin. Ses chefs considèrent, en effet, le LEHI comme un groupuscule de romantiques, inoffensifs au plan idéologique mais dangereux du point de vue militaire. Liquider le groupe Stern pourrait, dans ces conditions, apporter peu d'avantages à la Haganah mais lui coûter cher. Et puis, le LEHI ne rejette pas la politique de peuplement de l'Agence juive.

ÊTRE TUÉ PEUT-ÊTRE, MAIS JAMAIS CAPTURÉ

Faisant face à présent à deux organisations clandestines, le CID et l'Intelligence Service renforcent leur dispositif, vérifient chaque information, chaque dénonciation. Après chaque attentat, d'importantes forces de police bouclent le secteur et procèdent à des vérifications d'identité. Les perquisitions, les barrages routiers sont de plus en plus fréquents. Considérés comme les plus dangereux, les chefs du groupe Stern viennent en tête sur la liste des ennemis publics. Selon le principe défini par leurs chefs : *« Tuer, être tué mais pas capturé ! »*, les militants du LEHI se déplacent armés, toujours prêts à dégainer. À Haïfa, le 14 février, deux hommes sont interpellés par une patrouille. Ils ouvrent le feu, tuent l'inspecteur Green, responsable du département Juifs de la police d'Haïfa, et un sergent. Le 16 mars, Enshel Spielman est arrêté chez Hissia Shapira, à Tel-Aviv. Le propriétaire de l'appartement les avait dénoncés. Enshel était armé d'un Parabellum, et Hissia d'un colt. David Blau tentera, un soir, de régler son compte au mouchard. Mais, découvrant que la police garde les abords de l'immeuble, il s'enfuira.

Le 19 mars 1944, à Tel-Aviv, Elisha, l'un des assassins d'Eliahou Giladi, de son vrai nom Yerachmiel Aharonson, est interpellé en pleine rue par des policiers britanniques qui lui trouvent une allure suspecte. Il sort son pistolet et tire sur la patrouille qui riposte. Il meurt, criblé de balles. Le CID ne parvient pas à l'identifier et il est inhumé dans une tombe anonyme. Le LEHI publie alors un communiqué annonçant que tout soldat ou policier britannique portant une arme sera désormais considéré comme une cible. Quatre jours plus tard, les commandos du LEHI vengeront Elisha par une série d'attaques dans les rues de Tel-Aviv. Trois policiers seront abattus à cette occasion et quatre autres blessés.

Le problème Hilvitz réglé, l'état-major de l'Irgoun organise, de son côté, une opération de grande envergure : l'attaque simultanée de trois objectifs dans trois villes différentes. À Jaffa, le commissariat de police, rue Salameh. À 21 h 30, le 23 mars, une unité de protection s'installe dans un immeuble voisin, et un commando, tout en haut de la rue. Déguisés en militaires britanniques, quatre hommes, portant chacun 30 kilos d'explosifs dans un sac à dos, pénètrent dans le commissariat, montent un étage, saluent les policiers et repartent. Les charges sautent une heure plus tard. L'immeuble est détruit.

À Haïfa, à la même heure, les militants attaquent le poste de police de la rue Hassan Choukri. Un commando franchit la barrière entourant le bâtiment, dépose les charges (80 kilos d'explosifs) devant les portes de la cave. Le détonateur à retardement doit faire sauter le tout vingt minutes plus tard, le temps d'avertir les occupants du commissariat. Mais les saboteurs ont mal calculé. L'explosion intervient avant que la militante chargée de téléphoner n'ait eu le temps de remplir sa mission. Quatre policiers sont tués et trois blessés.

À Jérusalem, l'Irgoun a choisi comme objectif le QG de la police, à Migrash Ha Roussim, dans le centre-ville. Les choses se passent moins bien. Un détective repère le commando et ouvre le feu. Les assaillants ripostent. Un officier britannique est tué. Les charges sont déposées sur un balcon. Les militants se retirent avec un blessé grave qui décédera deux jours plus tard. Les dégâts sont très importants. Les autorités mandataires réalisent que l'Irgoun est passée à une nouvelle forme de combat[7].

À Haïfa, le 1er avril, Yossef Rosenbaum, du LEHI, est mortellement blessé à l'abdomen en manipulant une charge. Ses camarades le transportent dans un appartement voisin pour lui donner les premiers soins. Mais un témoin a appelé la police. L'affaire se termine en bataille rangée. Le blessé, en lançant une grenade, permet à ses camarades de prendre la fuite. L'un d'entre eux, Shabtaï Drucker, est néanmoins atteint par une balle. Un sergent juif est tué, et un Britannique blessé. Drucker se réfugie alors chez un ami, dans un village proche de Tibériade. Cinq jours plus tard, d'importantes forces de police encerclent la maison. Les deux hommes ripostent aux tirs des Britanniques et finissent par se suicider avec leurs dernières balles.

Le 6 avril, rue Ha Heshmonaïm à Tel-Aviv, c'est Mattityahu Shmulewitz, l'un des évadés de Latroun, qui est repéré par une patrouille. Il ouvre le feu sur les policiers qui parviennent néanmoins à le maîtriser. En le fouillant, les enquêteurs découvrent un véritable arsenal : deux pistolets, une grenade, et une charge explosive cachée dans une boîte d'allumettes. En quelques semaines, cinq militants de premier plan ont été capturés et trois autres tués.

Menahem Begin raconte qu'au cours d'une rencontre avec Yitzhak Yzernitzky, durant la Pâque juive, il avait discuté des dangers que faisaient courir aux militants les armes qu'ils portaient en permanence. Et il lui avait rapporté une anecdote pour illustrer son propos. Quelques jours plus tôt, grâce à des papiers en règle, son adjoint, Yaacov Méridor, avait franchi sans encombre un contrôle d'identité. Les Britanniques l'avaient méticuleusement fouillé et, puisqu'il n'était pas armé, il avait pu poursuivre son chemin. Un homme armé d'un pistolet, avait expliqué Begin, a peu de chances de s'en sortir face à des policiers équipés de pistolets-mitrailleurs. Dans ce cas, c'est le militant qui est en danger[8]. Le problème était, depuis quelque temps déjà, discuté par le Centre. La décision sera finalement adoptée : les militants ne se déplaceront plus avec une arme que durant les opérations. Le port des pistolets est devenu trop dangereux.

Se cacher, oui, mais où ?

Fin avril 1944, Michael est inquiet. Selon des informations qui lui sont parvenues, Eldad est dans le collimateur du CID et risque l'arrestation. Il l'avertit, mais le « Docteur » n'accepte d'entrer dans la clandestinité qu'après avoir mis ses affaires en ordre. Il s'est fixé une date limite pour quitter son poste d'enseignant. C'est une erreur. Le 28 avril, alors qu'il donne un cours au lycée Ben Yehouda, rue

Mapou, à Tel-Aviv, le proviseur fait irruption dans la classe : *« La police est là et veut te voir ! »* Eldad se tourne vers un de ses élèves, lui remet sa sacoche et lui demande de la rapporter plus tard à son domicile. Le cartable contient des manuscrits d'articles destinés au *Front*. Il sort de la pièce, descend les escaliers et se met à courir vers un immeuble voisin. Il grimpe les escaliers quatre à quatre. Essoufflé, il frappe à la porte d'un appartement où habite l'un de ses étudiants. Le jeune homme accepte de laisser entrer ce professeur pourtant nullement agité, qui lui annonce aussitôt : *« La police me cherche. »*

L'alerte a été donnée. Très vite, les Britanniques retrouvent sa trace. Dans la rue, ils demandent à des enfants : *« Où est passé le voleur qui courait dans la rue ? »* Les gamins montrent la maison du doigt. Des pas dans l'escalier, des coups sur la porte. Eldad ouvre la fenêtre et tente de se laisser glisser le long d'un tuyau, mais la gymnastique n'est pas sa matière forte. Il tombe. Ses poursuivants le découvrent étendu, inanimé.

À l'hôpital Hadassah, les médecins constatent qu'il souffre de fractures multiples au bassin et à une vertèbre. Incapable de bouger, il est transporté à l'infirmerie de la prison centrale de Jérusalem vingt-quatre heures plus tard. Après une vive protestation de l'association des médecins de Tel-Aviv contre son transfert hors de l'hôpital, les autorités laissent un spécialiste lui rendre visite régulièrement. Au bout d'une semaine, le contact est rétabli avec l'extérieur, notamment avec les deux autres chefs du LEHI. Un nouvel article parvient ainsi au *Front*. Il est intitulé : *« Impressionnisme et expressionnisme dans la politique juive. »* Eldad dira de lui qu'il s'agit du premier article « sorti du plâtre ».

À Tel-Aviv, Menahem Begin a une frayeur. La police britannique effectue une descente nocturne à l'hôtel Savoy. Chambre après chambre, les clients sont priés de sortir dans le couloir pour se soumettre à un contrôle d'identité. Le chef de l'Irgoun entend le bruit se rapprocher de la chambre 17 et se prépare à l'arrestation. Puis, plus rien. Les policiers sont repartis sans frapper à sa porte. Le directeur de l'hôtel, qui sait à qui il a affaire, lui explique le lendemain : « *Je n'ai pas voulu vous réveiller. [...] J'ai accompagné les policiers de chambre en chambre et lorsque nous sommes parvenus à la porte du balcon, je leur ai dit : "Ça y est, nous avons fait toutes les chambres !" Ils m'ont cru et nous avons continué directement au troisième étage.* » L'alerte a été chaude. La famille Begin change de planque et s'installe dans un appartement du quartier Mahaneh Yehouda, à Petah Tikva[9].

L'Irgoun a un nouveau projet : occuper la station de radio britannique à Ramallah, interrompre les programmes de l'occupant et diffuser un appel au peuple juif et aux nations du monde pour qu'elles sauvent le judaïsme européen et libèrent la Terre d'Israël de l'occupant. À 18 heures, le 17 mai, un commando ouvre un passage dans les barbelés qui entourent l'immeuble. Tandis que l'unité de protection tire en direction du poste de police voisin et le bombarde à l'aide d'un mortier artisanal, les policiers ripostent à l'arme automatique. Mais les sentinelles postées devant la station s'enfuient bientôt. À l'intérieur, les militants tiennent en respect les responsables britanniques mais découvrent qu'il n'y a sur place qu'un émetteur, aucun studio d'où ils pourraient diffuser leur communiqué. À 22 h 45, le commandant de l'opération donne le signal de la retraite. L'organisation de Menahem Begin a occupé la station de radio britannique pendant près de cinq heures. Aucun participant au raid n'est capturé. Les propriétaires des voitures volées pour l'occasion seront longuement interrogés par la police. Certains seront placés en détention administrative[10].

Des Juifs devant les tribunaux britanniques

En prison, Eldad prépare les détenus du LEHI à affronter les tribunaux britanniques.

Le 29 mai, Tsvi Tavori, appréhendé trois mois plus tôt, lance à ses juges : *« Dans l'acte d'accusation, il est écrit que je suis coupable de détention illégale, et sans raison valable, d'un pistolet et de balles. Je reconnais avoir eu en ma possession une telle arme et des balles, mais je démens les avoir obtenues illégalement et sans raison valable. Le droit de les porter, je l'ai obtenu de la seule autorité que je reconnais en Terre d'Israël : le mouvement des combattants juifs, le LEHI, qui entend restituer au peuple d'Israël le statut qui lui revient parmi les autres nations sous la forme d'un État juif. »*

L'accusé a renoncé aux services d'un avocat et assure sa propre défense : les juges militaires sont donc obligés de lui accorder la parole. Le procès se termine comme prévu par une condamnation : sept ans de détention. Les journaux du Yishouv publieront les minutes de l'audience. Rarement le LEHI aura eu droit à une telle publicité. Dans des conditions similaires, Hissia Shapira se voit infliger une peine de quatre ans. Enshel Spielman écope, lui, de dix ans.

Mais le procès qui aura fait le plus de bruit est celui de Mattityahu Shmulewitz, le 26 juin. D'entrée de jeu, l'accusé reconnaît que le nom sous lequel il a été arrêté, Raphaël Birnbaum, est faux. Il reconnaît les faits. Oui, il portait une arme et une bombe. Oui, il a tiré sur un policier britannique. Non, il ne veut pas d'avocat, mais réclame la citation de trois témoins : le haut-commissaire Harold MacMichael, le président de l'Agence juive David Ben Gourion et le commandant de la police, le colonel Harrington. Le tribunal refuse et, procédure oblige, laisse l'accusé, qui risque sa tête, prononcer un long réquisitoire contre la politique britannique. Deux heures de diatribe où l'on sent la patte d'Eldad :

« La Grande-Bretagne nous a trahis. Une trahison qui a conduit l'élite de la jeunesse juive à prendre les armes contre le pouvoir britannique alors qu'elle considérait la guerre menée par la Grande-Bretagne comme sa guerre. Qu'est-il arrivé ? Certains affirment qu'au début, il y a vingt-cinq ans, il y a eu tromperie. Mais prenons une autre hypothèse. Je suppose qu'il est arrivé ici la même chose qu'au héros du livre de Stevenson : Docteur Jekyll et Mister Hyde. *À son domicile à Londres, et dans les salons huppés du monde, le Dr Jekyll se présentait comme un gentleman ; mais à la périphérie du monde, dans les colonies, il apparaissait sous une autre identité. Celle de Mr Hyde. Gentleman à Londres et à Genève. Ici, il est présent sous sa véritable identité. Celle de Mr Hyde. Ici, nous avons vu l'honorable gentleman faire montre d'un sadisme ignoble à l'encontre de femmes et d'enfants dans des camps de réfugiés, infliger des tortures indescriptibles à des jeunes Juifs dans les cellules de sa police. L'histoire du régime britannique en Terre d'Israël, durant toutes ces années, est celle du régime de Mr Hyde. Au début, les Juifs ont prétendu se précipiter à Londres afin de s'y plaindre des agissements de Mr Hyde auprès du Dr Jekyll, mais très vite, ils ont découvert la vérité. Jekyll est profondément marqué par Hyde. En fin de compte, on découvre que le gouvernement de Londres sait parfaitement ce que font ses envoyés à Jérusalem et l'approuve. Jekyll disparaît et il ne reste plus, face à nous et aux millions de Juifs, que l'horrible, le répugnant Mr Hyde. Alors nous, jeunes Juifs, nous avons décidé de prendre les armes pour détruire une fois pour toutes le régime de Mr Hyde ici. »*

L'issue ne fait pas de doute. Les juges militaires prononcent sa condamnation à mort par pendaison.

Mattityahu Shmulewitz accueille la sentence l'air impassible. Il se lève et entonne la *Hatikva,* l'hymne du mouvement sioniste. Une partie du public, debout, se joint à lui. Le lendemain, dans la presse juive, le compte rendu d'audience est remarquable. Le LEHI publie un appel : *« Ne vous contentez pas de verser des larmes. Les combattants pour la liberté d'Israël ne demandent pas la pitié. Nous réclamons votre participation à la guerre. Du sang sous les larmes ! »* Mais les autorités mandataires redoutent de faire un nouveau martyr sioniste. La condamnation de Shmulewitz est bientôt commuée en détention à perpétuité.

« Avons-nous besoin de l'autorisation des Britanniques pour sauver des Juifs ? »

Benyamin Gepner n'est plus en Égypte. Il a été transféré dans une unité spéciale, la Force A, qui effectue des raids derrière les lignes allemandes dans le nord de l'Italie pour permettre l'évasion d'officiers alliés capturés par les nazis. Il fera preuve d'une grande bravoure et recevra plusieurs décorations que les Britanniques… lui retireront lorsqu'ils découvriront son appartenance au LEHI.

En juin 1944, il reçoit une permission et se rend en Palestine. Il se précipite alors chez Michael, à Jérusalem, et lui raconte ce qu'il a vu au cours de ses missions. La situation des survivants juifs est catastrophique. Il est peut-être possible d'en sauver quelques-uns, mais pour cela il faut créer une nouvelle organisation. En Italie, Gepner a contacté un autre officier d'origine juive palestinienne qui, enthousiasmé par l'idée, lui a remis un message à l'intention d'Eliahou Golomb, le chef de la Haganah. Michael l'écoute et lui répond que l'idée n'est en effet pas mauvaise, mais que le LEHI est incapable de lui fournir les militants nécessaires. Il faudrait contacter les autres organisations. Il reçoit l'autorisation de rencontrer Golomb, et Michael lui conseille d'aller soumettre son projet à Altman, le chef du parti révisionniste en Palestine. Gepner est surpris. Altman est haï par les militants du LEHI qui le considèrent comme un collaborateur des Britanniques. En fait, il aide secrètement le groupe Stern…

Gepner est reçu par Altman après lui avoir fait parvenir « le bonjour de Sholem », le mot de passe de ses contacts avec le LEHI. La discussion n'aboutira à aucun résultat. Il rencontre ensuite Golomb et, pendant deux heures, lui expose son projet. Comment utiliser les réseaux de résistance en zone occupée, l'Église catholique, le Parti communiste clandestin, pour conduire les réfugiés juifs au travers des lignes allemandes. Golomb paraît très intéressé. Il ne donnera sa réponse que quelques jours plus tard, gêné : « *Non, ce n'est pas possible actuellement. S'ils reçoivent l'ordre de nous aider à sauver des Juifs, les Britanniques le feront, sinon, sans ordres, ils pourraient considérer nos opérations comme des actions ennemies. Et puis Shertok, de l'Agence juive, mène en ce moment des discussions à Londres.* » Gepner se fâche : « *Avons-nous besoin de l'autorisation des Britanniques pour sauver des Juifs ?* » Il repart en Italie, déçu[11].

Le 14 juillet, l'Irgoun lance une nouvelle attaque à Jérusalem contre l'immeuble qui abrite le cadastre et les bureaux du CID. En début de soirée, dès son arrivée, le commando est repéré par un groupe de policiers. Commence une véritable bataille rangée. Malgré tout, les saboteurs parviennent jusqu'à l'entrée, font sauter la porte, pénètrent dans la cage d'escalier et y déposent leurs charges. Des renforts arrivent sur place. Le commandant de l'opération donne l'ordre de lancer des grenades fumigènes pour couvrir la retraite. Les militants repartent sans subir de pertes. Deux policiers arabes ont été tués et plusieurs britanniques blessés dans l'explosion. Les dégâts sont importants[12].

Michael n'oublie jamais de régler ses comptes. Il se rend à nouveau à Jérusalem pour préparer une ultime opération contre Harold MacMichael qui est sur le point de quitter la Palestine. Yehoshoua Cohen découvre qu'il va assister à une réception donnée en son honneur par la municipalité arabe de Jaffa. Michael approuve le plan et, le 8 août, à 13 h 30, les « arpenteurs » du LEHI sont en place à Givat Shaul, un faubourg de Jérusalem sur la route de Tel-Aviv.

Au moment où le véhicule du haut-commissaire apparaît à la sortie d'un virage, trois assaillants lancent des grenades et ouvrent le feu. Le chauffeur britannique de MacMichael ne

La police britannique escorte un autobus (Tel-Aviv, 1936).

Avraham Stern (Yaïr) et David Raziel (dans les années 1930).

Un policier surveille une rue de Hébron (27 octobre 1938).

THE PALESTINE POLICE FORCE

REWARDS

REWARDS, as sef out below, will be paid by the Government of Palestine for information leading to the apprehension of any of the persons named hereunder who are members of the organisation responsible for the explosion which occuried at No. 8 Yael Street, Tel Aviv, on Tuesday, January 20th, 1942.

Abraham Ben Mordechai STERN, *alias* Yair.
Reward : £P.1,000

Yacov POLANI *alias* Poliyacol
Reward: £P.400

Nahman SHULMAN
Reward: £P.200

Zeroni BENYAMIN *alias* Ben Zvi, *alias* Yavniel, *alias* Avni, *alias* Kerner
Reward : £P.200

Hanoch STRELITZ
Reward : £P.200

Aharon ZUKERMAN *alias* Asch, *alias* Haivri
Reward : £P.100

and Abraham MAERI — Reward : £P.100

1000 livres palestiniennes seront versées à toute personne qui permettra la capture d'Avraham Stern (1942).

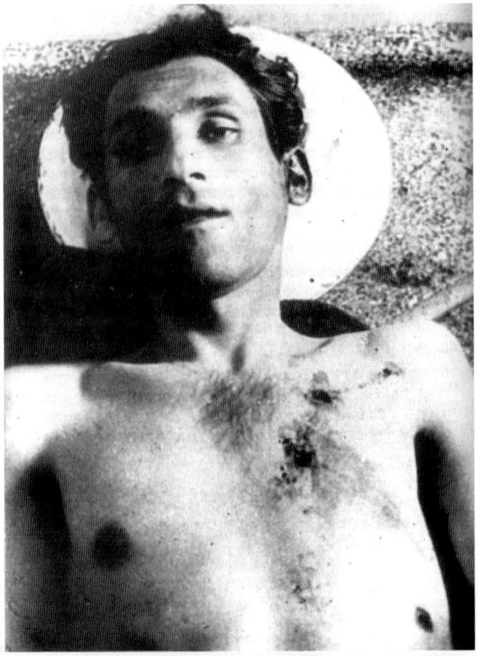

Le corps d'Avraham Stern, assassiné par l'inspecteur Morton, de la police britannique, le 12 février 1942.

Affiche de l'Irgoun, fin février 1942. Le haut-commissaire britannique est recherché pour meurtre après le drame du *Struma*.

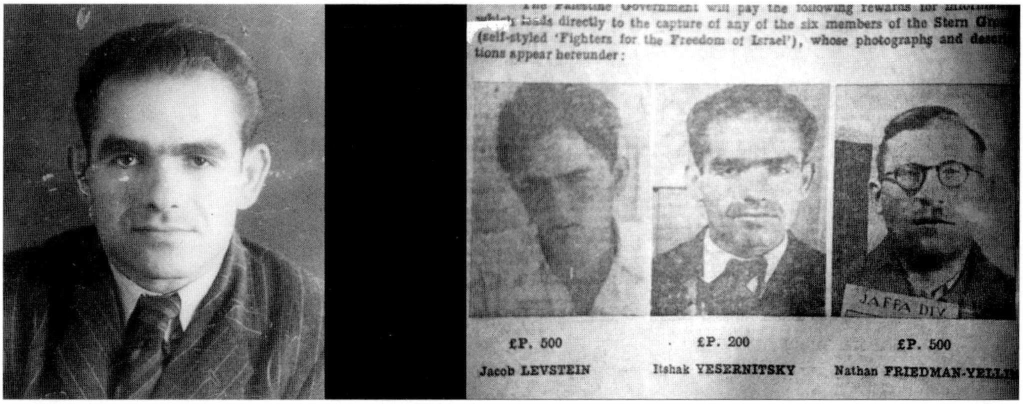

Les Britanniques ne connaissaient pas l'importance du rôle de Yitzhak Shamir. Sa tête valait 200 livres palestiniennes, tandis que Nathan Yelin Mor et Yaacov Levstein étaient mis à prix 500 livres palestiniennes.

Eliahou Golomb, le chef de la Haganah (s.d.).

Yerachmiel Aharonson, militant du LEHI, est abattu l'arme à la main par la police britannique, le 19 mars 1944, à Tel-Aviv.

Caricature publiée par le quotidien travailliste, *Davar*, le 23 novembre 1945. Légende : « Bravo les tireurs. Quels snipers ! Les cibles étaient pourtant petites ! »

Menahem Begin endosse la fausse identité d'un rabbin (1946).

L'hôtel King David est à moitié détruit à la suite d'un attentat commis par l'Irgoun, le 22 juillet 1946.

Massoud Bouton et Daniel Azoulay, deux militants de la Haganah, sont conduits enchaînés à un tribunal militaire britannique. Ils sont accusés de « terrorisme » (29 mars 1947).

L'*Exodus*, après son abordage par les Britanniques, arrive dans le port de Haïfa (22 mars 1947).

Sous le contrôle des soldats britanniques, les réfugiés de l'*Exodus* arrivent au camp de détention Pöpendorff, près de Lübeck (9 septembre 1947).

Deux amis du sionisme : le président du Conseil sortant Léon Blum (à gauche) en présence de son successeur, Paul Ramadier, à l'occasion de la transmission des pouvoirs (Paris, 23 janvier 1947).

Le patron de la DST, Roger Wybot, autorisait les mouvements paramilitaires sionistes à opérer sur le territoire français (vers 1950).

Le centre administratif britannique à Jérusalem, hautement sécurisé, était surnommé par les Juifs « Bevingrad » (début 1948).

Moshe Shertok et Golda Meir en 1947.

Deux semaines avant la proclamation de l'indépendance d'Israël, David Ben Gourion passe la fête de Pessach en compagnie de combattants de la Haganah (Jérusalem, 30 avril 1948).

David Ben Gourion proclame l'indépendance d'Israël (Tel-Aviv, 14 mai 1948).

L'Irgoun est sorti de la clandestinité : Menahem Begin prend la parole devant ses troupes (mai 1948).

Tel-Aviv. Les forces gouvernementales israéliennes bombardent l'*Altalena*, le navire affrété par l'Irgoun, le 22 juin 1948.

Yitzhak Shamir après son arrivée en France (mai 1948).

Au procès de Nathan Yelin Mor et Mattityahu Shmulewitz, après l'assassinat du comte Bernadotte (Saint-Jean-d'Acre, 11 décembre 1948).

David et Paula Ben Gourion arrivent à Haïfa à l'occasion d'une cérémonie marquant le départ des forces d'occupation britanniques (juillet 1948).

Le colonel Moshe Dayan avec le général Yigal Yadin, le chef d'état-major de la jeune armée israélienne (juin 1948).

perd pas son sang-froid. Il accélère, évite les amas de pierres disposés sur la route et prend la fuite. Les policiers du command-car d'escorte commencent à riposter. Les militants, parmi lesquels se trouve Eliahou Hakim, font retraite. MacMichael a la baraka. Il s'en tire avec une éraflure à la main. Son épouse est indemne, mais son aide de camp gravement blessé. Il regagnera Londres quelques jours plus tard.

Le 22 août, l'Irgoun effectue une nouvelle « visite » au commissariat central de Jaffa. L'opération commence vers 20 h 30. Des commandos déposent des mines dans toutes les rues adjacentes et installent des panneaux en arabe, anglais et hébreu : *« Danger ! Éloignez-vous ! »* Le commando neutralise un policier de faction à l'entrée de l'immeuble. Mais, depuis les étages, un feu nourri est dirigé sur les assaillants. L'opération échoue. L'objectif était l'armurerie du commissariat. Au même moment, un autre groupe de l'Irgoun parvient à occuper le poste de police de Neve Shaanan, à Tel-Aviv, et à s'emparer de dix-huit fusils[13].

Les noces de Michael

À Jérusalem, à la fin de l'été 1944, Yitzhak Yzernitzky, qui assume désormais l'identité d'un rabbin, « D. Shamir », rencontre régulièrement Moshe Segal, un rabbin, un vrai !, proche du LEHI. Leurs entretiens se déroulent dans une synagogue du quartier de Rehavia. Il est accompagné de son agent de liaison, Sarah Lévy. Leurs tendres relations ne sont plus un secret pour les chefs du groupe Stern. Ils habitent ensemble, ce qui ne les empêche pas de veiller au respect des règles de cloisonnement. C'est ainsi que lorsque Yitzhak rencontre quelqu'un, elle s'enferme dans les toilettes pour ne pas entendre la conversation. Michael a tout d'un orthodoxe : barbe, chapeau noir. Un jour, la discussion glisse vers les choses de la vie. Le rabbin Segal lance, de but en blanc :

« Regarde, Michael, tu as un excellent agent de liaison. Elle est droite, honnête. Pourquoi n'aurais-tu pas avec elle un lien plus permanent ?

– Par le mariage ? »

Shamir est surpris. Il n'a pas l'habitude de parler de sa vie privée.

« Qu'est-ce qui s'opposerait à ce que Shoulamit continue à être ton agent de liaison tout en étant ton épouse ? Ce serait tout naturel et mieux vis-à-vis de l'extérieur.

– Je n'y avais pas pensé. Nous n'avons pas le temps de mener une vraie vie de couple. Et puis nous sommes tous deux très occupés. »

Le rabbin Segal insiste :

« L'un ne doit pas empêcher l'autre. Nous devons essayer d'avoir une vie aussi normale que possible. En tant que Juifs, nous devons mener une vie ordonnée et respectable. Le lien du mariage est un des fondements du judaïsme. Si Shoulamit est toujours avec toi et que tu l'aimes, selon la Loi juive et la Torah, tu dois l'épouser. »

Shamir tente un ultime argument :

« Je craindrais de prendre des risques inutiles en allant procéder aux formalités d'usage auprès du comité de la communauté. Tu comprends bien que je ne peux pas me le permettre… »

Qu'à cela ne tienne, le rabbin Segal contacte son collègue le rabbin aumônier des prisons, qui demande l'autorisation du grand rabbin de Jérusalem, Tsvi Pessah Franck. Et un beau matin, déguisée en femme orthodoxe, Sarah Lévy se rend près de Mahaneh Yehouda, le marché juif, au domicile du rabbin Adler, le responsable des mariages à Jérusalem. La cérémonie se déroule en quelques minutes. Les témoins sont le rabbin Segal et Meir Modan, le secrétaire de l'Académie de la langue hébraïque. Les rabbins bénissent les jeunes mariés. Mme Adler offre des gâteaux et des fruits. Une bouteille de vin est débouchée. Une heure plus tard, Yitzhak et Sarah se séparent. Shoulamit doit apporter les messages de Michael à Tel-Aviv. Les rabbins ne remplissent aucun des formulaires obligatoires. L'union ne sera enregistrée administrativement que des années plus tard[14].

Le mariage de Michael marque la conclusion d'un débat idéologique au sein du LEHI. Un combattant clandestin ne doit-il pas consacrer sa vie privée à la Cause ? Les hommes mariés n'ont-ils pas tendance à abandonner la lutte pour mener une vie normale ? Michael a refusé à plusieurs camarades l'autorisation de convoler. Pendant un an, par exemple, il n'a pas autorisé Gideon, son garde du corps, à se marier. « *Tu cours trop de dangers pour créer une famille*[15] *!* » lui disait-il.

En 1968, Yitzhak Shamir racontera que les chefs du LEHI avaient finalement décidé que, « *la guerre risquant de durer longtemps, les militants devaient créer des familles et faire des enfants, tout en poursuivant le combat*[16] ». Michael a donné l'exemple. Pour Shoulamit, le mariage met fin à un embarras personnel. Quelques mois plus tôt, elle avait été dénoncée comme prostituée par des voisins qui la voyaient régulièrement visiter un appartement où habitaient des hommes, en fait des militants du LEHI qui se faisaient passer pour des ouvriers ! Conduite au commissariat, elle avait en effet confirmé être une dame de petite vertu. C'était évidemment moins dangereux que de reconnaître son appartenance au LEHI[17]...

S'EN PRENDRE AUX SYMBOLES, EXÉCUTER LES RESPONSABLES

En Europe, la guerre a pris une tournure nouvelle. La défaite du Reich paraît maintenant imminente. L'Armée rouge va de victoire en victoire et, le 6 juin, Américains et Britanniques débarquent en Normandie. L'époque des grandes décisions politiques approche. Les sionistes sont persuadés qu'elles concerneront également le Proche-Orient et la Palestine.

Près de trente mille Juifs palestiniens combattent sous l'uniforme britannique dans toutes les branches des forces armées, mais aucune unité entièrement juive n'a été formée, comme le réclament les dirigeants sionistes depuis le début de la guerre. À Londres, le Colonial Office et les diplomates du Foreign Office s'y opposent par crainte de la réaction du monde arabe. Mais le conflit s'est éloigné du Proche-Orient et se déroule exclusivement en Europe, où se poursuit l'extermination des Juifs. La création d'une grande unité juive est donc parfaitement légitime. Winston Churchill, le pro-sioniste, qui a toujours soutenu une telle initiative, annonce le 29 septembre aux Communes :

« Je sais qu'il y a un nombre important de Juifs servant au sein de nos forces et celles des Américains dans toutes les armées, mais il me semble approprié qu'une unité spéciale juive, de cette race qui a souffert tant de tortures indescriptibles de la part des nazis, soit représentée en tant que formation distincte parmi les forces qui se rassemblent pour l'assaut final. Je ne doute pas qu'ils prendront part non seulement au combat mais aussi à l'occupation qui suivra[18]. »

Et la brigade juive voit le jour, avec son fanion bleu et blanc frappé de l'étoile de David. Elle formera des milliers d'officiers et de sous-officiers juifs palestiniens. Un réservoir humain pour la Haganah et, plus tard, pour la jeune armée israélienne. Début 1945, ces trois mille quatre cents hommes partiront sur le front italien où ils seront intégrés à la 8e armée britannique.

Pendant ce temps, en Palestine, l'Irgoun s'en prend aux symboles du pouvoir britannique. Le 27 septembre, les commandos de Menahem Begin attaquent quatre forts Taggart. Il s'agit de fortins qui avaient été construits dans les années trente, lors de la révolte arabe, afin d'assurer le contrôle du territoire mandataire.

L'offensive est déclenchée à 21 h 30. Près de Guedera, dans le sud, un commando prend d'assaut la position, neutralise les policiers qui s'y trouvent et repart en emportant fusils et pistolets-mitrailleurs. L'unité de protection avait miné la route Jaffa-Gaza. Des groupes de combat attaquent au même moment les fortins de Kalkilia en Cisjordanie et de Beit Dagan sur l'axe Tel-Aviv - Jérusalem, mais, confrontés à une forte résistance, ils se replient sans pertes.

Le poste de police qui contrôle, à l'est, l'entrée d'Haïfa est un objectif autrement plus difficile. À côté du fort Taggart de deux étages se trouve une caserne. Des barrages sont placés sur les routes avoisinantes pour bloquer l'arrivée d'éventuels renforts. Dès le début de l'offensive, le commando est repéré et subit un feu nourri. Les charges explosives ne sont pas assez puissantes, et les assaillants ne parviennent pas à forcer l'entrée du fortin. Ils se retirent en passant par deux villages arabes. Le commandant de l'opération, sérieusement blessé à la main par l'explosion d'une grenade, est hospitalisé. Lorsqu'il se réveillera après l'opération, deux policiers seront à ses côtés. Placé en détention administrative, il restera en prison jusqu'à la création de l'État d'Israël[19].

Le Centre du LEHI approuve une exécution. David Shomron avait découvert que Thomas Wilkin, le chef du département Juifs du CID, un des pires ennemis du groupe Stern, résidait dans une pension de famille à côté de l'église roumaine à Jérusalem. Il est l'un des responsables de la défaite de l'Irgoun en Israël en 1942, à l'arrestation d'Avraham Stern – il était présent lors de l'assassinat. Le 29 septembre, à 8 h 15, rue Melissanda, alors qu'il se dirige vers le quartier général de la police, deux hommes avancent vers lui, nonchalamment. Subitement ils dégainent et ouvrent le feu. Wilkin tente de sortir son arme. Il s'effondre, criblé de onze balles. Les assassins s'enfuient dans une voiture conduite par un troisième homme.

Un ministre en sursis

Début août, Yossef Sitner, le successeur de Gepner à la tête de la petite section du LEHI au Caire, lui aussi sergent dans l'armée britannique, se rend à Jérusalem. Michael lui annonce : *« Si l'opération contre MacMichael avait réussi, nous aurions attendu avant de préparer notre prochaine action qui doit secouer le monde. Nous voulons exécuter le ministre d'État aux*

Colonies résidant au Caire, lord Moyne. Cela prouvera au monde que le conflit en Terre d'Israël n'est pas un simple désaccord entre des indigènes et l'administration locale, mais bien un conflit profond entre une nation qui combat pour sa liberté et une puissance impérialiste qui la lui refuse. »

Les deux hommes examinent ensuite les modalités de l'opération. Sitner explique : *« Il vaut mieux que l'exécuteur ne soit pas un militant de la cellule du LEHI au Caire. Ce sont tous des soldats, et cela risquerait de porter atteinte à l'ensemble des soldats juifs palestiniens servant dans l'armée britannique. Il faut que l'auteur de l'opération soit un civil qui viendrait [à cette fin] de Palestine. »* Sitner voudrait aussi que l'assassin soit assisté par un deuxième homme, qui assurerait sa protection. Shamir estime que l'envoi d'un seul militant serait plus prudent. Mais qui ? Tous deux pensent à Eliahou Hakim. Le sergent l'avait connu avant sa désertion de l'armée britannique, à l'époque où il transportait des valises bourrées d'armes et de munitions entre Le Caire et la Palestine. Courageux, il a participé à deux tentatives d'assassinat de MacMichael à Jérusalem et il connaît la capitale égyptienne[20].

Quelques jours plus tard, Shamir convoque Hakim et lui annonce qu'il va revêtir à nouveau l'uniforme britannique et, muni de faux papiers, se rendre en Égypte pour *« une opération importante »*. Sous le nom de Samuel Bornstein, il arrive au Caire fin août et se rend immédiatement chez Sitner, qui lui révèle sa mission. Après quelques semaines de repérage, il envoie un message codé à Shamir pour lui annoncer que l'opération est possible. Le deuxième homme peut venir au Caire. Shamir convoque alors le responsable de la section de Jérusalem. Ils choisissent ensemble Eliahou Beit Tsouri, que Shamir connaît depuis ses débuts à l'Irgoun. Il a fait ses preuves et participé à plusieurs attentats.

L'Agence juive est sous pression. Le maréchal, lord John Gort, 6ᵉ vicomte de Gort, doit assumer ses fonctions de haut-commissaire britannique en Palestine et Transjordanie le 31 octobre. Gouverneur de Malte durant les années précédentes, il a la réputation d'être plus favorable à la cause sioniste que son prédécesseur détesté par le Yishouv. Il ne faudrait donc pas qu'il soit accueilli par une vague de violences. Eliahou Golomb a demandé au LEHI de limiter ses opérations et d'avertir la Haganah chaque fois que l'organisation entendra déclencher des représailles après la condamnation de ses membres. Nathan Yelin Mor a donné un accord verbal… que le LEHI ne respecte pas.

Le 6 septembre, Golomb envoie au Centre une mise en demeure : « *Le fondement de la confiance mutuelle s'effondre. Nous discutons au sein de la Haganah de ce qui est le plus dangereux. Une opération d'envergure contre le LEHI, avec tous les dégâts que cela pourrait causer, ou le renoncement à toute action. Il ne fait pas de doute que le temps approche où nous serons obligés d'agir contre vous et vos opérations si vous continuez sans tenir compte des intérêts du sionisme et de la colonisation*[21]. »

L'Irgoun et la Haganah au bord de la rupture

L'état-major de Begin apprend que la Haganah recherche activement les armes récupérées par l'Irgoun dans le poste de police de Neve Shaanan et finit par saisir des documents de l'organisation dans une cache à Ramat Gan. Un militant, Elie Tavin, est chargé de contacter Moshe Sneh, le numéro 2 de la Haganah, qu'il connaît personnellement, pour lui proposer un échange : les fusils volés contre les dossiers. Sneh le reçoit chaleureusement, promet d'examiner le problème et lance l'idée d'une rencontre avec Menahem Begin. La visite de Tavin tombe à pic. Quelques jours plus tôt, David Ben Gourion avait demandé à Sneh de rencontrer le chef de l'Irgoun.

Le 8 octobre, Tavin emmène Moshe Sneh, sans ses gardes du corps, faire un long trajet en taxi dans Tel-Aviv, pour s'arrêter finalement devant un immeuble de la rue Sheikin. Begin l'attend dans l'appartement d'un responsable du parti révisionniste. La table est couverte de fruits et de cigarettes. L'Irgoun sait recevoir[22]. La discussion dure cinq heures. Sneh rédige le lendemain un long rapport d'une vingtaine de pages :

« *J'avais deux objectifs : a) Vérifier s'il est possible d'obtenir un arrêt des opérations [de l'Irgoun]. b) Découvrir ce qu'ils recherchent. En fait, la rencontre a été très cordiale. Nous nous connaissons depuis la Pologne. J'ai tenté d'obtenir sa confiance pour qu'il comprenne que je ne voulais pas lui soutirer des informations.*

J'ai dit à peu près ceci : – Objectivement, nous avons de l'estime pour ce que tu fais. Je te connais et je sais que, du point de vue subjectif, tu veux servir l'intérêt commun. Tu as déclaré la guerre à l'Angleterre.

Il m'a corrigé en disant :

– Pas contre l'Angleterre, contre le pouvoir répressif. L'Angleterre n'est pas notre ennemie. Ce sont les sternistes qui ont déclaré la guerre à l'Angleterre.

J'ai poursuivi : – Connais-tu les projets de l'Angleterre à notre sujet ? Comment peux-tu diriger des opérations de guerre tout en étant coupé de toute réflexion politique, des informations politiques ? J'ai ouï dire que vous êtes également coupés du parti révisionniste. (Il me l'a confirmé.) Comment est-ce possible ?

Il a répondu : – C'est effectivement une lacune et j'aimerais entendre ton analyse de la situation.

J'ai dit : – Je parlerai franchement [...]. Aucun d'entre nous n'est certain de ce qui va arriver, et nous nous préparons également [à cette inconnue]. Du point de vue militaire, nous pensons que le Yishouv devra se battre dans tous les cas. Si une décision politique négative intervient, il faudra agir pour susciter une confrontation. Il est possible que nous soyons obligés d'organiser l'immigration illégale, de construire des localités sans autorisation sur des terres qui ne sont pas juives, que nous devions nous défendre face à un pouvoir hostile. Il est possible aussi qu'une décision politique positive soit prise. D'après ce que nous savons, la décision [politique] n'est pas si éloignée. [...] De ce point de vue, toutes vos opérations sont nuisibles.

Là, j'ai ajouté pour gagner sa confiance : – J'essaye de comprendre ta pensée et d'imaginer que vos opérations ont un aspect positif. Elles apporteraient la preuve que le Yishouv est capable de se battre, que la jeunesse juive est prête à combattre. Selon nous, la preuve a déjà été faite. [...] Et s'il se trouve, parmi les Anglais, certaines personnes qui ne veulent pas remettre la Terre d'Israël aux Juifs, et d'autres qui soulignent le danger de l'immigration juive en Palestine, vos opérations renforcent ces positions négatives et éloignent de nous nos amis.

Je lui ai expliqué également notre dépendance à l'endroit de certains éléments internationaux dans la perspective de la réalisation du grand sionisme. [...]

Je lui ai aussi fait valoir un aspect qui n'est pas politique mais néanmoins important : – Vous habituez le pouvoir britannique à réprimer tout soulèvement juif. C'est inutile. Lorsqu'ils [les Britanniques] ont voulu s'en prendre à nos kibboutzim – Houlda, Ramat Ha Kovesh, Dafna –, nous les en avons empêchés. Vous les poussez à faire la preuve qu'ils peuvent assiéger une localité juive. [...] Les Anglais s'habituent lentement aux méthodes de l'adversaire, et en tirent tous les enseignements. Vous leur enseignez la façon de réprimer un soulèvement juif. Vous leur offrez le prétexte pour s'y préparer. [...] Si vous élargissez vos opérations, cela voudra dire que vous cherchez à dominer l'opinion, or, c'est nous qui avons le contrôle de l'opinion, et nous n'y renoncerons pas car nous avons un mandat du peuple juif. [...]

Là, j'ai gardé le silence. Il a pris la parole et longuement expliqué (et c'était la partie la plus ennuyeuse de notre échange !) que leurs opérations contre le pouvoir britannique étaient justifiées. Le mal qu'on nous a fait, le refus de sauver des Juifs, la fermeture des portes de la Terre d'Israël. Ils [les Britanniques] méritent d'être fouettés. [...]

Il a évoqué l'influence qu'auraient leurs opérations sur les Américains, qui seraient, selon lui, intéressés par la région. Tout affaiblissement de la puissance britannique au Proche-Orient sert leurs intérêts. Et puis les Américains voudraient que le calme règne ici. Lorsque la guerre contre Hitler sera terminée, le conflit se poursuivra au Proche-Orient et les Américains y ont plus intérêt que les Anglais. La Terre d'Israël est un carrefour important sur la voie vers l'Extrême-Orient. C'est la raison pour laquelle ils veulent que le calme y règne. L'opinion publique américaine se réveillera, et ils pourraient bien forcer les Anglais à changer de politique.

(À ce propos, j'ai eu le sentiment, sans en avoir la moindre preuve, que Begin pourrait avoir un contact avec quelqu'un parmi les Américains. Je le déduis de l'enthousiasme avec lequel il a parlé, en raison également de son assurance, du ton qu'il avait. Mais encore une fois, je n'ai aucune preuve de ce que j'avance.) [...]

L'influence sur les Juifs. Le Yishouv sommeille. Le Yishouv sort de cette guerre sans dommages. Il a été quelque peu choqué par le massacre en Europe, en raison de certains liens familiaux, de certains liens nationaux. Mais quels sont les sacrifices qu'a dû faire le Yishouv ? Il a un peu donné aux collectes de fonds pour la mobilisation et le sauvetage [des Juifs]. Les magasins fermaient pendant deux heures les jours de deuil. Mais les cafés restaient ouverts. Les Juifs sont occupés à leurs affaires, à leurs intérêts. Nous leur prouvons qu'ils doivent se battre, que des jeunes se battent. Bien sûr, ils [les Britanniques] infligent des punitions collectives, ce qui est négatif mais comprend également des aspects positifs. Votre presse publie des informations selon lesquelles l'opinion nous critique, est en colère parce que nous sommes responsables de ces punitions. En fait, l'opinion dirige sa colère contre les Anglais qui imposent le couvre-feu et infligent des punitions collectives, et cela suscite une réaction en notre faveur car, au fond, les Juifs sont d'accord avec nous. Nous réveillons leurs sentiments et les préparons à la guerre. Le Yishouv ne passera pas à l'action sans préparatifs. [...]

Enfin, je réponds à ta question : Les opérations sont-elles possibles, coupées de la direction politique ? Je reconnais que tu as raison. Les opérations militaires doivent dépendre de la direction politique et la servir. Mais que faire ? Le chef du Bétar [Jabotinsky] est mort et nous n'aspirons pas à la direction politique. Je te le répète officiellement : l'Irgoun n'aspire pas à diriger le Yishouv.

[...] Après la disparition du chef du Bétar, en raison des circonstances, nous considérons que seul Ben Gourion doit diriger le combat politique du sionisme. [...]

Si vous cherchez à nous détruire, nous nous défendrons. Chaque organisation cherche à se protéger, à défendre ses idées, ses projets. Nous ne brandirons pas le pistolet les premiers contre vous. Mais si vous brandissez le pistolet contre nous, nous ne resterons pas l'arme au pied. [...] Je suis passé par la Sibérie, par le NKVD, et rien ne m'effraie plus. Ne nous menacez pas [Sneh : je ne l'ai pas menacé !], cela ne ferait que nuire à nos relations, personnelles notamment.

Je sais qu'une décision de votre direction a été prise en vue de liquider les groupes terroristes. Nous savons qu'un tract doit être diffusé, que votre organisation a déjà reçu l'ordre d'agir. À Jérusalem, il y a déjà eu une bagarre. Vos gens ont commencé à filer les nôtres. Mais tu dois savoir que nous ne changerons pas. Nous voulons l'union. J'espère qu'un jour vous combattrez [les Britanniques]. [...]

Si vous avez réellement l'intention de nous attaquer, je vous demanderai de nous avertir comme nous avons prévenu les Anglais avant de leur déclarer la guerre. Nous sommes des gentlemen et je souhaite que vous fassiez preuve de la même correction envers nous ! »

Moshe Sneh propose alors que l'Irgoun annonce qu'il arrête ses opérations le lendemain matin à 8 heures. Menahem Begin refuse. Sneh conclut son rapport : *« Je le connais. Il est mélodramatique*, théâtral. Je lui ai dit : – Je ne sais pas s'il existe un Juif qui autant que moi veut éviter cette guerre fratricide. Certes je ne suis pas le seul. Mais je sors de cette conversation extrêmement déprimé. Ma conclusion est claire. Ils veulent imposer leur conduite à tout le monde*[23]. »

* En hébreu, littéralement : « Il est pathétique. »

« Les assassins seront juifs »

Au début du mois d'octobre, dans une boîte de nuit cairote, le commandant Sansum, de l'Intelligence Service, est abordé par Nathalie, une jeune femme qu'il connaît bien. En mai 1942, agent de la Haganah, elle avait été à l'origine du démantèlement d'un réseau d'espionnage allemand*. Elle lui glisse : *« Une importante personnalité britannique va être assassinée ! »* Surpris, le commandant demande des détails :

« Les assassins sont-ils des Juifs ?

– C'est la raison pour laquelle je vous le révèle. Je n'aime pas cela. Je ne vous en dirai pas plus. Mon organisation n'a aucun lien avec cette affaire. Nous y ferions échec si cela nous était possible. Dites à vos gens de faire attention ! »

La sécurité de toutes les personnalités britanniques au Caire est renforcée pendant quelques semaines[24]. Nathalie est en fait Yolande Gabaï-Harmer. Elle dirige le réseau d'espionnage de l'Agence juive en Égypte.

Eliahou Beit Tsouri, qui a pris l'identité de Michael Katan, arrive au Caire le 19 octobre. Il rencontre Eliahou Hakim dans un magasin de la rue Amin Cheikh, la succursale cairote des vins palestiniens Carmel Mizrahi dont le propriétaire est un Juif expulsé de Palestine par les Turcs durant la Première Guerre mondiale. Il a mis son commerce à la disposition de Sitner sans trop connaître la nature de ses activités. Hakim fait part à Beit Tsouri du résultat de la surveillance effectuée en compagnie de Yaffa Tvouah, une militante volontaire dans l'armée britannique où elle est conductrice d'ambulance. Les deux hommes s'installent dans une chambre louée par Sitner à l'intérieur

---

* Un des contacts de ce réseau, le capitaine Anouar el-Sadate, futur président égyptien, avait été arrêté.

du souk. Ils préparent leur plan d'action sur la base des ordres donnés par Shamir. Le seul problème auquel ils se heurtent est l'impossibilité dans laquelle ils se trouvent de s'assurer d'une voiture pour prendre la fuite. Le vol ou la location d'un véhicule leur paraît trop risqué. Ils décident donc de louer des bicyclettes.

Ultimatum à Begin

Le 31 octobre, nouvelle rencontre entre les chefs de l'Irgoun et de la Haganah. Elle se déroule à Tel-Aviv, le soir, en pleine rue. Menahem Begin est accompagné d'Eliahou Lankin, un membre de son état-major, et Moshe Sneh d'Eliahou Golomb, son chef. Ce dernier adopte une position beaucoup plus ferme que son adjoint. Menahem Begin a décrit la conversation ainsi :

Golomb : « *Tu détiens une arme qui pourrait décider du destin du peuple. Mais nous considérons que nous sommes responsables de son destin. Il n'est pas bon qu'au côté de la force au service des institutions de la nation, il y ait une autre force armée en Israël. J'espère que le jour n'est pas loin où il y aura en Israël une seule force [armée] et, d'ici là, il vaut mieux que nous parvenions à un accord et que vous cessiez vos opérations.*

Begin : – *Je ne sais pas si l'organisation combattante dans laquelle je milite peut décider du destin de notre nation. Nous avons commencé le combat et je ne sais pas encore si nous allons vaincre ou échouer. [...] Il est possible aussi qu'il ne s'agisse que d'un épisode tragique. Dans tous les cas, nous avons décidé de nous battre parce que nous sommes persuadés que sans la guerre, nous n'obtiendrons rien. Peut-être ne récolterons-nous pas les fruits de notre guerre, mais d'autres en auront le bénéfice. Cela nous est égal. [...] Nous nous considérons également responsables du destin de la nation. Finalement, vous étiez tous contre la création d'un État hébreu, et voilà, vous avez changé ! Nous avions raison ! Nous sommes persuadés qu'aujourd'hui aussi la justice est avec nous. [...]*

Golomb : – *Tu fais erreur. Nous avons la responsabilité de la nation. Mais, je ne suis pas venu discuter de cela. Je suis venu te prouver que vous ne pouvez pas lancer des opérations indépendantes. Vous ne disposez pas de renseignements suffisants sur notre situation politique. Dans ces conditions, comment pouvez-vous savoir quand et comment il faut agir ? Par une opération mal venue, vous risquez de porter atteinte à tout ce que nous avons obtenu [des Britanniques].*

Begin : – *Tu fais erreur. D'abord, je dispose de renseignements, et puis, je ne crois pas aux "grands secrets" ! À l'époque de la radio, tout se sait.*

Golomb : – *Je vais te transmettre une information précise qui te prouvera qu'il est encore trop tôt pour lancer des opérations contre les Anglais. Nous avons un bon contact avec le fils de Churchill, Randolph L. C'est un ami du sionisme. Il nous informe sur tout ce que disent son père et ses proches [sur la Palestine]. Le jeune Churchill nous a raconté récemment que le "vieux" a un nouveau projet pour la Terre d'Israël. On n'en connaît pas encore les détails, mais il est certain que les Juifs recevront quelque chose de sérieux. Ce projet est lié à la Transjordanie. Churchill a dit : "J'ai divisé une première fois la Palestine. J'en réunirai les parties et la partagerai à nouveau !" [...] Au cours d'une discussion avec Haïm Weizmann, Churchill a même lâché les mots suivants : "Soyez certain qu'à la fin de la guerre, vous recevrez 'la plus grosse prune du pudding' !"*

Begin : – *Qu'est-ce que cela veut dire ?*

Golomb : – *Cela signifie un bon partage [de la Palestine].*

Begin : – *Y a-t-il un bon partage ?*

Golomb : – *Bien sûr ! Un partage sans le Triangle [en Cisjordanie, le triangle déterminé par les principales localités arabes : Naplouse, Jenine et Tulkarem] est bon et nous l'accepterons. [...]*

Begin : – *Et s'ils vous proposent un mauvais partage ?*

Golomb : – *Nous le refuserons. Il existe effectivement selon l'école [des diplomates britanniques au Caire] un plan de partage dit "syrien" qui prévoit qu'une partie de la Galilée, y compris des localités juives, feront partie de l'État arabe. Cela, nous le refusons, et, s'ils essayent de l'imposer, nous nous révolterons. Mais, par ailleurs, la possibilité existe que les Anglais nous proposent une solution qui ne sera peut-être pas idéale mais qui nous assurera malgré tout l'indépendance, l'immigration, la colonisation. Vous risquez, par vos opérations, de torpiller une telle possibilité et de nous gêner dans nos préparatifs de révolte.*

Begin : *– Je ne suis pas d'accord avec toi. Comme tu le sais, nous rejetons la notion de partage. Pour nous, il n'y a pas de "bon ou de mauvais partage [de la Palestine]* [25]".

Golomb : *– En Angleterre, on est persuadé que nous coordonnons nos activités. Ils sont convaincus que nous nous partageons le travail. Nous nous occuperions du front politique, tandis que vous vous chargeriez des activités terroristes. C'est pourquoi nos amis [à Londres] nous disent qu'ils ne peuvent pas nous aider dans les circonstances présentes. [...]*

Vos opérations sont le fruit d'une aspiration à l'héroïsme presque enfantine. Le véritable héroïsme, c'est celui des parachutistes de la Haganah qui sont partis se battre derrière les lignes allemandes en Europe. Vos militants pourraient avoir également ce privilège. [...]

Comme tu le sais, la Haganah possède de nombreuses caches d'armes et des ateliers secrets qui produisent de l'armement. Vos opérations les mettent en danger. Après chacune d'elles, les Britanniques effectuent des perquisitions, recherchent les terroristes. Nous ne tolérerons pas que vous mettiez plus longtemps nos stocks d'armes en péril. [...]

En admettant que vous ayez raison, vous devez néanmoins nous accepter comme la direction élue par le Yishouv tout entier. Nous avons été choisis. Vous ne pouvez pas en dire autant. Vous êtes issus du parti révisionniste qui a adopté, depuis des années, une ligne séparatiste. Si nous l'avons tolérée par le passé, il n'est plus question aujourd'hui pour nous de l'accepter. La situation est trop critique pour permettre un tel état de chose. Il y a chez nous des gens qui réclament des sanctions dures contre vous. Si vous ne nous laissez pas le choix, nous serons forcés de les écouter ! Le CID ne peut vous éliminer. Mais le Yishouv pourrait y parvenir bien plus vite que vous ne l'imaginez. C'est pourquoi nous vous demandons de cesser toutes vos opérations et de vous soumettre à l'autorité des institutions élues.

Désormais, vous ne pourrez plus nous accuser d'avoir déclenché une guerre fratricide, car il importe peu de savoir qui a commencé. Nous devons à tout prix mettre un terme à vos opérations, d'une manière ou d'une autre. »

Begin réaffirme à cet instant qu'il reconnaît Ben Gourion comme le dirigeant du Yishouv. Toutefois, dit-il, « *nous posons nos conditions. Nous reconnaissons votre rôle dans la lutte publique contre les Britanniques. Mais nous ne pouvons accepter que vous ayez le monopole de l'action. Nous aussi, nous avons des objectifs politiques qui ne sont pas moins légitimes que les vôtres. De toute façon, nous ne considérons pas les décisions de votre direction comme des axiomes politiques irrévocables. Si vous combattez [les Britanniques], non seulement nous serons à vos côtés mais nous vous suivrons. Mais d'ici là, nous ne vous informerons pas de nos plans opérationnels. La guerre implique un secret total dans la planification et l'exécution. Comment pourrions-nous révéler nos projets à un organisme qui nous refuse le droit à l'existence* [26] ? ».

La discussion prend fin à 3 heures du matin.

Un assassinat au Caire

Le 4 novembre, Winston Churchill invite Haïm Weizmann à déjeuner dans sa résidence de campagne. La discussion porte sur l'après-guerre. Le Premier ministre britannique se dit favorable au partage de la Palestine, à la création d'un État juif qui comprendrait le Néguev. Mais il demande des explications : comment pourraient être organisées l'immigration juive, l'intégration des nouveaux venus, la colonisation ? Weizmann parle de cent mille immigrants par an pendant quinze ans. Il révèle qu'il s'apprête à partir pour la Palestine où il ne s'est pas rendu depuis cinq ans. Churchill lui conseille de passer par Le Caire afin d'y rencontrer lord Moyne, qu'il considère comme un ami personnel en dépit de son attitude négative envers les Juifs et le mouvement sioniste : *« Et puis, il a peut-être changé au cours des deux dernières années ! »* Au cours d'un entretien avec Ben Gourion en 1942, le secrétaire aux Colonies avait suggéré de créer l'État juif en Prusse orientale[27]...

Le lundi 6 novembre 1944, vers 13 heures, la Packard noire de Walter Edward Guiness, premier baron de Moyne, arrive à Gezira, devant la résidence du ministre d'État chargé des Colonies de Sa Majesté. Le véhicule est conduit par un certain caporal Fuller. À son côté est installé un aide de camp, le capitaine Hughes Onslow. Sur la banquette arrière se trouvent le ministre et sa secrétaire, Dorothy Osmond.

Fuller arrête la voiture et sort ouvrir la portière arrière. Onslow, d'un pas rapide, grimpe les marches pour ouvrir la porte d'entrée. Entendant des bruits, il se retourne et aperçoit deux hommes, l'un blond, l'autre de type oriental, qui avancent chacun un pistolet à la main. L'un d'eux lance en anglais : *« Ne bougez pas, restez où vous êtes ! »* Fuller tente de s'interposer. Beit Tsouri lui tire trois balles dans la poitrine. Il mourra en quelques minutes. Hakim se dirige alors vers la voiture, ouvre la portière, lance à Dorothy Osmond : *« Ne bougez pas ! »* Posément, il ouvre le feu sur lord Moyne. Une balle dans le cou, une autre dans l'abdomen. La victime tend la main en direction de l'assassin. Une troisième balle lui emporte trois doigts. Il s'exclame : « *Oh ! Ils nous ont tiré dessus !* » et perd connaissance.

Onslow se lance à la poursuite des deux assaillants qui ont pris la fuite sur leurs bicyclettes. Quelques centaines de mètres plus loin, ils se perdent dans la circulation intense près du pont de Zamalek. Alerté par le capitaine, un policier égyptien à motocyclette prend la relève. Beit Tsouri se retourne et tire en direction des pneus de son poursuivant. Le policier tombe, il n'est pas touché et riposte. Beit Tsouri, lui, est légèrement blessé à la poitrine. Hakim revient pour lui apporter de l'aide. Des passants interviennent. Les deux hommes sont capturés.

Après avoir repris brièvement connaissance, lord Moyne meurt à 20 heures le soir même. L'enquête commence. Les meurtriers avouent immédiatement, mais refusent de révéler leur véritable identité. Ce n'est que le lendemain qu'ils reconnaîtront avoir agi pour le compte du LEHI. Ils expliqueront alors aux enquêteurs qu'ils n'ont pas cherché à tuer le policier égyptien qui les avait capturés, parce que, de leur point de vue, il n'était pas coupable et que sa mort les aurait condamnés aux yeux de l'opinion publique égyptienne[28]. L'examen balistique des armes des deux activistes surprend l'Intelligence Service. Le Parabellum de Beit Tsouri a servi à l'assassinat d'un policier juif à Ramat Gan au mois de mars. Le Nagan polonais de Hakim est l'arme du meurtre de Wilkin, le 26 septembre, et de quatre autres policiers britanniques en Palestine au cours des années précédentes...

Quelque part dans le quartier de Bné Brak près de Tel-Aviv, le 6 novembre, en début de soirée, Michael prépare une autre opération : l'assassinat du secrétaire général du gouvernement mandataire, sir John Shaw. Subitement, la radio interrompt ses émissions pour diffuser un flash : *« Lord Moyne a été tué. Ses assassins sont sous les verrous. »* Shamir donne immédiatement ses ordres. Annuler toutes les opérations en cours, changer de planque, adopter les mesures de sécurité maximales. Il quitte la ville. Telle une tortue, l'organisation rentre dans sa carapace. Les Britanniques feront tout pour démanteler le groupe Stern. Dans sa prison, Eldad prépare le texte du communiqué. Il sera diffusé quelques jours plus tard : *« Moyne le criminel a été exécuté ! »* Menahem Begin et Yaacov Méridor attendent en vain Yelin Mor et Yitzhak Shamir avec qui ils ont rendez-vous le soir même pour discuter de la déportation en Érythrée de deux cent cinquante et un détenus de l'Irgoun et du LEHI emprisonnés à Latroun... Begin a appris l'attentat du Caire par la radio. Personne ne l'avait averti.

CHURCHILL VA-T-IL BASCULER ?

Les responsables du Yishouv sont atterrés. Ils craignent avant tout la réaction de Winston Churchill, leur principal allié à Londres. Le soir même, Haïm Weizmann lui adresse un télégramme dans lequel il condamne le meurtre et promet que « *le judaïsme de Palestine fera tout son possible pour extirper le mal de son sein* ». À Tel-Aviv, l'exécutif de l'Agence juive publie un communiqué : « *Avec l'ensemble du monde civilisé, l'opinion publique juive est profondément choquée par le meurtre abominable du ministre britannique au Proche-Orient. Un meurtre d'autant plus abominable que le peuple britannique mène depuis six années – en faisant preuve d'un héroïsme remarquable et d'une ténacité exceptionnelle –, avec ses alliés, la guerre contre l'ennemi nazi. Ce crime horrible commis hors des frontières de notre pays, et dont les circonstances ne sont pas encore établies, soulève à nouveau le problème du danger croissant que représentent les bandes terroristes qui existent encore dans le pays. Ce terrorisme risque de détruire notre combat politique et nous détruire de l'intérieur. Le Yishouv doit rejeter ces gangs, ne pas céder à leurs menaces et apporter son aide aux autorités pour prévenir les actes terroristes* [29]. »

À Londres, Winston Churchill déclare aux Communes : « *Si les rêves du sionisme s'évanouissent dans la fumée du pistolet d'un assassin, et si son idéal produit des gangsters dignes de l'Allemagne nazie, nombreux seront ceux qui, comme moi, devront reconsidérer la position qu'ils ont adoptée depuis longtemps [envers la cause sioniste]* [30]. » Le Premier ministre britannique ne cède pourtant pas aux antisionistes de son administration qui lui proposent de mettre un terme à l'immigration juive en Palestine et d'ordonner la déportation des responsables sionistes.

Begin, lui, est furieux et réunit l'état-major de l'Irgoun trois jours plus tard : « *Un acte inopportun a été commis, qui aura peut-être des conséquences politiques sérieuses. Toutefois, ce n'est pas une catastrophe non plus, et nous n'avons pas à nous justifier. Notre succès dépend dans une large mesure du soutien que nous apporte le*

Yishouv, au moins de son soutien implicite. Dans le cas présent, on ne fera pas la différence entre nous et le [LEHI], et nous devrons tous en supporter les inévitables conséquences. Cette affaire nous conduit à prendre une décision définitive au sujet de nos relations avec le [LEHI]. Nous ne pourrons pas leur pardonner de nous avoir caché ce projet alors que nous avions décidé de coopérer à des projets communs. C'est, littéralement, de la tromperie, et nous devons les placer devant deux hypothèses : 1. Soit ils cessent d'exister en tant qu'organisme indépendant et transfèrent tous leurs gens sous notre responsabilité. 2. Soit nous rompons tous nos liens avec eux, plus de négociations sur quoi que ce soit. Plus aucun contact. Ils refuseront probablement la première éventualité. Nous devons donc nous préparer à la cessation totale de nos relations [31]. » Des mises en garde sont, malgré tout, envoyées aux autorités : *« N'allez pas trop loin contre nos frères du LEHI ! »*

Yelin Mor expliquera plus tard les raisons pour lesquelles le Centre n'avait pas averti l'Irgoun du projet d'attentat au Caire : l'accord de coopération ne concernait pas les opérations à l'étranger, et puis : *« Si nous en avions informé Menahem Begin, il aurait tout fait pour nous dissuader de réaliser cette attaque. Or, nous n'aurions pas reçu ses arguments et nos relations auraient traversé une crise plus grave encore* [32]. »

Depuis quelques semaines déjà, le Palmach kidnappe des militants de l'Irgoun et les soumet à des interrogatoires poussés afin de découvrir les sources de financement et les caches d'armes de l'organisation. L'assassinat de lord Moyne fournit à Ben Gourion un prétexte pour passer à l'étape suivante de son offensive contre l'Irgoun. Le 20 novembre 1944, devant le congrès de la Histadrout, il déclare la guerre aux « terroristes » :

« [...] Si nous faisions face à un simple phénomène idéologique-terroriste, nous y répondrions par de l'idéologie. Mais nous faisons face à des actes terroristes qui portent atteinte à notre existence, à notre combat, à notre politique, à notre avenir. Lorsqu'on fait face à des actes, on répond par des actes. Ces gangs ne comprennent aucun langage humain, ni le langage de la justice, ni du sionisme, ni du socialisme. Ils ne comprennent que la force. Il ne suffit donc pas

d'expliquer, il faut prévenir leurs opérations, démanteler leurs organisations. Je n'ai pas l'intention de déraciner leurs militants. Je ne veux pas verser une seule goutte de sang, je me refuse à ce qu'une seule personne perde la vie – à condition toutefois qu'ils n'en prennent pas l'initiative. Je crois aussi qu'il est possible de sauver – par l'explication – quelques-uns de ceux, surtout parmi les jeunes, qui ont été trompés par de fausses théories sur la tragédie juive. [...]

Je divise les membres de ces gangs en deux groupes. Les dingues et les charlatans. Les "maniaques" croient sincèrement qu'ils apporteront la rédemption au peuple d'Israël s'ils assassinent telle ou telle personne. Ils tuent des Juifs ou des Anglais avec le même enthousiasme, le même fanatisme. [...] Pour l'heure, nous avons pris quatre décisions.*

1. Si le membre d'un de ces gangs ou un de leurs sympathisants travaille dans une usine ou un bureau, les ouvriers et les employés doivent l'expulser, l'éloigner de son lieu de travail. Il m'est plus facile de prononcer ces phrases ici, car, ailleurs, on m'opposera le droit moral de chaque travailleur à avoir un emploi. [...] Cela ne concerne pas seulement ceux qui utilisent un pistolet ou lancent une bombe. Tous ceux qui distribuent de la littérature ou collent leurs affiches doivent être expulsés de leur lieu de travail. [...] Il en va de même pour ceux qui étudient dans des lycées.

2. Il ne faut leur accorder ni refuge ni abri. Nous sommes tous des Juifs miséricordieux et je ne suis pas moins juif que tout autre Juif, et je n'éprouve aucune haine personnelle envers ces gens. Mais je vois la grande catastrophe qu'ils s'infligent à eux-mêmes et qu'ils nous infligent à nous tous. [...] Il est interdit d'accorder refuge à ces criminels qui mettent notre avenir en danger.

3. Ne pas céder à leurs menaces. Certains disent qu'il ne faut pas s'attaquer aux gangs par crainte d'une guerre civile. Il faut leur répondre : les gangs ont déjà introduit la guerre civile dans le Yishouv, mais ils la veulent unilatérale. Par le chantage, ils arrachent des fonds, punissent des "traîtres", décident des "sentences de mort",

* En hébreu : *Maniakim.*

assassinent ceux qui ne leur cèdent pas. [...] Cela ne se passera pas ainsi.

4. Il faut aider les autorités. Si nous n'aidons pas les autorités et sans leur aide, nous ne pourrons pas extirper ce fléau. [...] Dans la mesure où les autorités et la police britanniques veulent éliminer le terrorisme, nous collaborerons avec eux. »

Les délégués approuvent massivement les propositions de Ben Gourion[33].

La chasse à l'Irgoun est ouverte

Un QG a été mis en place à Tel-Aviv, depuis quelques semaines, et placé sous la direction de Yigal Allon. Le Palmach se lance à la recherche des militants de l'Irgoun. La « saison » de chasse, comme on le dit dans certains cercles du Yishouv, est ouverte. En quelques semaines, des dizaines de personnes sont capturées, emprisonnées et interrogées dans des centres de détention improvisés : des grottes près des *kibboutzim* Mishmar Ha Emek et Ein Ha Shofet, dans le château d'eau du kibboutz Alonim... Le service de renseignements de la Haganah dresse ainsi une liste de sept cents militants de l'Irgoun qu'elle se propose de remettre à la police britannique. Trois cents d'entre eux sont arrêtés. Une trentaine d'élèves sont expulsés de leurs lycées.

Un matin, le gardien d'un immeuble de l'Agence juive alerte ses chefs. Il a aperçu Menahem Begin passer dans la rue et pénétrer dans une maison voisine. L'information est immédiatement transmise aux Britanniques qui appréhendent le suspect. L'homme ressemble au chef de l'Irgoun mais affirme s'appeler Yossef Lazarovitch et dément faire partie de cette organisation. Finalement, Moshe Sneh, le numéro 2 de la Haganah, va le rencontrer dans sa cellule. Il connaît sa famille depuis l'époque de la Pologne. Lazarovitch est remis en liberté. De fait, il militait à l'Irgoun[34].

Menahem Begin a pris une décision fondamentale. Il ne ripostera pas. Le 3 décembre 1944, il publie une longue proclamation : « *[...] Une grande angoisse a saisi le Yishouv. Le visage sombre, le Juif fidèle se demande et pose la question à son voisin : "Est-ce ainsi qu'éclatera la guerre civile en Terre d'Israël ? Son foyer va-t-il être détruit avant même sa création ?" [...] L'atmosphère sent la poudre. Les orateurs et les dirigeants ne cessent de parler d'un conflit interne. L'un d'entre eux affirme qu'il est déjà déclaré. L'autre crie hystériquement : "Le sang pour le sang, œil pour œil, dent pour dent !" Le troisième prépare un plan de sauvetage du peuple d'Israël. Le voici : il s'agit d'expulser des maisons, d'expulser des écoles, d'affamer et de remettre à la police les combattants. Ce sera eux ou nous, et tous les moyens sont bons pour les liquider ! [...] Au nom de l'Irgoun Tsvaï Leoumi, nous apportons la réponse : Soyez tranquilles, Juifs fidèles ! Il n'y aura pas de guerre de Juifs contre les Juifs dans ce pays*[35] *!* »

Amihaï Paglin, le chef des opérations de l'Irgoun, racontera plus tard : « *Nous avions du mal à comprendre sa position. Les meilleurs de nos camarades étaient arrêtés, enlevés, battus, et nous avions l'ordre de ne pas bouger. Au bout d'un certain temps, je me suis dit : "Cela suffit ! Je ne peux plus supporter ça ! Nous pouvons tout aussi bien désigner quelques gars et prendre des mesures de représailles contre la Haganah." Mais finalement, nous nous sommes tous rangés derrière les positions de Begin*[36]. »

Un seul militant du groupe Stern est capturé par la Haganah à Jérusalem. Mais le Centre décide d'agir. Yelin Mor rencontre Eliahou Golomb dans une école du quartier Borokhov à Tel-Aviv. Avant de s'asseoir, le chef du LEHI pose sur la table son pistolet chargé.

« *Qu'est-ce que c'est, Nathan, une manifestation ?* demande Golomb inquiet.

– *Appelle ça comme tu voudras. Cela démontre, en tout cas, notre résolution. Nous ne vous faciliterons pas la tâche.*

– *Crois-tu vraiment que j'aie l'intention de te capturer ?*

– *Pourquoi n'aurais-je pas de soupçons après l'enlèvement de notre gars à Jérusalem ?* »

Yelin Mor affirme que son organisation n'a pas l'intention d'assassiner Churchill. Mais il annonce aussi que le LEHI est prêt à faire face à toute éventualité, à riposter à chaque attaque de la Haganah[37]. Quoi qu'il en soit, il revient du rendez-vous apaisé et explique à Shamir qu'il n'y a rien à craindre. Le militant enlevé est d'ailleurs libéré à Jérusalem trois jours plus tard. Cette rencontre sera suivie par d'autres. Finalement, le LEHI suspendra toutes ses opérations et ne sera plus inquiété par la Haganah.

Il se consacre désormais au recrutement et à la propagande.

Réquisitoires au Caire

Le procès de Beit Tsouri et de Hakim s'ouvre le 11 janvier 1945 au Caire, les représentants de la presse internationale y assistent. Ils ne seront pas déçus. Pendant une semaine, les accusés se livrent à de violents réquisitoires contre le colonialisme britannique. Hakim lance aux juges :

« *La Loi doit se fonder sur la Justice. Elle impose des devoirs aux citoyens, mais leur accorde des droits. Si ce n'est pas le cas, il n'y a aucune raison de la respecter. Mon camarade et moi-même avons été élevés dans l'esprit de notre Bible, du commandement "Tu ne tueras point". Mais il n'y avait pas d'autre moyen pour faire respecter nos droits spoliés. Nous avons donc décidé d'agir au nom de la Justice suprême. On nous demande aujourd'hui de répondre de l'assassinat de lord Moyne. En fait, nous l'accusons, lui et le gouvernement qu'il représentait, du meurtre de centaines de milliers de nos frères et sœurs. Nous les accusons du vol de notre patrie, du vol de nos biens. Où est la Loi qui les traduirait en justice pour leurs crimes ? À qui pouvions-nous faire appel afin d'obtenir justice ? Cette loi n'est pas encore inscrite dans un code, mais dans nos cœurs. Nous devions prendre la justice entre nos mains.*

Au nom de quoi le monde nous demande-t-il la paix ? Au nom de l'hypocrisie ? Au nom de la honte ? Au nom du sang de notre peu-

ple ? Au nom de l'esclavage que l'on nous a imposé ? Où est le code qui détaillerait les articles de ces lois ? C'est la raison pour laquelle j'ai demandé que nous soyons conduits devant un tribunal international qui seul, peut-être, aurait le droit de statuer au nom de la Justice suprême sur la base de laquelle nous avons agi. Eh bien, au nom de cette Justice suprême et unique, je vous demande de nous acquitter. »

Non seulement Hakim reconnaît sa culpabilité, mais il réclame son acquittement !

Beit Tsouri est plus littéraire. Après avoir longuement décrit chaque détail du meurtre de lord Moyne, il évoque Jack London :

« *L'histoire décrite dans* Le Loup des mers *me rappelle la situation des Juifs dans le monde, leur immigration en Terre d'Israël et l'injustice anglaise qui y règne. Un bateau coule, il n'y a qu'un seul survivant. Il parvient à s'accrocher à un radeau. Après quelques jours, il est recueilli par un autre navire. Mais il découvre alors que le capitaine qui l'a sauvé est un homme à la poigne de fer. Tous les marins doivent lui obéir sans discuter, au doigt et à l'œil. C'est un commandant de bord autocrate, tyrannique et cruel. Le rescapé subit à présent l'injustice, les tortures. Que pouvait-il faire ? À qui pouvait-il se plaindre ? Il ne lui restait plus qu'à utiliser la force, se battre, tuer le capitaine tyrannique.*

Le comportement du gouvernement britannique en Terre d'Israël est pire que celui des capitaines qui tyrannisent les marins sur leurs navires. Des millions d'entre eux se sont noyés dans une mer de sang et de larmes, le capitaine britannique ne les a pas recueillis sur son bateau, seul moyen de les sauver. Accoudé à la rambarde, le Britannique a contemplé calmement les fils de mon peuple tandis qu'ils se noyaient. Lorsque quelques-uns s'agrippaient au bateau, il les repoussait pour qu'ils se noient. Pour nous qui avons assisté à tout cela depuis notre patrie, il ne nous restait qu'une seule alternative : capituler ou combattre. Nous avons décidé de détruire l'occupant étranger. Arracher à la racine la cruelle administration britannique, l'éloigner de nous [38]. »

Ces discours sont très appréciés par les jeunes nationalistes égyptiens qui, par milliers, manifestent dans les rues du Caire en faveur des deux jeunes Juifs palestiniens et contre l'impérialisme britannique au cri de « *Libérez les assassins de Moyne !* ».

Mais les deux Eliahou sont condamnés à la mort par pendaison le 18 janvier 1945. Le mufti d'Égypte confirme la sentence quatre jours plus tard. À Jérusalem, Shamir envisage avec Gepner, revenu en Palestine, de monter une opération destinée à libérer les condamnés. Mais une attaque de la prison du Caire serait trop coûteuse en vies humaines.

L'exécution a lieu le 22 mars 1945. Les autorités britanniques seront restées insensibles aux demandes de grâce. Hakim aura écrit une dernière lettre à ses parents à Haïfa. Il aura aussi prononcé une prière en compagnie du rabbin d'Égypte et chanté la *Hatikva* en montant sur l'échafaud. Eliahou Beit Tsouri, lui, au nom de ses convictions cananéennes laïques, refuse les prières du rabbin. Lui aussi mourra en chantant la *Hatikva.*

Trente ans plus tard, le 26 juin 1975, dans le cadre d'un accord entre Israël et l'Égypte, les cercueils des deux hommes seront remis à l'armée israélienne en échange d'une vingtaine de fedayin palestiniens. Ils auront droit à des funérailles militaires en bonne et due forme. Un député assistera à la cérémonie organisée dans le Sinaï : Yitzhak Shamir.

En attendant la capitulation de l'Allemagne

En Palestine, le Palmach parvient à neutraliser en partie l'état-major de Begin. Le 7 décembre, Eliahou Lankin, le chef de la section de Jérusalem, a été kidnappé en pleine rue et remis à la police britannique. Shlomo Lévy, responsable de l'Irgoun à Petah Tikva, est dénoncé alors qu'il se rend en taxi à Jérusalem. Il est intercepté à un barrage volant, le 27 janvier 1945.

Le Palmach finit par découvrir l'adresse d'un domicile de Yaacov Méridor, le numéro 2 de l'Irgoun, à Raanana, près de

Tel-Aviv. Des guetteurs sont postés. Le 13 février, ils donnent l'alerte. La cible est là. Un commando est immédiatement envoyé sur place en compagnie de deux inspecteurs britanniques. Shimon Avidan, l'un des chefs du Palmach, décide d'assister en personne à l'arrestation afin de s'assurer que Méridor ne sera ni tué ni blessé. La maison est encerclée par des policiers et des militants. À 3 heures du matin, la porte est enfoncée. L'appartement est fouillé de fond en comble et l'adjoint de Begin est emmené, menottes aux poignets[39]. Il sera déporté en Érythrée.

Le 27, Elie Tavin est à son tour kidnappé rue Dizengoff, à Tel-Aviv. Ses ravisseurs le conduisent dans un kibboutz où, pendant des mois, il restera enchaîné, affamé, et subira même un simulacre d'exécution.

Un nouveau drame se déroule au Caire, fin mars. Raphael Sadovsky, un instituteur juif qui avait aidé Beit Tsouri et Hakim, se rend un matin au cimetière pour prier sur leurs tombes, à l'encontre des consignes de sécurité. Or la police britannique veille. Il est arrêté. Après quelques jours d'interrogatoires poussés, il parle. Tous les membres de la cellule du LEHI sont appréhendés, notamment Benyamin Gepner.

Le CID lance alors un mandat d'arrêt contre Yossef Sitner. Il se cache alors à Haïfa où un certain Yossef Davidesko fait la liaison entre le service de renseignements du LEHI et des informateurs au sein de la police. En fait, c'est un agent double. Sitner est arrêté immédiatement après une de leurs rencontres. Le LEHI effectue une enquête rapide et découvre la vérité. Davidesko s'apprêtait à fuir se réfugier à Londres lorsqu'il est abattu de deux balles dans la tête. Le Centre avait chargé Yashka Levstein de l'exécuter.

Yitzhak Shamir et Shoulamit disposent d'une nouvelle planque. Une bicoque dans une orangeraie de Bné Brak, à l'est de Tel-Aviv. Pour des raisons de sécurité et pour que, en cas d'arrestation, les Britanniques ne découvrent pas qu'il est marié, un militant habite avec le couple et se présente aux voisins comme le frère d'Yitzhak et le mari de

Shoulamit – qui est enceinte. Le bébé naîtra fin 1945 dans une petite maternité de Tel-Aviv. Yitzhak enverra Shlomo Pozner, un vieil ami, un militant de la première heure, déclarer qu'il est le père. Le fils reçoit le prénom de « Yaïr ». Le propriétaire du logement n'est pas dupe et, après la naissance de l'enfant, il dira au couple : *« Je n'ai jamais vu une telle ressemblance entre un beau-frère et son neveu*[40] *! »*

Le 8 mai 1945, l'Allemagne capitule. La guerre en Europe est terminée. Le monde découvre toute l'horreur des camps d'extermination nazis. Les statistiques de la Solution finale atteignent le Yishouv de plein fouet. Deux millions huit cent mille Juifs tués en Pologne, un million trois cent mille en URSS, deux cent mille en Hongrie, deux cent dix mille dans les Pays baltes, cent cinquante mille en Roumanie, deux cent dix-sept mille en Tchécoslovaquie, cent soixante mille en Allemagne, cent dix mille en Hollande, soixante-cinq mille en Grèce, quatre-vingt-trois mille en France, soixante-cinq mille en Autriche, soixante mille en Yougoslavie, dix mille en Italie. Des centaines de milliers de survivants se trouvent dans des camps de personnes déplacées un peu partout en Europe. Les chefs de l'Agence juive sont persuadés qu'après une telle catastrophe, un arrangement politique va permettre d'avancer vers la création d'un État juif. Pourtant, un nombre infime de prétendants juifs à l'immigration est encore autorisé à pénétrer en Palestine.

CHAPITRE 5

La révolte

La situation évolue rapidement au Proche-Orient. Libanais et Syriens exigent que la promesse d'indépendance, proclamée par la France libre en 1941, soit tenue. À Beyrouth et à Damas, les manifestations antifrançaises ont commencé dès le mois de janvier 1945 et sont de plus en plus violentes, alors que les généraux français tentent de maintenir l'ordre. Les forces britanniques encore postées dans la région assistent à ces événements sans intervenir. Mais, en coulisse, se déroule la guerre des services spéciaux.

Le 11 mai 1945, l'état-major britannique au Proche-Orient reçoit un rapport des renseignements militaires :

« Longtemps, l'Agence juive et nous-mêmes avons soupçonné ce lien [entre le groupe Stern et des Français]. Cette information a pour source principale un officier français qui se trouve maintenant à Paris. Elle a été transmise à un officier de renseignements britannique pour son information personnelle, étant entendu qu'elle ne pouvait être transmise qu'à condition que la source reste secrète. La liaison est effectuée entre un gang de contrebande opérée par le groupe Stern en Palestine et un certain nombre d'officiers de renseignements du deuxième bureau de l'armée de l'air française. Leur chef est une crapule, le capitaine (à présent commandant) Jean xxxx [nom effacé] [...]. Nous avons décidé de coopérer [à ce propos] avec l'Agence juive, comme nous l'avons fait en Égypte. L'Agence a reconnu qu'elle hésitait à fournir des informations concernant les terroristes aux services de sécurité britanniques en Syrie, car elle craint que ses sources

soient compromises [...]. Selon l'Agence, on assiste à une collusion entre les Français et certains Juifs d'extrême droite. Des terroristes connus ont déjeuné avec le colonel Alessandri [1]. »

En Syrie, la situation se détériore. Des citoyens français sont attaqués, quelques-uns lynchés. Le 29 mai, le général Olivet-Roget fait ouvrir le feu sur la foule et ordonne le bombardement du Parlement à Damas. Le bilan de la répression, en Syrie et au Liban, s'élève à plus de mille morts. Le 31, aux Communes, Churchill lance un ultimatum au général de Gaulle et révèle qu'il a donné l'ordre aux forces britanniques « *d'intervenir pour empêcher de nouvelles effusions de sang ; le gouvernement français étant invité à donner l'ordre de cesser le feu et à ramener ses troupes dans leurs cantonnements* ». Le commandant en chef britannique est encore plus direct et menace : « *Si les militaires français ouvrent à nouveau le feu, je ferai bombarder leurs casernes.* » Les Français, en état d'infériorité, n'ont pas le choix et cèdent. C'est la fin de l'influence française dans cette partie du Proche-Orient. De Gaulle, ainsi que de nombreux militaires et plusieurs hommes politiques français de premier plan, voient dans cette affaire la preuve de la duplicité britannique. Ce sera un argument supplémentaire pour tous ceux qui, à Paris, soutiennent le combat sioniste[2].

David Ben Gourion est persuadé que les jours du mandat britannique en Palestine sont comptés et qu'il faut préparer le Yishouv aux combats futurs. Il arrive fin juin 1945 à New York où il contacte immédiatement son ami, Rudolf Sonneborn, un riche homme d'affaires américain juif qui soutient la cause sioniste. Il lui demande de réunir un groupe de dix-huit donateurs importants. La rencontre, secrète, a lieu le 1er juillet. Le dirigeant sioniste décrit longuement le rapport des forces au Proche-Orient, explique qu'il faut réunir des millions : « *Dans un avenir proche, après le départ des Britanniques de Palestine, nous devrons affronter tôt ou tard toutes les armées arabes. Bien que nous soyons peu nombreux, nous pouvons leur faire face si nous disposons de l'armement nécessaire* [3]. » Les millionnaires s'engagent à financer tous les achats d'armes de la Haganah et de la future armée d'Israël. Ils tiendront parole.

La fermeté de Churchill dans l'affaire du Levant ne lui est d'aucun secours dans la campagne électorale qui se déroule bientôt en Grande-Bretagne. Il perd les élections du 26 juillet 1945. Les travaillistes arrivent au pouvoir, et en Palestine, le Yishouv pavoise. Le Labour apparaît comme clairement prosioniste. Clement Attlee, le nouveau Premier ministre, avait d'ailleurs déclaré lors du congrès de son parti : « *Les termes "Foyer national juif" n'auront de signification que si nous sommes prêts à permettre aux Juifs – s'ils le désirent – d'immigrer en grand nombre dans ce petit pays pour y former la majorité [...]. En Palestine, pour des raisons humanitaires et pour parvenir à un règlement durable, nous devons encourager les Arabes à partir [...]. Les Arabes ont de vastes territoires. Il ne faut pas qu'ils refusent l'arrivée des Juifs en Palestine dont le territoire est plus petit que le pays de Galles. Nous devons examiner la possibilité d'élargir les frontières de la Palestine par des accords avec l'Égypte, la Syrie et la Transjordanie* [4]. » La plate-forme électorale travailliste était de la même veine. Les sionistes se souviennent également qu'aux Communes, Ernest Bevin, le secrétaire au Foreign Office, a voté à plusieurs reprises contre le Livre blanc.

Dix jours après l'arrivée au pouvoir de Clement Attlee, Ben Gourion est à Londres pour rencontrer le nouveau secrétaire aux Colonies, George Hall, et lui présenter une série de revendications : l'autonomie juive (à défaut de souveraineté) et l'admission immédiate en Palestine de cent mille réfugiés d'Europe. Mais son interlocuteur prend très mal ces exigences et l'entretien tourne au fiasco. Le 25 août, Hall propose d'ajouter mille quatre cents certificats d'immigration aux deux mille qu'autorisaient les quotas du Livre blanc et, dit-il, « *à condition que les Arabes l'acceptent* [5] ». La Grande-Bretagne fait face à l'énorme tâche de relancer l'économie du pays après une guerre qui l'a menée au bord de la banqueroute. Les devises étrangères font défaut et Londres entend d'abord assurer son approvisionnement en pétrole. De bonnes relations sont indispensables avec les pays qui, depuis le 22 mars, sont unis dans le cadre de la Ligue arabe.

L'Amérique monte en ligne

Les dirigeants sionistes se tournent vers Harry Truman, le nouveau président des États-Unis. Son prédécesseur, Franklin D. Roosevelt, qui avait pourtant affirmé à plusieurs reprises que le sort des Juifs d'Europe le préoccupait au plus haut point, n'avait jamais été jusqu'à prendre des mesures concrètes. Washington n'avait pas élargi les quotas d'immigration aux États-Unis durant la guerre. Après la conférence de Yalta en février 1945, Roosevelt s'était rendu en Arabie Saoudite pour y rencontrer le roi Ibn Saoud. Cet entretien, et l'attitude nettement pro-arabe du Département d'État, avait incité le président à se montrer extrêmement prudent sur la question de la Palestine. « *Rien,* avait-il dit, *ne peut être fait en Palestine en raison de la situation arabe.* »

Harry Truman, qui est arrivé à la Maison-Blanche après la mort de Roosevelt en avril 1945, aborde le problème par le biais humanitaire et charge un haut fonctionnaire, Earl Harrison, d'examiner les conditions de vie des réfugiés juifs en Europe. Son rapport est remis à la Maison-Blanche le 24 août :

« *Trois mois après [la capitulation de l'Allemagne], de nombreuses personnes déplacées juives [...] vivent derrière des barbelés dans divers camps (construits par les Allemands pour [parquer] les travailleurs esclaves et les Juifs, y compris certains des camps de concentration les plus tristement célèbres) dans des conditions de surpeuplement, sans sanitaires et, en général, sinistres ; [...] sans la possibilité – sauf furtivement – de communiquer avec le monde extérieur. Ils attendent dans l'espoir de recevoir quelques mots d'encouragement et un geste en leur faveur. [...]*

Si certains commandants [américains] de camps ont réussi, en surmontant de grandes difficultés, à fournir des vêtements à toutes les personnes juives placées sous leur responsabilité, fin juillet, celles-ci ne disposaient pas d'autre vêtement que cet uniforme hideux du camp de concentration, un pyjama rayé, quand certains étaient même obligés de porter des uniformes de SS allemands. Quel vêtement exècrent-ils davantage ? [...]

Liée à la question des réfugiés qui ne désirent pas retourner dans leur foyer, il y a celle de la Palestine. Aujourd'hui, alors que les données quantitatives ont complètement changé et qu'il existe un réel courant de sympathie pour ces survivants qui ont tant souffert, une extension ou la modification du Livre blanc britannique devrait être possible sans répercussions trop graves. Aux yeux de certains Juifs européens, il n'existe pas d'autre solution acceptable – ou même décente – que la Palestine. Ceci étant dit d'un point de vue purement humanitaire, sans référence à quelque considération idéologique ou politique que ce soit à propos de la Palestine.

Je comprends, à partir des informations disponibles, que le nombre de certificats d'immigration en Palestine sera épuisé à la fin de ce mois [août 1945]. De quoi sera fait l'avenir ? Pour toute personne qui a visité les camps de concentration et parlé à ces survivants désespérés, la fermeture prochaine des portes de la Palestine est une calamité.

L'Agence juive pour la Palestine a soumis au gouvernement britannique une demande d'octroi de cent mille certificats d'immigration supplémentaires. Le mémorandum qui accompagne cette demande comporte des arguments convaincants sur la capacité d'absorption de la Palestine. [...]

Il est exact que le peuple allemand dans son ensemble n'a aucun sentiment de culpabilité à propos de la guerre et de ses conséquences, et si notre politique doit être de "convaincre les Allemands qu'ils ont subi une défaite totale et qu'ils ne peuvent échapper à la responsabilité de ce qu'ils se sont eux-mêmes infligés", il est difficile de comprendre pourquoi tant de personnes déplacées, surtout parmi celles qui ont été persécutées pendant si longtemps et dont le rapatriement est retardé, devraient vivre dans des camps aussi rudimentaires et surpeuplés alors que les Allemands, surtout dans les zones rurales, continuent de vivre normalement chez eux.

Nous donnons l'impression de traiter les Juifs de la même manière que les nazis, l'extermination en moins. Ils se trouvent en grand nombre dans des camps de concentration ; au lieu d'être gardés par des SS, ils sont placés sous la garde de nos soldats. Et les Allemands, en constatant cela, pourraient imaginer que nous ne condamnons pas la politique nazie [6]. »

Truman donne immédiatement l'ordre au général Eisenhower, le commandant en chef des forces américaines en Europe, d'améliorer les conditions de vie des survivants juifs, notamment en réquisitionnant les foyers allemands pour les y installer. Le 31 août, il écrit à Clement Attlee pour lui demander d'accepter immédiatement l'immigration de cent mille Juifs européens en Palestine. Le cabinet travailliste met quinze jours à réagir. La lettre rédigée par le Foreign Office est une fin de non-recevoir. Le gouvernement britannique rejette la notion selon laquelle les Juifs auraient souffert plus que les autres victimes du nazisme et propose de transporter trente-cinq mille réfugiés en Afrique du Nord. *« Au sujet de la Palestine, nous devons prendre en compte non seulement les Juifs mais aussi les Arabes. Il y a les engagements solennels de votre prédécesseur, de vous-même et de M. Churchill, selon lesquels on procéderait à des consultations avec les Arabes avant toute décision définitive. Il serait malavisé de trahir ces promesses et d'embraser ainsi le Proche-Orient dans son ensemble* [7]. »

Fin de saison en Palestine

En Palestine, la « saison » tire à sa fin. Les chefs du Palmach et de la Haganah se réunissent dans un kibboutz et expriment leur mécontentement face à la capture et aux dénonciations de militants de l'Irgoun. Leur malaise est également fait de frustration : eux aussi voudraient passer à l'action contre le pouvoir mandataire. C'est que les dirigeants politiques ne sont pas insensibles au grognement de leurs troupes et qu'ils redoutent que les hommes de l'Irgoun n'apparaissent comme des martyrs aux yeux de l'opinion.

L'Irgoun et le LEHI coopèrent depuis le mois de juin 1945. Un comité politique commun a été mis sur pied, composé, pour l'Irgoun, de Menahem Begin et Haïm Landau, et pour le groupe Stern, de Nathan Yelin Mor et Yitzhak Shamir. Ils « *décident des actions de guerre* ». Quatre hommes planifient les opérations : Yashka Levstein et Shlomo Pozner du LEHI, Eytan Livni* et Betzalel Amitsour de l'Irgoun. L'accord ne porte ni sur les saisies d'armes ni sur le financement des structures [les hold-up], sujets sur lesquels chaque mouvement conserve sa liberté d'action.

La première attaque conjointe a lieu le 23 juillet 1945 à Yavneh. Sous le commandement d'un officier de l'Irgoun, un groupe composé de militants des deux organisations a fait sauter un pont de la ligne de chemin de fer Le Caire-Beyrouth.

Le Centre joue alors sur les deux tableaux puisqu'il est toujours en contact avec la Haganah. Pendant toute la « saison », Yelin Mor a d'ailleurs poursuivi ses entretiens avec Eliahou Golomb puis, après le décès de ce dernier en juin, avec son successeur, Moshe Sneh. Les chefs travaillistes espèrent neutraliser le groupe Stern en le phagocytant d'une manière ou d'une autre.

Les organisations sont fin prêtes. L'Irgoun qui, au printemps 1945, ne disposait plus que de quelques centaines de kilos d'explosifs, et dont les caisses étaient presque vides, a lancé une campagne de « renflouement ». Le 13 juillet, près de Rosh Haayn, l'organisation procède à la « saisie » d'un camion britannique transportant plusieurs tonnes de dynamite ; un policier est tué. Le 7 août, « confiscation » de 3 500 livres palestiniennes à l'Agro Bank à Tel-Aviv. Le 15, vol de plusieurs tonnes d'explosifs dans les entrepôts de la société de construction Solel Boneh. Le 11 octobre, un commando dirigé par Amihaï Paglin attaque une base britannique à Rehovot et s'empare de deux cent dix-huit fusils et de quinze mitrailleuses. Le lendemain, la police militaire appréhende une vingtaine de soldats juifs affectés dans cette

* Eytan Livni est le père de Tzipi Livni, le ministre des Affaires étrangères de l'État d'Israël en 2007.

caserne. L'un d'entre eux, suspecté d'être un militant du LEHI, est placé en détention administrative. Le groupe Stern effectue, lui aussi, quelques hold-up[8].

Face à une situation qui se détériore rapidement, les autorités mandataires réclament des renforts militaires, et l'état-major britannique dépêche en Palestine une unité aguerrie : la 6e division aéroportée, alors au repos à Wismar, sur la mer Baltique. Elle commencera son déploiement le 16 septembre.

Une taupe à l'Agence juive ?

L'offensive de la Haganah contre l'organisation de Menahem Begin est suspendue mais, discrètement, Teddy Kollek, l'un des responsables des services de renseignements de l'Agence juive, poursuit sa coopération avec l'Intelligence Service. Originaire de Hongrie, éduqué en Autriche, il a immigré en Palestine en 1935 pour, deux ans plus tard, participer à la création du kibboutz Ein Gev, sur les rives du lac de Tibériade. Officier de liaison de la Haganah auprès de l'état-major britannique au Caire durant la guerre, il a conservé d'excellentes relations avec quelques membres des services spéciaux de Sa Majesté à qui, selon des documents secrets déclassifiés en 2007, Teddy Kollek fournit régulièrement des informations. Le 10 août, il révèle ainsi à un agent britannique l'emplacement d'un camp d'entraînement de l'Irgoun à Shouny, près de la localité de Benyamina. La police y effectuera une descente six jours plus tard. Vingt-sept jeunes militants, parmi lesquels trois femmes, seront capturés. Leur armement sera saisi. Une dénonciation manifestement destinée à crédibiliser l'analyse politique présentée par Kollek à son contact qui l'a transmise ainsi à Londres :

« Il m'a dit : Contrairement à ce que nous pensons, la Haganah ne contrôle pas le groupe Stern [...]. La Haganah a contacté le Stern et l'Irgoun [...]. Le terrorisme est une catastrophe pour le sionisme

et l'Agence juive rejette les méthodes terroristes [...]. Jusqu'à ces derniers jours, toutes les propositions de la Haganah ont été rejetées. La Haganah a même annoncé que si les organisations terroristes cessaient leurs activités temporairement, ils [la Haganah] leur proposeraient de participer à de futurs combats s'ils éclatent, notamment dans le cadre de l'immigration illégale [...]. Ces derniers jours, le contact a été établi [par la Haganah] avec le groupe Stern, par l'intermédiaire d'une boîte aux lettres, et avec l'Irgoun par une personne qui serait un maire juif bien connu. Kollek a ajouté que cette personne était responsable de la politique financière de l'Irgoun.

La Haganah a demandé aux deux organisations d'accorder au nouveau gouvernement [britannique] le temps de préciser sa politique envers le sionisme. Il [Kollek] affirme que l'Irgoun a accepté. Le groupe Stern a fait une annonce similaire[9]. »

Les services de renseignements britanniques, qui considèrent à coup sûr Teddy Kollek comme une taupe au sein de l'Agence juive, lui donnent un nom de code : « Scorpion[10] ». Mais il n'est pas certain que ce soit le cas. Sur la foi des documents publiés en 2007, celui qui deviendra le célèbre maire de Jérusalem paraît plutôt intoxiquer les services britanniques en leur fournissant des tuyaux crédibles sur l'Irgoun tout en manipulant les informations concernant la Haganah.

Paris, capitale du soutien à la cause sioniste

Ben Gourion est à Paris, où il retrouve de nombreux alliés de la cause sioniste au sein du gouvernement provisoire de Charles de Gaulle et de la classe politique. Des relations nouées dès le début des années quarante : deux bataillons des Forces françaises libres avaient été stationnés en Palestine, où l'Agence juive collaborait ouvertement avec les gaullistes. La Haganah avait mis à leur disposition un émetteur, la Radio Levant-France libre, qui diffusait depuis Haïfa. Les animateurs de cette station s'appelaient François Coulet,

Raymond Schmittlein et Jean Fleuriot. La liaison était assurée par Maurice Fischer, officier à la fois de la Haganah et des FFL*. Le consul de Vichy à Jérusalem ne manquait alors pas une occasion de souligner que ni les Anglais ni les Arabes n'aidaient les combattants de la Croix-Rouge gaulliste. Quoi qu'il en soit, le général de Gaulle connaissait parfaitement la situation en Palestine, où il avait effectué une tournée d'inspection en mai et juin 1941 lors de l'opération contre les forces de Vichy au Liban.

Anciens de la Résistance et des FFL, Juifs et non-Juifs sont solidaires du combat sioniste. Des ministres, comme Paul Ramadier qui sera déclaré Juste parmi les Nations par Yad Vashem, le mémorial de la Shoah à Jérusalem, pour son action dans la Résistance en faveur des Juifs persécutés ; Édouard Depreux ; Daniel Mayer, Juif, résistant, chef de réseau ; Jules Moch, Juif et résistant lui aussi, et dont le fils a été assassiné par la Milice. Roger Wybot, combattant antinazi de la première heure, dirige pour sa part la Direction de la surveillance du territoire (DST) et apporte une aide directe aux sionistes. Me André Blumel, avocat et chef de cabinet du ministre de l'Intérieur, Adrien Tixier, est chargé du soutien aux organisations juives palestiniennes. Le contexte a été rendu favorable par la rancœur et les sentiments antibritanniques qu'ont éprouvés de nombreux militaires français après l'affaire du Levant.

Le QG européen de la Haganah est alors installé à Paris. Un des centres logistiques du Mossad le Alya Bet (l'organisation de l'immigration illégale dite « B ») est installé à l'hôtel Métropole près de l'Étoile. Grâce aux fonds collectés aux États-Unis et à l'aide du gouvernement français, son chef, Shaul Avigour, va pouvoir affréter des navires, les charger de réfugiés et les envoyer vers les côtes de Palestine…

---

* Au nom des FFL, Maurice Fischer a conclu en 1942 un accord avec l'Irgoun. Après la guerre, il sera diplomate et ambassadeur d'Israël en France.

L'émetteur radio de la Haganah est installé dans une mansarde du Quartier latin, dans la chambre de Victor Zypstein, qui tient par ailleurs un magasin de postes de radio place Dante. Ancien de l'Armée juive, le mouvement de résistance sioniste, il avait combattu les nazis dans la région de Toulouse sous les ordres d'Abraham Polonski, surnommé « Monsieur Pol[11] ». Deux opératrices venues d'un kibboutz assurent les transmissions radio codées en hébreu. Le 1er octobre, elles adressent à Moshe Sneh un message chiffré en douze points signé « Avi Amos », ce qui signifie en hébreu : père d'Amos (le fils de Ben Gourion s'appelle Amos[12]) :

« Préparer, en plus de l'immigration "B", l'immigration "G" armée qui affrontera la police, en mer ou sur la côte. Chaque convoi comprendra une compagnie équipée de véhicules, de grenades et d'armes automatiques. Le commandement de chaque navire d'immigration "G" sera assuré par un de nos garçons venus du pays.

L'opération en Europe (achats, entraînement, financement, communication radio, transfert d'immigrants "B" et "G") implique la création d'un commandement central en France [...]. Ne pas attendre une réaction du gouvernement britannique. Ce qui compte, pour nous, c'est la poursuite du Livre blanc dans les faits. Le maintien du Livre blanc est une déclaration de guerre au peuple juif. Notre peuple, sans patrie et opprimé, doit se battre avec tous les moyens à sa disposition.

Il ne faut pas limiter la réaction en Palestine à l'immigration et à la colonisation. Il est nécessaire de procéder à "S" [sabotage] et "R" [représailles]. Pas de terrorisme individuel. Mais des représailles pour chaque Juif assassiné par le gouvernement du Livre blanc. Chaque opération "S" doit être importante et faire de l'effet. Éviter autant que possible les pertes humaines.

Il faut inviter les deux mouvements rivaux à une coopération totale, à condition qu'ils acceptent un commandement unique et une discipline totale. Un effort pour assurer l'unité du Yishouv est indispensable, surtout parmi les combattants.

La réaction doit être permanente, audacieuse, réfléchie, sur une longue durée. Pas d'ultime bataille. Ne pas espérer une victoire rapide et facile.

Surveiller les mouvements des gardes-côtes et informer les amis en France du nombre de navires, du nombre de policiers à bord de chacun, de leur équipement, de leurs armements[13]. »

Ben Gourion visite les camps

Lieutenant-colonel et aumônier des forces américaines en Europe, le rabbin Judah Nadich doit partir pour Paris, le 18 août 1945, afin d'y être décoré de la médaille de guerre par le Gouvernement provisoire de la France. À la suite du rapport Harrison, il a été nommé conseiller pour les affaires juives auprès du général Dwight Eisenhower, le commandant en chef, et doit veiller à l'amélioration des conditions de vie des rescapés de la Shoah. À Francfort, avant qu'il ne monte dans le train, un officier du quartier général lui tend un télégramme. Connaît-il un certain David Ben Gourion qui demande l'autorisation de visiter les camps en zone d'occupation américaine ? Nadich répond qu'il trouve l'idée excellente : n'est-elle pas de nature à remonter le moral des réfugiés ? Arrivé dans la capitale française, grâce à ses contacts avec le Mossad le Alya Bet – organisation avec laquelle il collabore discrètement –, le rabbin obtient l'adresse où loge le président de l'Agence juive. Les deux hommes partent le soir même pour l'Allemagne. À Francfort, le lendemain, Ben Gourion est reçu par Eisenhower qui met à sa disposition une voiture avec chauffeur. L'après-midi, Nadich l'emmène visiter le camp de réfugiés Zeilsheim, qui abrite trois mille cinq cents rescapés juifs.

Lorsqu'il pénètre dans l'amphithéâtre bondé, l'assistance, en larmes, entonne spontanément la *Hatikva*, l'hymne sioniste. Ben Gourion prend la parole, promet à ces femmes et à ces hommes que les Juifs de par le monde savent à présent ce qui leur est arrivé et ne les oublient pas. *« Les Juifs, en Terre d'Israël, les attendent et,* dit-il, *feront tout leur possible pour qu'ils puissent les y rejoindre. »*

Le comité du camp, une douzaine de personnes au total, vient dans la soirée pour le rencontrer à Francfort. Tous affirment vouloir immigrer en Palestine. Ben Gourion leur annonce que l'Agence juive envisage de demander à tous les Juifs de quitter à une date précise les camps de personnes déplacées pour marcher vers la frontière italienne jusqu'à un port où des bateaux les emmèneront vers la Palestine : *« Il y aura des soldats à la frontière qui pourraient ouvrir le feu sur vous. L'armée américaine en Allemagne pourrait tenter de vous ramener dans les camps. Vous n'aurez peut-être pas assez d'eau et de nourriture. La police pourrait vous arrêter, vous jeter en prison [...]. Vous, et les autres réfugiés, accepteriez-vous un tel ordre de quitter le camp et de défier les Américains et leurs alliés ? »* Les membres du comité de Zeilsheim répondent d'une même voix : *« Informez-nous de la date et de l'heure que vous aurez arrêtées et nous obéirons ! »*

En fait, le projet n'existe pas. Ben Gourion voulait tout simplement tester la volonté de ses interlocuteurs[14]...

Les jours suivants, Ben Gourion visite Dachau et Bergen-Belsen où, pour la première fois, il prend toute la mesure de ce que fut la Shoah. Quelques semaines plus tard, il publiera ce texte :

« J'ai vu les chambres à gaz où des centaines de Juifs, hommes et femmes, vieux et jeunes, enfants et nouveau-nés, ont été asphyxiés chaque jour. Ils ont été conduits à ces chambres comme s'ils devaient pouvoir y prendre une douche et, par le guichet, les nazis regardaient les Juifs se tordre de douleur dans l'agonie de la mort. J'ai vu les fours crématoires où des centaines de milliers, des millions de Juifs de tous les pays, d'ouest et d'est, du sud et du nord, de toutes les communautés, de toutes les classes, de tous les partis ont été incinérés. J'ai vu les gibets de Belsen où, à chaque fête juive, des Juifs étaient pendus alors que les autres détenus devaient assister à la punition imposée à ceux qui étaient arrivés au travail avec peut-être quelques minutes de retard. J'ai vu les chenils où étaient élevés des chiens féroces, entraînés à attaquer les retardataires, là où les Juifs étaient menés au travail où à la mort. J'ai vu les chevalets où des Juifs,

hommes et femmes, attachés nus, servaient de cibles aux gardiens. J'ai vu les pitoyables survivants du judaïsme européen, les survivants des six millions qui ont été massacrés sous le regard d'un monde indifférent qui est resté insensible et froid face au destin d'un peuple pourchassé et torturé au cours de ses deux mille ans d'exil. Ces quelques survivants sont résolus à ne pas retourner vivre dans les pays qui sont devenus les cimetières de leurs proches, de leurs frères et sœurs, de leurs parents et de leurs amis. Des milliers d'entre eux sont morts depuis leur libération. J'ai vu des fosses communes contenant chacune deux mille cinq cents à cinq mille corps anonymes.

De ces survivants, sauvés par miracle des chambres à gaz, des camps de travail forcé, de la torture, du danger et de l'humiliation, j'ai rapporté deux messages. Le premier parle de l'unité d'Israël. Le bourreau n'a pas fait de discrimination. Les Juifs sont morts ensemble ; ensemble ils ont résisté aux nazis ; ensemble ils ont été torturés sans distinction d'origine, de classe ou de parti. Un peuple uni dans la souffrance et la mort doit être uni pour sa survie et son avenir. Le second message fait écho à l'appel des millions de ceux qui ont péri au reste du peuple juif et à la conscience du monde pour que jamais ils ne remettent en question la dernière volonté de ceux qui ont agonisé dans les trains de la mort, les chambres à gaz et les fours crématoires. Le rêve de Sion est le dernier espoir d'avenir possible pour les générations juives [à venir]. C'est l'espoir que ce qui reste d'Israël revienne dans sa patrie[15]. »

FÉDÉRATION DES FORCES MILITAIRES

En Palestine, les négociations entre les organisations paramilitaires ont commencé. Elles sont menées par Menahem Begin et Yitzhak Livneh de l'Irgoun, Moshe Sneh et Israël Galili de la Haganah, Nathan Yelin Mor et Yitzhak Shamir pour le LEHI. Elles durent plusieurs semaines. Le LEHI et l'Irgoun refusent leur intégration au sein de la Haganah, mais acceptent de ne plus commettre d'opérations indépendantes. Les responsables de l'Agence juive, informés de ces pourparlers, entérinent en grinçant des dents. L'idée de collaborer avec les révisionnistes de l'Irgoun ne plaît pas à tout le monde. Mais le Mouvement de résistance hébreu (MRH) voit le jour. Menahem Begin a révélé les détails de l'accord :

« 1. La Haganah s'engage dans la lutte militaire contre le pouvoir britannique.

2. L'Irgoun et le LEHI ne lanceront d'opérations qu'avec le consentement du commandement du MRH.

3. L'Irgoun et le LEHI exécuteront les opérations décidées par le commandement du MRH.

4. Les discussions sur les opérations à réaliser ne seront pas formelles. Les représentants des trois organisations se rencontreront régulièrement et autant que de besoin. Ils examineront notamment les aspects politiques et opérationnels des actions.

5. Après l'autorisation de chaque opération, des experts des trois organisations en décideront les détails opérationnels.

6. L'approbation du commandement ne sera pas nécessaire pour les opérations d'"acquisition" [les saisies d'armes]. Pour cela, l'Irgoun et le LEHI conservent leur autonomie d'action.

7. Le présent accord est fondé sur la nécessité d'agir.

8. Si, à l'avenir, la Haganah est contrainte d'abandonner la lutte militaire contre l'occupant britannique, l'Irgoun et le LEHI continueront le combat [16]. »

Sept responsables de l'Agence juive devront donner le feu vert à chaque opération, notamment Lévy Shkolnick qui deviendra, des années plus tard, Premier ministre de l'État d'Israël sous le nom de Lévy Eshkol. Appelés le Comité des X, ils ne signent pas de leurs noms. Le commandement proprement dit est formé du chef d'état-major de la Haganah, Moshe Sneh, qui en sera le patron, d'un second représentant de la Haganah, l'Irgoun et le LEHI y ayant envoyé chacun un représentant. Le contact est établi par l'intermédiaire d'une boîte aux lettres située dans l'entrée d'un immeuble de la rue Dizengoff, à Tel-Aviv. Les agents de liaison viennent y déposer et prendre les messages. Menahem Begin a mis une condition à l'entrée en vigueur de l'accord : la libération d'Elie Tavin, détenu par le Palmach depuis le mois de février 1945. Le militant de l'Irgoun retrouve la lumière du jour après six mois de détention.

Teddy Kollek, de son côté, poursuit sa mission d'intox. Le 13 septembre, il informe son contact britannique qui le rapporte ainsi à Londres :

« *La Haganah a rencontré il y a trois jours des représentants du groupe Stern et leur a dit qu'ils devaient s'abstenir de toute activité terroriste, notamment contre l'administration [mandataire] pendant les trois prochaines semaines. La raison étant qu'il devait se passer des choses à Londres au sujet de l'affaire de Palestine [sic]. La Haganah a fait valoir que toute action terroriste prématurée aurait un effet extrêmement négatif. Kollek a déclaré qu'il n'avait pas assisté personnellement à la rencontre entre les deux groupes mais que les sternistes avaient fait comprendre à la Haganah qu'ils parlaient également au nom de l'Irgoun. Il a souligné que c'était la preuve définitive que le Stern et l'Irgoun coopéraient pleinement. Il pense qu'aucun de ces groupes terroristes ne s'est engagé à ne pas commettre d'attaque au cours des prochaines semaines. À son avis, cela n'inclut pas les hold-up. […] Il a évoqué les efforts de l'Agence juive pour pousser les terroristes [à la modération] et révélé que les dernières rencontres [avec les terroristes] n'étaient absolument pas joyeuses* [sic][17]. »

Le 9 octobre, un bataillon du Palmach (deux cent cinquante hommes) libère deux cent huit immigrants illégaux emprisonnés dans le camp d'Athlit. C'est la première attaque antibritannique de cette unité d'élite. Le 16, un commando de la Haganah venu du kibboutz Ramat Rachel, près de Jérusalem, s'empare d'une importante quantité d'explosifs appartenant à une société britannique d'exploitation des phosphates de la mer Morte.

Les chefs du LEHI sont satisfaits. La petite organisation mise sur pied par Avraham Stern a non seulement survécu aux coups du CID, mais elle a acquis la respectabilité en servant de médiateur entre la Haganah et l'Irgoun. Le problème, pour elle, est de protéger son infrastructure clandestine et de ne pas se découvrir. Shamir, le chef des opérations, reste autant que possible dans l'ombre.

Le Centre entend en outre développer ses activités à l'étranger. Un premier envoyé, Herzl Amikam, est parti pour l'Italie avec pour mission d'y créer une section du groupe Stern. Durant l'été, dans un appartement de Tel-Aviv, Yelin Mor a eu une longue conversation avec un représentant français, un certain commandant Pick. Le contact est établi avec les services français à Beyrouth par l'intermédiaire de Gabriel Masseri et d'un certain colonel Alessandri de la France libre.

À Haïfa, un matin, Yehouda Gour, qui, en 1940, avait été chef de groupe en compagnie d'Yzernitzky et remplaçait à présent Yashka Levstein à la tête de la section locale du LEHI, a la surprise de recevoir un message urgent de Shamir : *« Ta sœur, Esther Weiz, est en visite dans le pays, elle sera demain dans tel hôtel à Tel-Aviv. »* Esther Weiz n'avait pas suivi l'exemple de son frère, elle était restée en Tchécoslovaquie où elle était devenue l'une des responsables du parti communiste. Le LEHI cherche alors des ouvertures à l'Est[18].

L'analyse de la situation par Yelin Mor l'a, en effet, conduit à conclure que l'Union soviétique peut devenir un allié du LEHI sur la base de la lutte commune contre l'impérialisme britannique à laquelle, très vite, il ajoutera l'impérialisme américain. Le LEHI parle donc à cette époque de « lutte des classes » et du rôle des pionniers socialistes dans la formation du futur État juif. Des chercheurs verront là le début d'une « gauchisation » du groupe Stern. Pour d'autres, ces développements idéologiques annoncent la rupture entre les deux pôles de l'organisation. Quoi qu'il en soit, à cette époque, le LEHI prône la création de l'État d'Israël sur l'ensemble du territoire de la Palestine, conformément à la revendication maximaliste des révisionnistes. Dans les publications du LEHI, ces tendances « gauchisantes » s'expriment dans les articles de Yelin Mor. Mais il ne fait pas de doute qu'Yitzhak Shamir, qui a été élevé dans une famille proche du mouvement communiste, l'approuve.

Le 20 octobre, les services de renseignements britanniques en Palestine adressent à Londres le compte rendu d'une nouvelle rencontre avec Teddy Kollek. Ils sont inquiets. Vingt adolescents de l'Irgoun capturés à Shouny le 16 août ont été condamnés à des peines de sept à trois ans de prison, et les autorités sont persuadées que l'Irgoun va kidnapper une vingtaine d'enfants britanniques : « *Kollek est persuadé que l'Irgoun n'entreprendra pas de représailles. À propos d'une [éventuelle] action commune de la Haganah, de l'Irgoun et du Stern, il a déclaré qu'il y avait eu trois rencontres entre ces organisations au cours des dernières semaines. La Haganah a fait de gros efforts pour briser l'Irgoun et influencer ses militants pour qu'ils rejoignent la Haganah. Il en a été de même pour les sternistes. Aucune de ces deux organisations n'est prête à perdre son identité et accepter les propositions de la Haganah [...]. La Haganah a supplié les terroristes de ne pas commettre d'attentat avant la déclaration [attendue] du gouvernement de Sa Majesté [...]. Les terroristes ont fait une contre-proposition. Un comité représentant toutes les parties serait formé, qui superviserait toutes les actions des trois organisations. La Haganah aurait refusé, considérant qu'elle serait considérée comme responsable des opérations que les terroristes pourraient exécuter sans l'accord du comité conjoint*[19]. » Est-ce de l'intox ? En tout cas, Kollek offre à la Haganah l'opportunité de condamner une opération qui ne serait pas de son goût...

Le Yishouv contre Bevin

De retour à Paris, Ben Gourion s'impatiente. Il envoie, le 30 octobre, un télégramme codé aux chefs de la Haganah en Palestine : « *Répondez : l'absence d'action est-elle due aux circonstances ou relève-t-elle d'une politique*[20] *?* »

La réponse lui parvient, quarante-huit heures plus tard. Le Mouvement de résistance hébreu déclenche sa première offensive dans la nuit du 1er novembre. Des unités de la Haganah, de l'Irgoun et du LEHI attaquent simultanément les voies ferroviaires en près de deux cents points du territoire palestinien ; trois embarcations des gardes-côtes sont coulées. Le seul accrochage suivi de morts d'hommes a lieu près de la gare de Lod : un militant de l'Irgoun, un soldat britannique et deux employés des chemins de fer ont été tués au cours de l'échange de tirs, mais le commando de saboteurs dirigé par David Shomron, du LEHI, est parvenu à faire sauter tous ses objectifs.

La presse londonienne analyse l'opération le lendemain et conclut que si les dégâts matériels sont importants (200 000 livres palestiniennes) et les pertes en vies humaines réduites, la coordination des attaques est impressionnante. Cette fois, l'administration britannique fait face à un ennemi sérieux. Cela ne l'empêche pas, le 5 novembre, d'annoncer que le nombre de soixante-quinze mille certificats d'immigration prévu par le Livre blanc est atteint.

Une allocution d'Ernest Bevin aux Communes est annoncée le 13. Durant la matinée, Ben Gourion, qui vient d'arriver de Paris, est convoqué au Colonial Office en compagnie de Moshe Shertok. Hall, le ministre, leur remet le texte du discours que Bevin va prononcer. Il n'est pas question d'annuler le Livre blanc. Au contraire, le chef de la diplomatie britannique présente l'immigration juive en Palestine comme « *une déportation hors d'Europe* ». Une commission d'enquête anglo-américaine, expose-t-il, va être formée pour examiner le sort des réfugiés et les conditions d'une éventuelle immigration en Palestine. Elle aura cent vingt jours pour achever ses travaux. D'ici là, seuls mille cinq cents certificats seront accordés mensuellement. À l'occasion d'une conférence de presse, Ernest Bevin prononce quelques phrases qui attisent encore la colère des sionistes : *« Si les Juifs cherchent à tout prix à resquiller, ils risquent de susciter des réactions antisémites un peu partout dans le monde. Ils seraient bien employés à la reconstruction de la Pologne et de l'Allemagne. »*

Au même moment, à Jérusalem, John Shaw, le secrétaire général du gouvernement mandataire, reçoit des responsables de l'Agence juive. Il leur lit le discours de Bevin et leur lance un avertissement : *« Toute violence sera réprimée par la force. »* La délégation lui répond que le peuple juif n'acceptera jamais une telle politique.

Les instances du Yishouv lancent un appel à la grève générale pour le lendemain, 14 novembre 1945, de midi à minuit. Le mouvement est suivi massivement. Un peu partout, des meetings réunissent des foules nombreuses. Dans le centre de Tel-Aviv, trente mille personnes mettent à sac les bureaux de l'administration mandataire, la Poste centrale et d'autres institutions britanniques. Les autorités font appel aux bérets rouges, dont c'est le baptême du feu en Palestine. Selon l'historien de la 6e division aéroportée, « *la foule était formée de plusieurs milliers de personnes, essentiellement les hooligans de la ville. Leur tactique de jets de pierre massifs a infligé des blessures, certaines sérieuses, d'autres légères, aux policiers et aux militaires. Après plusieurs sommations, nos soldats ont ouvert le feu, un nombre limité de tirs, effectués sous le commandement direct d'un officier. Le feu a eu l'effet désiré, et la foule s'est retirée, mais s'est dirigée vers d'autres lieux de la ville. À 19 h 35, la Poste centrale et les bureaux des contributions directes ont été incendiés. Dans la soirée, le calme a été rétabli*[21] ». Le bilan est lourd : neuf tués par balles et quatre-vingt-six blessés parmi les manifestants. Les Britanniques ont eu trente-sept blessés. Le couvre-feu est imposé sur Tel-Aviv. Il sera maintenu jusqu'au 20 novembre.

La rupture est définitive entre la communauté juive de Palestine et les Britanniques. Les chirurgiens de l'hôpital Hadassah constatent que, parmi les blessés juifs, dix-huit ont entre huit et seize ans et quatorze entre seize et vingt ans, soit une proportion d'enfants et d'adolescents importante. Le *Palestine Post* réclame une enquête en bonne et due forme, et *Davar*, l'organe de la Histadrout, publie une caricature qui lui vaut une interdiction de paraître pendant une semaine – un dialogue entre deux médecins devant des lits d'hôpital où sont étendus des enfants : *« Bons tireurs ! Les cibles étaient pourtant petites ! »* Le rédacteur en chef du *Palestine Post* demande rendez-vous à John Shaw, pour protester à nouveau contre la censure. Il lui montrera, à cette occasion, la lettre envoyée à son journal par un soldat britannique qui, sur la foi de conversations avec ses camarades, affirme que 75 % d'entre eux éprouvent du plaisir à tirer sur les Juifs. Le secrétaire général, embarrassé, affirmera qu'il s'agit certainement d'un faux[22].

L'ESCALADE

Le 21 novembre, la Palestine a un nouveau haut-commissaire : sir Allan Cunningham, l'ancien commandant du 8e corps d'armée britannique. Deux jours plus tard, il affronte sa première crise. Des destroyers de la Royal Navy interceptent le cargo *Dimitrios*, affrété par la Haganah qui l'avait baptisé *Berl Katznelson* en l'honneur du leader socialiste juif. Deux cents immigrants clandestins parviennent néanmoins à atteindre la plage. Une douzaine de jeunes Palestiniens découverts en mer et porteurs de permis de pêche sont expédiés en détention administrative pour six mois. Vingt autres Juifs, qui n'avaient pas eu le temps de quitter le bateau, sont appréhendés et conduits à Athlit. Vingt-quatre heures plus tard, la Haganah attaque deux postes d'observation des gardes-côtes. Quatorze policiers sont blessés.

C'est l'escalade, chez les Britanniques aussi. Le couvre-feu est instauré sur toutes les routes de la zone côtière entre 17 h 30 et 5 h 30 le lendemain. Le même jour, les *kibboutzim* Givat Haïm, Shfaïm, Rishpon et Hougla sont encerclés par des milliers de militaires et de policiers. Les perquisitions se terminent en bataille rangée avec les habitants des villages voisins venus soutenir les habitants des *kibboutzim*. À Givat Haïm, les soldats ouvrent le feu et tuent sept personnes. Ils procèdent à une centaine d'arrestations. Le major Wilson, l'historien de la 6e division, se plaint en ces termes de l'attitude de la population juive :

« En de trop nombreuses occasions, nos soldats ont été insultés de la manière la plus grossière qui soit, et, dans les villages [juifs], ils ont dû fréquemment faire face à une violence qui ne pouvait être endiguée que par la violence, la résistance passive ne pouvant être

brisée que par la force. Ce fut dans l'ensemble une affaire particulièrement désagréable, d'autant plus que la fraction de la communauté [juive] respectueuse des lois – qui représente la grande majorité – a trop fréquemment pris parti pour les voyous. S'ils avaient pris conscience du type de cancer qui les ronge actuellement, et s'ils avaient été déterminés à l'extirper, les relations avec les militaires [britanniques] auraient été différentes. Auparavant, en Palestine, durant la guerre, ils s'étaient montrés en général amicaux et il n'était certainement pas dans l'intérêt des militaires de susciter une telle haine [...] mais des expressions telles que "Gestapo" *ou* "English bastards" *crachées avec un tel venin ne pouvaient être ignorées indéfiniment et, sans doute, ont-elles suscité une riposte adéquate, mais trop rarement. Les manifestations organisées par les enfants des villages juifs sont un excellent exemple, quoique pathétique, de cette haine distillée [dans la population]. Lors des opérations, ils étaient le plus souvent alignés devant les militaires. Encouragés par les adultes, ils se sont adonnés à une forme vulgaire d'exercice de crachats et, alternativement, se sont mis à entonner une chanson appelée en hébreu* Kalaniot. *Ce chant, destiné aux troupes aéroportées, contient un verset évoquant "le coquelicot au cœur noir* * *". Pour les soldats britanniques, bien connus pour leur amour des enfants, un tel traitement est particulièrement immérité* [23]. »

La commission anglo-américaine a vu le jour. Elle est dirigée conjointement par deux juges : sir John Singleton, de la Cour suprême britannique, et Joseph Hutcheson, de la « Circuit Court » de Houston. En marge de ses travaux se déroule une intense bataille politique. Le 17, le lobbying des personnalités sionistes américaines est récompensé : à Washington, le Sénat adopte en effet une résolution demandant à l'administration Truman de mettre en œuvre « *ses bons offices pour ouvrir la Palestine à l'immigration juive dans les limites de ses capacités d'absorption économique afin d'y établir le Foyer national*

* Les paras britanniques portaient un béret rouge surmonté d'un pompon noir.

juif[24] ». Les États arabes réagissent avec colère à cette prise de position.

Un mois plus tard, avec le feu vert du commandement du MRH, l'Irgoun et le LEHI lancent une nouvelle opération d'envergure : l'attaque simultanée des commissariats centraux à Jérusalem et (pour la troisième fois depuis mars 1944) à Jaffa. Les bâtiments sont en partie détruits. À Jaffa, un policier arabe est abattu. À Jérusalem, sept Britanniques sont tués ainsi qu'un militant du LEHI. Un combattant de l'Irgoun, gravement blessé, est capturé. Le soir, un commando de l'Irgoun, sous le commandement d'Amihaï Paglin, lance un raid contre une base militaire dans le nord de Tel-Aviv. Il saisit un important stock de pistolets-mitrailleurs et prend la fuite en emmenant ses cinq blessés. Un Britannique est tué ainsi qu'un militant. Le couvre-feu est imposé dans les deux villes afin de permettre à l'armée et à la police de procéder à un vaste ratissage. Des milliers de personnes sont interpellées pour vérification d'identité, la plupart détenues pendant vingt-quatre heures sans pouvoir s'alimenter ni aller aux toilettes. Dans le centre de détention de Talbieh, à Jérusalem, des centaines d'adultes juifs sont obligés de défiler au pas à titre de punition. La veille, le 26 décembre, deux cent cinquante immigrants clandestins avaient débarqué d'un petit cargo rebaptisé *Hanah Szenes,* du nom de la parachutiste juive palestinienne assassinée par les Allemands dans les Balkans en 1944.

Mauvaise presse

L'opération a été menée par le Palmach qui s'est offert le luxe d'inviter Jon Kimchi, le correspondant de l'Agence Reuters, à assister au débarquement. Dans son article, celui-ci note que *« les autorités sont manifestement impuissantes face à la révolte juive. Les dirigeants sionistes, tout en condamnant ouvertement les raids, ne collaborent plus avec la police comme c'était le cas par le passé* ». Le *Daily Telegraph* londonien constate, le 29 : « *Il y a en Palestine suffisamment de force militaire pour faire face à une situation d'urgence. Malheureusement, aucune troupe n'est à l'abri de raids sporadiques et d'attaques comme celles de ces derniers jours. Les terroristes juifs sont extrêmement bien armés et organisés [...]. Nos soldats et nos policiers doivent être sur leurs gardes partout et toujours. Ils subissent des provocations incessantes de la part d'enfants juifs qui, conscients de l'impunité que leur confère leur jeune âge, rompent le couvre-feu pour lancer des pierres sur nos hommes. La patience de nos soldats est infinie mais la pression est grande.* »

Seule la presse britannique trouve grâce aux yeux des militaires affectés en Palestine. Selon le major Wilson : « *Les reportages équilibrés publiés par la majorité des journaux britanniques étaient une des rares compensations offertes aux soldats pour effectuer ce travail déplaisant.* » Car, dans l'ensemble, la couverture journalistique du conflit est problématique, si l'on en croit l'historien de la 6e division aéroportée : « *Souvent, lorsque nous devions affronter des extrémistes récalcitrants conscients de l'importance de la propagande, un photographe de presse pouvait aisément prendre des clichés montrant des soldats britanniques se comportant – apparemment – avec brutalité. Tout dépendait de la légende qui apparaissait ensuite dans la presse. Malheureusement, il était impossible d'obliger, même un journal local, de publier un compte rendu juste et équilibré d'une opération. La conséquence fut qu'une grande partie de la presse locale et certains organes de presse internationaux publiaient régulièrement de vicieux articles de propagande antibritannique*[25]. »

L'Irgoun procède à de nouvelles opérations de « renflouement ». Le 8 janvier 1946, hold-up dans le souk de l'or à Jaffa. Les commerçants arabes n'ont pas résisté. Le butin est de 6 000 livres palestiniennes. C'est insuffisant et, quatre jours plus tard, l'organisation attaque le train postal qui transporte du courrier et des fonds d'Haïfa à Qantara en Égypte. Près de Hadera, la locomotive saute sur une mine. Tandis qu'une unité neutralise les policiers chargés de la protection du train, un groupe pénètre dans le wagon et, sous la menace, oblige les employés britanniques à lui remettre les clés du coffre-fort et repart avec la coquette somme de 35 000 livres palestiniennes… et les armes des policiers.

L'alerte est donnée. La région est placée sous couvre-feu. Les militaires perquisitionnent d'abord les quartiers proches de la ligne de chemin de fer puis, plus loin, à Jérusalem, Tel-Aviv, Rishon le Tsion. Sans résultat.

Les opérations se succèdent. Le 19 janvier 1946, un commando conjoint du LEHI et de l'Irgoun tente de faire évader des détenus de la prison centrale de Jérusalem. L'opposition est trop forte, les assaillants sont obligés de se retirer en laissant un mort derrière eux. Deux officiers britanniques sont tués. Le lendemain, le Palmach fait sauter un poste d'observation de la police côtière à Givat Olga. Dix-sept policiers sont blessés. Ils n'avaient pas cru à l'avertissement qui leur avait été lancé par téléphone quelques minutes avant l'explosion. Deux jours auparavant, la Navy avait intercepté un cargo transportant plus de neuf cents immigrants clandestins, la plupart d'anciens partisans juifs polonais et russes. Ils sont tous placés en détention. À partir du 28 janvier, la Palestine vit à l'heure des nouvelles mesures d'urgence mises en place par les autorités mandataires. Le haut-commissaire a désormais tous les droits : ordonner la saisie de tout bateau transportant des immigrants clandestins ; traduire en justice l'équipage et les propriétaires du navire ; déporter ou expulser toute personne suspecte ; appréhender n'importe quel suspect, le placer en détention. L'*habeas corpus* n'existe plus.

L'Irgoun fête l'événement à sa manière. Une jeep des forces de Sa Majesté britannique, suivie d'un camion transportant des ouvriers arabes, pénètre dans la base de l'armée de l'air de Tel Nof et s'arrête devant l'armurerie. Un officier descend de la jeep, pénètre dans le bâtiment et, à la grande surprise des militaires qui s'y trouvent, dégaine un pistolet : *« Haut les mains ! »* C'est Amihaï Paglin, déguisé en fringant capitaine. Les prisonniers sont ligotés et bâillonnés. Plusieurs dizaines de pistolets-mitrailleurs, des mitrailleuses, des munitions sont chargés dans le camion. Le groupe quitte la base sans encombre mais, quelques kilomètres plus loin, le camion s'embourbe. L'Irgoun est obligée d'abandonner son butin.

Le 6 février, le LEHI lance une opération d'« acquisition » dans un dépôt britannique à Holon, au sud de Tel-Aviv, et s'empare d'un pistolet-mitrailleur Bren et de mortiers. L'accrochage est violent. Un officier et un soldat d'origine africaine sont tués. La troupe (noire) tente de poursuivre les attaquants, elle s'en prend aux passants juifs, abat trois civils et en blesse quatre autres. La police militaire rétablit l'ordre. Le commandement du Mouvement de résistance hébreu se réunit et donne le feu vert à une série de raids.

Les douze membres de la commission anglo-américaine doivent arriver dans quelques semaines. Le 20, le Palmach attaque l'unité d'élite de la police britannique. Les raids contre deux camps de la Mobile Force se déroulent sans encombre : les assaillants parviennent à franchir les barbelés, à poser leurs charges explosives et à repartir sans pertes. Mais à Sarona, un faubourg de Tel-Aviv, une autre opération tourne mal. À la suite d'une mauvaise coordination entre les sections du Palmach, les Britanniques ont le temps de riposter. Quatre combattants juifs sont tués. La Haganah leur organisera des funérailles imposantes à Tel-Aviv : des milliers de personnes participeront au cortège funèbre.

Le MRH a décidé que la nuit du 27 février serait celle de l'aviation. Le plan a été élaboré dans le détail par le département des opérations de l'Irgoun. Trois aéroports sont attaqués. À Kastina, les hommes de Menahem Begin détruisent trois bombardiers Halifax et en endommagent sérieusement huit autres. Un combattant de l'Irgoun est tué. À Lod, l'organisation détruit deux avions et en sabote deux autres. À Kfar Syrkin, c'est le LEHI qui passe à l'action. Un commando d'artificiers fait sauter neuf Spitfire. Le groupe d'assaut se retire sans perte. Sur le chemin du retour, il croise l'unité de l'Irgoun qui avait opéré à Lod. Grâce au mot de passe du MRH, ils se reconnaissent...

La Spezia

Quelques jours plus tard, le 6 mars, l'Irgoun salue l'arrivée de la commission d'enquête en pénétrant en plein jour dans le principal camp militaire britannique, Sarafand. Quatorze combattants déguisés en parachutistes pillent l'armurerie du King's Own Hussards, saisissent quelques mitrailleuses et se replient en faisant sauter un dépôt de munitions. Ils laissent tout de même sur place deux blessés qui sont arrêtés. Le 26, un cargo baptisé *Wingate* (du nom de cet officier britannique ami du mouvement sioniste et décédé deux ans plus tôt dans un accident d'avion) achemine deux cent quarante-huit réfugiés. Tous sont détenteurs d'un « *Permis d'entrée en Terre d'Israël* », rédigé en hébreu et en anglais, et affirmant que le titulaire de ce document a été « *déclaré bon pour être rapatrié en Palestine par les représentants du Yishouv, en vertu de l'autorité de la déclaration Balfour, du mandat sur la Palestine, des versets Ézéchiel 37 et Isaïe 54* ». La Haganah organise alors la « nuit *Wingate* ». Des centaines de combattants se massent sur les plages du nord de Tel-Aviv. Les routes d'accès sont minées. Mais la Navy veille. Le cargo est intercepté en haute mer, les immigrants sont enfermés à Athlit. Au cours d'un accrochage avec la police, une militante de la Haganah est tuée.

Le *Wingate* venait d'Italie où se trouve l'un des principaux centres du Mossad le Alya Bet, dirigé par Yehouda Arazi, un officier de la Haganah recherché en Palestine par les Britanniques pour leur avoir volé quelques milliers de fusils en 1943. Il bénéficie de l'aide (peu discrète) de la brigade juive qui, avant sa dissolution, était basée à Tarvisio, dans le nord de l'Italie. Depuis l'armistice, officiers et soldats participent à l'opération de transfert des rescapés de la Shoah vers les côtes méditerranéennes. Dès la fin 1944, à Lublin, en Pologne libérée par l'Armée rouge, de jeunes sionistes ont créé le mouvement clandestin des Juifs survivants de la Shoah dans les régions placées sous contrôle communiste. Des émissaires de l'Agence juive et de la Haganah sont venus renforcer cette organisation appelée Beriha (Évasion). En vertu d'un accord secret passé avec les responsables sionistes, les forces américaines ont accepté le passage de dizaines de milliers de juifs par leur zone d'occupation.

Début avril, une vingtaine de camions de la brigade juive transportent un millier de réfugiés dans le port de La Spezia, en Ligurie, où ils montent à bord des cargos *La Fede* et *Fenice*, rebaptisés pour l'occasion des noms de deux dirigeants sionistes : *Dov Hoz* et *Eliahou Golomb*. Mais, le 5 avril, les forces britanniques qui contrôlent le secteur sont alertées et reçoivent l'ordre d'empêcher l'appareillage des bateaux. Arazi, qui est à bord du *Fede*, annonce que le navire explosera si les militaires tentent l'abordage. Le bras de fer commence et, très vite, la population de La Spezia prend fait et cause pour les Juifs. Des journalistes italiens puis des correspondants de la presse internationale arrivent sur place. Arazi déclare que les passagers se suicideront plutôt que de retourner en Europe et annonce que tous commencent une grève de la faim. Le 10, des manifestations antibritanniques ont lieu près du port lorsque les premiers réfugiés, évanouis, sont étendus sur le pont. Harold Laski, le leader du parti travailliste britannique, arrive alors sur place et promet à Arazi d'intervenir auprès d'Attlee et de Bevin. La grève de la faim est suspendue temporairement.

En Palestine, le Yishouv prend fait et cause pour les Juifs de La Spezia. Treize dirigeants syndicalistes et des responsables municipaux font la grève de la faim par solidarité. L'Agence juive décrète la grève générale. Le 15, les réfugiés reprennent la grève de la faim et, puisque c'est le jour de Pessah, la Pâque juive, observent le rituel du repas pascal en buvant des gorgées de thé à la place des verres de vin et en croquant des morceaux de pain azyme de la taille d'une olive. Le tout sous le regard d'une presse de plus en plus nombreuse. Le lendemain, trente mille Italiens manifestent sur le quai. Après cent une heures de grève de la faim, le haut-commissaire accepte d'autoriser les réfugiés à immigrer en Palestine à condition qu'ils soient décomptés des quotas autorisés. Arazi organise une réception sur le *Fede* et décore symboliquement l'officier de police italien qui avait été arrêté pour lui avoir apporté de l'aide. Il disparaît discrètement avant le départ des bateaux. La Haganah a gagné la bataille de l'opinion publique[26].

En Palestine, le LEHI et l'Irgoun ont repris leur offensive contre les voies ferroviaires. Le 2 avril, cinq ponts ont été détruits par des hommes de l'Irgoun dans le sud du pays et près de Bat Yam, un faubourg de Tel-Aviv, où l'attaque se termine mal : les Britanniques étaient prêts et un militant a été tué. Trente et un combattants se replient le long de la côte mais sont bientôt repérés par un avion de reconnaissance. L'armée parvient à les encercler et ils n'ont pas d'autre choix que de se rendre. Parmi eux, Eytan Livni, le chef des opérations de l'Irgoun. La même nuit, le LEHI parvient à détruire un pont près de Saint-Jean-d'Acre, en évitant tout accrochage avec les Britanniques.

La Haganah, secouée par des dissensions internes, hésite à décider de nouvelles opérations. Les deux autres organisations s'adonnent à des raids de « confiscation » pour leur propre compte. Le 25 avril, l'Irgoun saisit ainsi en plein jour une importante quantité d'armes dans le poste de police de Ramat Gan. Trois combattants juifs sont tués, un quatrième, blessé, est capturé. Il s'appelle Dov Gruner et sera jugé en janvier. Les policiers, de leur côté, relèvent un mort et un blessé. Deux jours plus tard, le LEHI attaque le camp des paras, rue Hayarkon, à Tel-Aviv. Les bérets rouges sont surpris, la plupart désarmés, au repos dans leurs tentes. Sept d'entre eux sont abattus. Les sternistes, qui n'ont pas eu de pertes, prennent la fuite en emportant plusieurs dizaines de fusils. Les renforts et les ambulances arriveront en retard : les rues avoisinantes avaient été minées.

Furieux, le général J. H. Cassels, commandant la division, adresse le lendemain un message au maire de Tel-Aviv qui avait pourtant condamné l'attentat : « *[...] J'ai reçu vos regrets, mais je dois vous dire combien je suis horrifié et dégoûté par le crime commis par des Juifs lorsque sept soldats britanniques ont été délibérément et brutalement assassinés par des membres de votre communauté. En conséquence, j'ai décidé d'imposer des restrictions à la communauté juive dans son ensemble [...]. Je ne doute pas que de nombreux membres de votre communauté étaient au courant de ce projet ou auraient pu donner l'alerte avant son exécution. Je suis certain également que vous, en tant que représentant de la communauté de Tel-Aviv, si vous en décidez ainsi, vous pouvez fournir suffisamment d'informations pour permettre l'arrestation des criminels* [27]. »

Le couvre-feu est imposé à Tel-Aviv, de 18 heures à 6 heures le lendemain. Tous les cafés, cinémas et restaurants devront fermer l'après-midi.

Le commandement du Mouvement de résistance hébreu considère que cette opération était parfaitement contraire aux accords passés mais ne prend aucune mesure contre le LEHI. Les Britanniques, eux, accusent les « terroristes » d'avoir tué des hommes désarmés et renforcent la garde dans toutes leurs positions.

CENT MILLE RÉFUGIÉS ?

Le 1er mai, la commission d'enquête anglo-américaine publie son rapport. Pas question d'un État juif. La Palestine ne doit être ni juive ni arabe, le pays étant administré par un gouvernement sous tutelle de la Société des Nations. Toutes les milices doivent être désarmées, y compris la force armée juive. Mais surtout, les commissaires proposent aux Britanniques d'accueillir immédiatement cent mille réfugiés juifs en Palestine.

Les dirigeants du Yishouv font grise mine mais décident d'attendre. Le gouvernement Attlee va-t-il accepter une telle vague d'immigration ? Cela changerait les données du problème. Les responsables de la Haganah convoquent, le lendemain, une réunion du commandement du MRH. Ils expliquent aux chefs de l'Irgoun et du LEHI qu'il faut tenir compte de l'opinion publique internationale, dévoiler l'hypocrisie du cabinet Attlee qui refusera certainement les propositions de la commission. Or cela devrait inciter les États-Unis à condamner ouvertement la politique britannique en Palestine...

La Haganah veut proclamer un cessez-le-feu. Begin et Yelin Mor en acceptent le principe mais pas la formulation. Le communiqué qui sera diffusé le soir même par la radio clandestine de la Haganah annonce que « *les organisations ne rompront pas le calme nécessaire à l'immigration de nos frères* ». Décision difficile pour le Centre : c'est la première fois, depuis la création de leur mouvement, que les sternistes acceptent un cessez-le-feu. Des militants s'y opposent, et il faut calmer la colère qui agite les cellules.

Une période de calme relatif commence. Le LEHI décide de la mettre à profit pour organiser des séances d'entraînement et intensifier le recrutement. C'est urgent : certaines opérations n'ont pu être réalisées faute de combattants. Le LEHI compte alors quelque quatre cents hommes, alors que l'Irgoun en organise près de deux mille, la Haganah quarante-cinq mille, le Palmach trois mille. Des chiffres auxquels il faut ajouter les anciens de l'armée britannique en cours de démobilisation, et qui rejoignent la Haganah et l'Irgoun.

À Washington, sous la pression des pro-sionistes, le président Harry Truman a fini par rejeter les propositions de la commission anglo-américaine. Il décide d'envoyer à Londres une nouvelle délégation d'experts, sous la direction d'Henry Grady, l'assistant du secrétaire d'État, pour, en compagnie des experts britanniques dirigés par Herbert Morrison, le vice-Premier ministre, proposer de nouvelles solutions au problème des réfugiés juifs et de l'immigration en Palestine. Elle a cinq semaines pour agir.

ELDAD S'ÉVADE

Shamir prépare un nouveau coup : la libération d'Israël Eldad. Plusieurs projets pour le faire évader de sa prison avaient dû être abandonnés. Finalement, il a été décidé de l'extraire de la clinique de Jérusalem où il était conduit une fois tous les deux mois pour y suivre un traitement de physiothérapie. Dans sa prison de Latroun, il joue les malades, marche plié en deux et réclame une consultation médicale. Douze militants doivent participer à l'opération. Trois pour la couverture, chargés de bloquer la rue Chancellor (qui donne dans la rue des Prophètes où se trouve la clinique du docteur Treue). Trois pour surveiller l'entrée du bâtiment, tandis que quatre autres, déguisés en malades et en infirmiers, pénétreront à l'intérieur. Un chauffeur de taxi devra se tenir prêt à repartir avec l'évadé. Yaacov Granek commandera l'opération.

L'attente dure deux semaines. L'équipe est prête, rassemblée dans un appartement voisin. Les uns tuent le temps en jouant aux cartes. David Shomron, lui, lit le best-seller de l'époque : *Les Hommes de Panfilov* d'Alexandre Beck. L'histoire d'une division soviétique qui a combattu les nazis lors de la bataille de Moscou en 1941.

Le 7 juin 1946, vers 9 heures du matin, la guetteuse de faction devant la clinique arrive, essoufflée : *« Ça y est ! Il est à l'intérieur avec un sergent. Deux policiers armés de Tommy guns sont dehors, à côté du camion… »* En quelques minutes, le commando se met en place. Shomron se dirige vers les deux policiers, sort son pistolet, les désarme et les tient en respect. Trois hommes en blouse blanche pénètrent dans le cabinet médical en portant une civière. Dans la salle d'attente, le malade repousse la couverture et se dresse en brandissant un revolver : *« Haut les mains ! »* Au même moment, Granek pénètre dans la salle en poussant devant lui les deux Britanniques. Il hurle en direction du sergent : *« Prenez-lui son arme ! »* La porte du cabinet s'ouvre. Eldad a compris que le moment est arrivé. Il se précipite vers l'entrée, mais commet l'erreur de passer devant le sergent – qui fait un geste suspect. Un des infirmiers tire et le blesse à l'aine. Eldad est dans la cour. Un militant lui glisse un pistolet dans la main. Il le regarde surpris et refuse : *« Qu'est-ce que j'en ferais ? »* Suivi de cinq sternistes, il se rue dans le taxi qui démarre en trombe. Les policiers tentent de les rattraper en hurlant. Des soldats qui passaient par là se joignent à la poursuite. Quelqu'un tire en direction du véhicule, d'où l'on riposte. Le taxi disparaît. Les hommes du LEHI regagneront leur planque sans encombre.

À midi, Eldad parvient chez un sympathisant du LEHI à Bné Brak, au nord-est de Tel-Aviv. Son premier geste d'homme libre : une longue douche d'eau froide pour, dit-il, laver deux années de détention. Le Centre est à nouveau au complet. Yelin Mor et Eldad s'occuperont essentiellement de la politique et de l'idéologie, écriront de nombreux articles, rencontreront les chefs des autres mouvements clandestins, l'Irgoun et la Haganah. Shamir n'aura presque aucun contact avec l'extérieur. Eldad brossera ainsi son portrait : *« Il prépare chaque opération jusque dans les plus petits détails. Il ne fait confiance à personne, ne confie aucun détail à quiconque. Il doit tout voir par lui-même, rencontrer presque chacun des participants à une opération. C'est une des raisons pour lesquelles les militants l'aiment. Mais je ne suis pas certain, ajoute Eldad, que l'Histoire l'aime pour cela, en particulier à une époque où elle s'accélère, marche à grands pas. Sa méticulosité le retient, le freine. Lorsque nous ferons notre bilan et nous nous demanderons pourquoi nous n'avons pas grandi au moins numériquement comme l'Irgoun, nos responsables et surtout Yelin Mor donneront pour explication la lenteur et la rigueur de Michael*[28]. »

VERS LE « SHABBAT NOIR »

À Londres, le cabinet Attlee tarde à prendre position sur le rapport de la commission anglo-américaine. Bevin parvient même à se mettre à dos l'opinion publique américaine en déclarant publiquement : « *C'est parce qu'il ne les veut pas à New York que le président Truman propose d'accueillir cent mille Juifs en Palestine.* » Le 16 mai, le représentant britannique à la commission des Nations unies pour les réfugiés suggère à l'Union soviétique d'accueillir les réfugiés dans sa République Juive, le Birobidjan. La Haganah relance, de son côté, l'immigration illégale. Le camp de détention d'Athlit se remplit de clandestins arrivés à bord de cargos de plus en plus nombreux, toujours interceptés en mer par la Royal Navy.

Le commandement du Mouvement de résistance hébreu reprend également ses activités. Début juin, Shamir approuve une opération préparée par le département des opérations du LEHI, dirigé par Yaacov Banaï. Il vérifie à nouveau chaque détail lui-même et finit par donner le feu vert à l'attaque des ateliers ferroviaires d'Haïfa. Le plan reçoit également l'imprimatur du MRH.

Le 10 juin, l'Irgoun attaque les lignes de chemin de fer en plusieurs endroits. Près de Naan, le train Tel-Aviv - Jérusalem est stoppé, les voyageurs contraints d'en descendre pendant que la locomotive et cinq wagons sont dynamités. Dans un faubourg de Tel-Aviv, un autre commando réussit le même exploit, alors qu'à Kfar Syrkin, un troisième groupe fait dérailler une locomotive. Le 17, le Palmach passe à l'action et détruit en une nuit onze ponts sur les frontières palestiniennes. À Akhziv, au nord d'Haïfa, l'attaque se termine tragiquement. Les balles des gardiens britanniques atteignent les explosifs portés par les artificiers : quatorze combattants mourront dans l'explosion.

Le feu vert donné par le Centre à l'opération prévue à Haïfa est une erreur : depuis les derniers événements, toutes les forces britanniques de Palestine sont placées en état d'alerte. L'opération commence mal. les mines qui devaient barrer la route à d'éventuels renforts militaires ont sauté quelques jours plus tôt dans un entrepôt de Tel-Aviv : il faudra donc improviser ; et puis le taxi qui devait monter la garde sur l'une des voies d'accès n'arrive pas. Les chefs du commando décident malgré tout de passer à l'attaque. Les choses ne se déroulent pas comme prévu. Les combattants sont repérés. Ils parviennent tout de même, en échangeant des coups de feu avec les sentinelles, à déposer les charges explosives. Emportant leurs blessés, ils repartent dans une camionnette mais tombent dans une embuscade bien montée par les Britanniques : onze militants seront tués, vingt-trois capturés parmi lesquels quatre jeunes filles ; huit prisonniers seront blessés. C'est la plus lourde défaite subie par le LEHI.

Le même jour, à l'heure du déjeuner, un commando de l'Irgoun fait irruption dans le club des officiers britanniques de Tel-Aviv et repart avec cinq prisonniers. L'organisation de Menahem Begin lance un ultimatum aux autorités mandataires : *« Si la sentence de mort prononcée cinq jours plus tôt contre les deux combattants capturés lors de l'attaque du camp de Sarafand n'est pas commuée, les otages seront exécutés. »* Quelques jours plus tard, deux officiers prisonniers sont libérés : leurs geôliers craignaient d'être découverts par la police qui effectuait alors des fouilles, maison par maison. Les trois autres restent détenus dans une planque, avec pour seule distraction la lecture de la propagande sioniste. Ils seront relâchés deux semaines plus tard lorsque les condamnés auront été graciés.

Les autorités mandataires font les comptes. Depuis le 1er novembre 1945 et jusqu'à la fin juin 1946, les Britanniques ont subi quarante-sept attaques importantes au cours desquelles dix-huit militaires ont trouvé la mort et cent un ont été blessés. Les dégâts sont estimés à quatre millions de livres sterling. Le haut-commissaire autorise une offensive majeure destinée à neutraliser l'Agence juive, la Haganah et le Palmach.

Les plans sont préparés dans le plus grand secret, à l'écart des états-majors, loin des secrétaires et des employés civils juifs d'ordinaire omniprésents. Des camps de détention sont aménagés, officiellement pour accueillir des immigrants illégaux. À 4 h 15, le samedi 29 juin, débute l'opération baptisée « Agatha » et que le Yishouv appelle « le shabbat noir ». Elle durera jusqu'au 1er juillet. Des unités de transmission occupent tous les centraux téléphoniques, d'autres coupent les lignes de téléphone des localités qui seront systématiquement fouillées. Deux mille sept cent dix-huit personnes sont placées en détention ; cinq cent soixante et onze seront libérées au bout d'une semaine, les autres plus tard. Une dizaine de personnalités de la direction du Yishouv, appelées VIJ (Very important Jews), sont appréhendées et emprisonnées à Latroun. Parmi elles : Moshe Shertok et Yitzhak Gruenbaum, le leader socialiste. Une trentaine de caches d'armes sont découvertes, la plus importante dans le kibboutz Yagour où les bérets rouges saisissent 300 fusils, une centaine de mortiers, 5 000 grenades et 400 000 balles. À Jérusalem, les bureaux de l'Agence juive sont perquisitionnés, les archives saisies et transportées au siège de l'administration à l'hôtel King David. Les chefs de l'Intelligence Service clament victoire et affirment avoir trouvé la preuve de la collusion entre la Haganah, l'Irgoun, le LEHI et les responsables politiques juifs. En fait, les documents ne sont pas compromettants et ceux qui auraient pu l'être ont été discrètement détruits par les policiers juifs chargés de les traduire d'hébreu en anglais. Au bout de quarante-huit heures, les toilettes du CID seront bouchées par une masse de papier[29].

L'attentat du King David

Moshe Sneh rencontre le Comité des X et, comme à l'accoutumée, sans révéler les détails de chaque opération ni le nom de l'organisation qui la propose, soumet plusieurs propositions : la liquidation d'une personnalité importante (le LEHI suggère l'assassinat de John Shaw, le secrétaire général du gouvernement mandataire, Sneh s'y oppose) ; un raid sur un objectif économique, mais, dit-il, avec un risque de pertes en vies humaines (la Haganah voudrait faire sauter le terminal de l'oléoduc à Haïfa) ; l'attaque d'immeubles gouvernementaux, qui, elle, ne devrait pas faire de victimes (l'Irgoun veut faire sauter l'hôtel King David à Jérusalem où se trouvent les bureaux de l'administration britannique). Les X approuvent cette dernière opération.

Sous le nom de code « Tchik », un raccourci de *malontchik* (en hébreu populaire « petit hôtel »), l'opération est préparée depuis des semaines par l'organisation de Begin. Simultanément, il est prévu que le LEHI détruise l'immeuble David voisin, qui abrite également des services britanniques. Sneh et Yitzhak Sadeh, le chef du Palmach, en ont longuement discuté avec Amihaï Paglin, de l'Irgoun : 350 kilos de TNT seront déposés dans le sous-sol de l'aile sud. Les Britanniques seront avertis de l'imminence de l'explosion et auront le temps d'évacuer l'immeuble.

Sneh donne le feu vert. Mais, quelques jours avant l'attaque, Meir Weissgal, l'assistant d'Haïm Weizmann, vient lui remettre un ultimatum de la part du vieux leader sioniste[30] : « *Nous sommes au bord du précipice [...]. Si vous poursuivez vos opérations, ce sera l'équivalent d'une déclaration de guerre contre la Grande-Bretagne. Je suis certain que la Grande-Bretagne ripostera, et tout ce que nous avons construit menacera d'être détruit. Je suis toujours le président de l'Organisation sioniste, et, en général, dans une démocratie, le président est le chef suprême des forces armées [...]. Nous ne sommes pas un État et je n'userai pas de cette prérogative. Je n'interviendrai plus à l'avenir. Mais, dans ce cas, politiquement important, je vous demande de renoncer à vos opérations. Je ne pourrai pas rester à la tête de l'Organisation sioniste si les opérations armées contre les Britanniques se poursuivent* [31]. »

Sans lui en donner la raison, Sneh adresse un message à Begin pour lui demander de reporter l'opération. Il convoque à nouveau le Comité des X et lui soumet le problème.

Par cinq voix contre deux, il est décidé de suspendre les opérations du Mouvement de résistance hébreu. Furieux, Sneh démissionne de son poste de chef d'état-major de la Haganah et décide de se rendre à Paris pour y rencontrer David Ben Gourion. Mais auparavant, le 21 juillet, il fait parvenir des missives à Yelin Mor et à Begin : *« Je vous demande à titre personnel de suspendre l'opération*[32]. » Trop tard : l'Irgoun n'a que faire des tergiversations de la Haganah. Selon Begin, l'attaque du King David a bel et bien été approuvée et il n'est plus question de la reporter.

Amihaï Paglin, le chef des opérations de l'Irgoun, est au travail. Le raid sera réalisé par vingt-trois combattants commandés par Israël Lévy, armés d'une mitrailleuse, de quatre pistolets-mitrailleurs, six revolvers et 350 kilos de TNT. La section de Jérusalem du LEHI est, elle aussi, fin prête. Mais David Shomron et Yaacov Granek ont un problème : pour éviter à tout prix de faire des victimes juives, l'explosion de la cible située près du King David doit avoir lieu tôt le matin. Mais du coup, les Britanniques réagiront certainement en déclenchant l'alerte, ce qui pourrait gêner l'Irgoun qui doit passer à l'action en fin de matinée. Il faut donc revoir la coordination entre les deux organisations. Shamir examine comme à l'accoutumée chaque détail du plan et suggère une rencontre avec Paglin pour trouver une solution.

Au matin du 22 juillet, la date prévue pour l'attentat, les membres du Comité des X sont persuadés qu'il n'y aura pas d'attentat à Jérusalem. Menahem Begin, lui, qui est bien décidé à aller jusqu'au bout, est convaincu qu'il n'y aura pas de pertes en vies humaines : les explications de Paglin l'ont convaincu. Les Britanniques auront trente minutes pour évacuer l'hôtel. Tout devrait se passer sans trop de casse.

Le plan du LEHI est simple : neutraliser les sentinelles à l'entrée de l'immeuble David, pénétrer en force à l'intérieur, déposer les charges et quitter les lieux. Les combattants ont reçu l'ordre d'avertir les occupants du bâtiment de l'imminence de l'explosion – ce qui est tout à fait contraire aux règles de l'organisation, car, de fait, les assaillants perdront l'effet de surprise. Mais Shamir et les deux autres chefs du Centre ont donné leur accord, car c'est la seule façon de s'y prendre si l'on veut exécuter l'opération en plein jour, au moment où Paglin et ses hommes déposeront leurs explosifs à l'intérieur du King David.

La journée commence mal. Granek arrive en retard de Tel-Aviv et découvre que les deux groupes ne sont pas prêts. Reouven, le chef de la section de Jérusalem, a même renvoyé chez eux certains militants. Paglin fait son apparition, comprend que le LEHI n'est pas en place, donne rendez-vous à Granek deux heures plus tard et disparaît. Devant l'impossibilité de coordonner les opérations avec l'Irgoun, Granek annule tout et repart immédiatement pour Tel-Aviv.

Peu avant midi, un camion s'arrête dans la rue du consulat de France, devant l'aile nord de l'hôtel. Deux hommes en descendent et maîtrisent les gardiens. Six combattants déguisés en Arabes se précipitent et neutralisent les trente-cinq personnes qui se trouvent dans le sous-sol et les rassemblent sous bonne garde dans la cuisine. Rapidement, sept bidons de lait contenant chacun 50 kilos de TNT sont transportés du camion vers le café Regence, à l'extrémité sud de l'immeuble. Un officier a repéré les saboteurs. Il est abattu, ainsi qu'un policier en faction. Il y a un bref échange de tirs. Deux militants sont blessés. Ils parviennent malgré tout jusqu'à la voiture qui doit les emmener et prennent la fuite.

Les explosifs sont maintenant en place. Israël Lévy libère ses prisonniers en leur conseillant de partir au plus vite car « *tout va sauter dans cinq minutes !* », dit-il. Il sort lui-même de l'hôtel et, à 12 h 10, lance un pétard dans la rue pour avertir Adina Haï, une lycéenne de seize ans. Depuis un magasin, celle-ci appelle le standard du King David et lance en hébreu et en anglais : *« C'est la résistance juive. Nous avons placé des bombes. Évacuez l'immeuble. Vous aurez été prévenus ! »* Elle traverse la rue et, depuis une cabine téléphonique, conseille en français à la personne qui lui répond au consulat général de France d'ouvrir les fenêtres pour qu'elles ne soient pas soufflées par l'explosion. La jeune militante se précipite ensuite dans un magasin de la rue Jaffa et appelle la rédaction du *Palestine Post.* À l'intérieur du King David, la standardiste appelle Naïm Nissan, le maître d'hôtel, et l'informe de la menace. Nissan se précipite chez le directeur qui avertit les Britanniques, en vain[33].

À 12 h 35, soit vingt minutes après la pose des détonateurs, quinze minutes après le premier avertissement, douze minutes après les premiers coups de feu, c'est l'explosion. L'aile sud de l'hôtel s'effondre. Le bilan est très lourd : quatre-vingt-onze morts parmi lesquels dix-sept Juifs, quarante et un Arabes et vingt-huit Britanniques. Il y a plus de soixante-dix blessés. L'opération de déblayage durera huit jours. Le couvre-feu est imposé sur Jérusalem. Dans la vieille ville, les paras découvriront un mort et un blessé, des militants de l'Irgoun. Trente-sept suspects seront arrêtés, mais, faute de preuve, les enquêteurs relâcheront la plupart d'entre eux.

Pourquoi les autorités n'ont-elles pas donné l'ordre d'évacuer le King David, dès le premier avertissement téléphonique ou immédiatement après les premiers coups de feu ? Le délai était trop court, affirment les militaires. Le standardiste du *Palestine Post* confirmera avoir immédiatement transmis l'avertissement au commissariat de police. Le chef de la sécurité de l'hôtel a-t-il, au contraire, donné l'ordre de ne pas évacuer l'immeuble, ne croyant pas à ce sabotage ? Quoi qu'il en soit, le résultat est catastrophique. La Haganah, extrêmement embarrassée, dépêche Israël Galili, l'adjoint de Sneh, pour qu'il demande à l'Irgoun de revendiquer l'attentat. Ce sera fait. Une fois de plus, la presse du Yishouv se déchaîne contre les « terroristes ».

Frapper à la caisse !

Les Britanniques fulminent. Le 26, le général Evelyn Barker, le nouveau commandant en chef en Palestine, publie un ordre aux relents antisémites :

« La communauté juive de Palestine ne peut être absoute pour la longue série d'outrages qui a culminé avec la destruction d'une partie des bureaux du gouvernement à l'hôtel King David, causant d'importantes pertes en vies humaines. Sans le soutien, direct ou passif, de l'opinion juive en général, les gangs terroristes qui ont commis ces actes criminels auraient pu être démasqués rapidement et, de ce point de vue, les Juifs de ce pays sont complices et en partagent la responsabilité.

Je suis déterminé à leur infliger une punition et à leur montrer le mépris et le dégoût que nous inspire leur comportement. Nous ne devons pas nous laisser abuser par la sympathie hypocrite de leurs leaders et les organisations qui les représentent, ou par leurs protestations lorsqu'ils affirment qu'ils ne sont pas responsables de ces actes, ou qu'ils sont incapables de contrôler les terroristes. Je répète que si l'opinion juive voulait réellement que cessent ces crimes, elle coopérerait avec nous.

En conséquence, j'ai décidé que dès la réception de cette lettre, tous les établissements juifs seront interdits aux militaires de tous grades. Cafés, restaurants, magasins et demeures privées. Aucun soldat britannique ne doit entretenir de relations sociales avec un Juif. Tout contact avec eux, dans le cadre du service, doit être aussi bref que possible et limité à l'affaire en cours.

J'ai conscience que ces mesures signifient une complication de plus pour la troupe, mais je suis certain que si mes motifs sont correctement expliqués, les soldats les comprendront et cela atteindra les Juifs de la manière que cette race déteste le plus, en les frappant à la caisse et en leur montrant notre mépris[34]. »

Nathan Yelin Mor et Yitzhak Shamir rencontrent Menahem Begin et son adjoint Haïm Landau le soir du 29 juillet. Ils ont reçu une information de la part d'un policier juif : Barker préparerait une opération de très grande envergure. Les organisations prennent donc quelques mesures de sécurité. Israël Eldad, le plus maladroit et le plus facile à reconnaître des trois chefs du LEHI, quittera Ramat Gan pour se cacher à Pardès Hanah. Begin restera dans son appartement de la rue Bin Nun, tandis que Yelin Mor décide, en raison de l'heure tardive, de ne pas regagner sa planque dans une villa de Tel Levitzky au nord de la ville, à proximité d'un camp militaire britannique. Il va passer la nuit dans un appartement loué par des sympathisants.

Shamir est capturé

Peu après minuit, les habitants de Tel-Aviv sont réveillés par des annonces diffusées par haut-parleur : *« Le couvre-feu est instauré. Toute personne sortant de son domicile risque d'être abattue. »* Cette fois, l'état-major britannique frappe fort et déclenche l'opération « Requin » : tout Tel-Aviv doit être passé au peigne fin. Du jamais vu ! La ville sera entièrement bouclée, et l'identité de chacun de ses cent soixante-dix mille habitants contrôlée. La tâche est confiée à la 6e division aéroportée appuyée par la police. Par crainte des fuites, les plans de l'opération ont été gardés secrets jusqu'à la dernière minute.

Le ratissage s'opérera en trois étapes. D'abord, une fouille rue par rue, maison par maison. Les hommes entre quinze et soixante ans seront conduits au PC de chaque brigade. Là, des « experts » du CID procéderont au tri. Les suspects seront expédiés vers le camp de détention de Rafah, au sud de Gaza.

Begin, sous l'identité du « rabbin Israël Sassover », a la mauvaise surprise de découvrir qu'une unité de paras s'est installée devant son domicile, dans un jardin. Il décide immédiatement de s'installer dans la cachette qui a été prévue en pareil cas : un cagibi plus ou moins bien camouflé... Les militaires pénètrent dans l'appartement durant la matinée. Aliza, son épouse, explique que « le rabbin » se trouve à Jérusalem. Elle est conduite au poste de contrôle, situé en dehors du quartier, en compagnie de ses deux enfants, avant d'être libérée. Les soldats reviendront dans la journée et fouilleront les pièces de fond en comble sans parvenir à découvrir la cachette de Begin. Ils repartiront puis reviendront à plusieurs reprises, sous divers prétextes, demander des allumettes ou de l'eau. Aliza se montrera toujours serviable[35].

Yelin Mor, lui, est appréhendé puis transféré dans une école où l'on procède à un contrôle d'identité poussé. Il passe l'épreuve sans difficulté : les enquêteurs examinent ses faux papiers, les lui rendent et le libèrent[36].

Shamir fait, une fois de plus, confiance à son déguisement. Au cours des derniers mois, ne lui a-t-il pas permis de franchir sans encombre de nombreux contrôles d'identité ? Mais cette fois, la chance n'est pas au rendez-vous. Les soldats l'interpellent dans la rue et trouvent que ce petit rabbin a une allure bizarre. Il est donc conduit au centre d'identification installé dans une école voisine. Un policier lui trouve une ressemblance frappante avec un détenu échappé quelques années plus tôt de la prison de Mizra. Le sergent Martin, qui avait succédé à Wilkin au CID, arrive aussitôt sur les lieux et le reconnaît... à ses sourcils touffus.

Conduit d'abord au camp de Rafah, Shamir est transféré très vite dans le quartier de haute sécurité de la prison centrale de Jérusalem. Par l'intermédiaire d'un policier arabe qui collabore avec le LEHI, il fait parvenir des messages à Yelin Mor : *« Surtout ne laisse pas Eldad se mêler des opérations ! »* Le conseil est superflu ; l'intéressé connaît ses limites. La propagande et l'idéologie, oui, les affaires militaires, non !

Yelin Mor est désormais le chef des opérations. Le LEHI compte plus de deux cents combattants, deux cents supporters mobilisables et un hinterland d'amis qui apportent une aide matérielle. Les cellules sont hermétiques en vertu des conditions de recrutement très strictes. (Shamir estimait ainsi qu'il se trouvait nécessairement un bon pourcentage d'agents provocateurs parmi les anciens de l'Irgoun et il interdisait de les recruter.) De plus en plus, le groupe embauche des jeunes qui n'ont milité dans aucun mouvement.

Les militaires britanniques pavoisent. Ils savent qu'ils ont attrapé un gros poisson et ne se privent pas de le faire savoir. Ce qui n'empêche pas certains commentateurs de la presse londonienne de ricaner : des milliers de soldats mobilisés, Tel-Aviv fouillé maison par maison, toute cette démonstration de force pour ne capturer qu'un chef du groupe Stern ! Sera-t-il traduit en justice ? Même pas ! En fait, les autorités ne savent pas exactement à qui elles ont affaire. En raison de son ancien emploi de comptable, Yzernitzky est présenté à la presse comme le trésorier du LEHI... Londres ne veut pas d'un procès. Le groupe Stern est dangereux. L'affaire de l'enlèvement de cinq soldats par l'Irgoun en juin risquerait de se renouveler. Non, les enquêteurs ne savent pas que l'homme qu'ils détiennent est responsable de la mort de dizaines de policiers et de militaires. À Jérusalem et à Tel-Aviv, des militants arrêtés risquent leur tête – et certains seront pendus –, alors que l'instigateur, l'organisateur des attentats, qu'on leur impute, ne sera frappé que d'une simple détention administrative.

L'opération s'achève le 2 août à 14 heures. L'identité de cent mille personnes a été vérifiée par les militaires, celle de dix mille autres par le CID. Sept cent quatre-vingt-sept suspects sont détenus à Rafah. Cinq caches d'armes sont découvertes, la principale dans le sous-sol de la grande synagogue de Tel-Aviv où les paras découvrent des armes, des munitions, 50 000 livres sterling en faux titres au porteur, de quoi fabriquer des faux papiers et un masque noir qui, selon les enquêteurs, aurait appartenu à un des ravisseurs des officiers enlevés. Un bilan somme toute assez maigre. De fait, les auteurs de l'attentat du King David courent toujours, et aucun chef de l'Irgoun ou de la Haganah n'a été capturé. Les militaires britanniques éprouvent donc un sentiment croissant d'impuissance. Le major Wilson explique en ces termes les raisons pour lesquelles l'« opposition » constitue une menace constante pour la sécurité (des troupes) :

« 1. À aucun moment, la communauté juive n'a montré, individuellement ou collectivement, un désir quelconque de coopérer avec les forces de sécurité. En bien des occasions, trop nombreuses pour être mentionnées, [les Juifs] ont aidé les dissidents à prendre la fuite. Il faut relever le fait que pas une seule fois, dans le secteur de la 6e division, un membre de la communauté juive, poussé par sa conscience, n'est venu témoigner contre un criminel connu. Il n'était pas nécessaire de le faire ouvertement. En fait, il était possible de fournir une telle information sans prendre le moindre risque pour un citoyen respectueux des lois [...]. Si les partisans ont le soutien total de leurs proches, l'action des forces d'occupation est quasi impossible.

2. Les actes de violence ont été commis par une proportion relativement faible de la communauté juive, ce qui ne permet pas de justifier des châtiments collectifs propres à avoir les résultats escomptés.

3. La qualité de l'entraînement [des dissidents] pour ce genre d'opération est du plus haut niveau. Les plus âgés d'entre eux ont reçu leur entraînement dans le cadre d'une armée régulière ou ont servi dans un mouvement clandestin lors de la précédente guerre. Dans certains cas, ils ont reçu une formation de saboteurs par nos propres instructeurs, afin de participer à des opérations contre les nazis. [...]

4. Il est impossible d'identifier les membres des organisations juives dissidentes. Ils ont la liberté d'adopter n'importe quel déguisement et, souvent, ils sont parfaitement déguisés en soldats, policiers ou en Arabes. [...]

5. Les renseignements glanés par [les dissidents] sont toujours exacts. Ils étudient minutieusement les habitudes de nos soldats. Si cela [s'avère nécessaire], ils trouvent le moyen de pénétrer dans nos casernes déguisés en techniciens, en commerçants ou en ouvriers. Si, pour des raisons évidentes, l'accès à tel objectif est interdit aux Juifs, ils avaient souvent des Arabes à leur disposition pour – en échange de quelque chose – effectuer la reconnaissance des lieux à leur place[37]*. »*

Les sionistes acceptent le partage

La commission Morrison-Grady dépose son rapport le 31 juillet 1946. Elle propose que la Palestine soit divisée en deux cantons, un juif et un arabe, tous deux placés sous la responsabilité d'un gouvernement de tutelle britannique – Jérusalem et le Néguev étant administrés séparément.

Sous le coup d'un mandat d'arrêt, David Ben Gourion et Moshe Sneh ne peuvent pas se rendre à Londres, où Haïm Weizmann discute des derniers développements avec le gouvernement Attlee. C'est donc à Paris que se réunit l'exécutif sioniste, le 2 août 1946. À l'ordre du jour : la réaction du mouvement au « samedi noir », la poursuite de la lutte armée, la proposition de Bevin de réunir une conférence judéo-arabe à Londres.

D'entrée de jeu, Ben Gourion campe sur les positions de la conférence du Biltmore en 1942 : un État juif sur l'ensemble de la Palestine mandataire. Dans cette perspective, un projet de résolution appelle à « *une opposition sans compromis au pouvoir britannique en Palestine ; la création immédiate d'un État juif ; au refus de toute forme de maintien de la Grande-Bretagne en Palestine ; au rejet du plan Morrison-Grady* ». Nahoum Goldmann, un dirigeant sioniste américain d'origine allemande, soumet un texte concurrent : « *L'exécutif est prêt à examiner une proposition d'établissement d'un État juif viable sur une partie suffisante de la Terre d'Israël.* » Autrement dit, le mouvement sioniste accepterait le partage de la Palestine. Ben Gourion, à la surprise des plus activistes parmi les délégués, finit par soutenir Goldmann : « *En renonçant à Jenine, Naplouse et Ramallah qui reviendraient au royaume de Transjordanie, les Juifs recevraient un territoire où les Arabes sont minoritaires.* » La motion est adoptée. Les délégués décident d'envoyer Goldmann à Washington où le président Truman a confié à une commission le soin d'examiner le problème palestinien[38].

Le 7 août, Goldmann rencontre Dean Acheson, le secrétaire d'État, et parvient à le convaincre que le partage de la Palestine en deux États, juif et arabe, est la seule solution réaliste. Trois jours plus tard, le chef de la diplomatie américaine envoie un télégramme au nouvel ambassadeur des États-Unis à Londres : *« De notre point de vue, ce développement représente l'espoir que l'Agence juive participera d'une manière réaliste à la recherche d'une solution possible. [...] nous suggérons d'informer le gouvernement britannique que les consultations à venir ne devraient pas s'inscrire dans une seule perspective et que l'hypothèse de la création rapide d'un État juif viable sur une partie [de la Palestine] ne devrait pas être exclue. »* Le même jour, Truman écrit à Attlee pour l'informer de son rejet du plan Morrison-Grady : *« Considérant la situation critique en Palestine et le sort désespéré fait aux Juifs sans foyer en Europe, je crois que la recherche d'une solution à ce problème difficile doit se poursuivre. J'ai donc donné des instructions à notre ambassade à Londres pour qu'elle examine avec vous certaines suggestions qui nous ont été présentées* [39]. »

Goldmann retourne à Paris où l'exécutif sioniste reprend ses travaux. Au grand dam de Moshe Sneh, les délégués décident de suspendre la lutte armée contre l'occupant britannique en Palestine, au moins jusqu'à la réunion du Congrès sioniste en décembre prochain. Plus que jamais, Ben Gourion pense à l'éventualité d'une guerre avec les pays arabes. Il réclame un budget de 3 millions de dollars pour procéder à des achats d'armes, la collecte effectuée par le groupe Sonneborn aux États-Unis s'étant révélée insuffisante. À l'issue de la réunion, il convoque à Paris Yehouda Arazi et Ehoud Avriel, à qui il confie la mission de s'assurer du matériel militaire nécessaire à la mise sur pied de la future armée d'Israël[40].

À Jérusalem, depuis sa prison, Shamir a envoyé un avertissement « opérationnel » au Centre : *« J'ai été reconnu par Martin du CID. Attention, il est dangereux ! »* Le LEHI réglera le problème à sa façon. Mais pas avant que les autorités ne commuent la sentence des dix-huit combattants capturés lors de l'attaque des ateliers ferroviaires à Haïfa, et qui avaient été condamnés à mort.

Le 9 septembre, le sergent Martin s'en va faire sa partie quotidienne de tennis dans le quartier German Colony à Haïfa. Il croise deux jeunes gens à l'allure sportive, tout habillés de blanc et munis chacun d'une raquette. Parvenus devant Martin, ils dégainent et l'abattent. Il mourra le soir même à l'hôpital.

Yelin Mor dira plus tard : *« L'image de marque de l'organisation était en jeu ! »* La petite histoire veut que cette affaire ait fait une victime supplémentaire : le correspondant du quotidien britannique *Daily Mail*. Il n'avait pas observé la censure lui interdisant de publier le nom de Martin et les autorités le tiendront donc pour indirectement responsable de la mort du policier. Le journaliste, rappelé en Grande-Bretagne, perdra son emploi et finira par émigrer au Canada.

Yitzhak Shamir, lui, n'est plus en Palestine. Placé, pieds et poings menottés, dans la soute d'un bombardier Halifax, il a été déporté dans un camp de détention proche d'Asmara en Érythrée.

CHAPITRE 6

Le partage

Survivants des camps nazis, rescapés des ghettos, des dizaines de milliers de Juifs fuient la Pologne et les autres pays de l'Est. Ce déplacement de population a été déclenché par le pogrom de Kielce. Le 4 juillet 1946, dans cette ville polonaise, quarante-deux Juifs avaient été massacrés par une foule enragée à la suite de rumeurs antisémites de meurtre rituel d'enfants chrétiens. D'autres ont été attaqués dans des trains ou dans la rue. Les réfugiés parviennent dans les camps de personnes déplacées en Allemagne et en Autriche, ces camps installés dans les zones occidentales, surtout américaines.

Au grand dam des Britanniques, des milliers d'entre eux se rendent en Italie et en France, où le Mossad le Alya Bet organise l'immigration illégale vers la Palestine. En Méditerranée, la Royal Navy continue à intercepter, les uns après les autres, des bateaux d'immigrants – souvent des coques de noix – et les remorque jusqu'à Haïfa. Le 11 août, vient le tour du Yagour – avec à son bord sept cent cinquante-huit illégaux, parmi lesquels cinquante femmes enceintes – et du *Henrietta Szold* – transportant quatre cent cinquante passagers. Le lendemain, celui du *Katriel Yaffe* et ses six cent vingt réfugiés. Le 13 août, les autorités mandataires annoncent que les immigrants illégaux arrivés en Palestine en excédent du quota de mille cinq cents personnes ne seront pas détenus sur place mais déportés à Chypre. Le transfert des rescapés des camps de la mort nazis commence.

Le couvre-feu est imposé sur Haïfa, des unités d'infanterie et de blindés sont déployées aux alentours du port. Un correspondant étranger note : « *Il a été jugé inutile de mettre en place des batteries antiaériennes !* » Spontanément, des manifestations se déroulent dans la ville portuaire. Policiers et militaires les dispersent à coups de matraques et finissent par ouvrir le feu sur les civils désarmés. Il y a trois morts, un adolescent de quinze ans, une jeune fille de dix-neuf ans et un adulte[1]. Le Palmach tente de saboter certains des navires prisons qui transportent les sans-papiers vers les camps de détention de Chypre.

L'Irgoun n'entend pas laisser à la seule Haganah l'organisation de l'immigration clandestine. Menahem Begin a envoyé des émissaires dans les pays de l'Est et en Allemagne. À Paris, Shmouel Ariel, le représentant de l'Irgoun, est arrivé en début d'année. Personnage hors du commun, ancien chef du Bétar en Roumanie, docteur en droit, polyglotte, il est doué d'une extraordinaire capacité de persuasion. Il a établi en quelques mois des contacts dans tous les milieux, s'intégrant parfaitement aux soirées parisiennes. Il a persuadé Claire Vayda, une ancienne résistante, de l'aider. Chrétienne, sympathisante active de la cause sioniste, elle a créé le Mouvement d'assistance aux déportés et réfugiés. Grâce à ses contacts politiques, elle a obtenu un contingent de trente mille visas de séjour en France. Ariel évolue dans la bonne société en dépensant sans trop compter. Dîners chics, week-ends dans les auberges à la mode. Il côtoie ainsi les dirigeants français et parvient finalement à conclure un accord au terme duquel l'Irgoun pourra, sans difficulté, ouvrir un bureau à Paris, à condition toutefois que l'organisation ne commette aucune attaque sur le territoire français. Mais le train de vie d'Ariel ne plaît pas aux autres responsables du Bétar à Paris, habitués à un militantisme ascétique. Ils le dénoncent bientôt à Menahem Begin, qui lui donne l'ordre de mettre fin à sa mission. Vexé, Ariel la poursuivra indépendamment de l'Irgoun.

L'ÉMIR ET LES SIONISTES

Le gouvernement Attlee voudrait que les représentants du Yishouv participent à la conférence qu'il réunit à Londres, et demande à un intermédiaire inattendu d'intervenir à cette fin : l'émir Abdallah de Transjordanie, lequel maintient des contacts secrets avec le mouvement sioniste depuis les années vingt. Eliahou Sasson, de la section arabe du département politique de l'Agence juive, est ainsi invité à se rendre, le 12 août, dans le palais d'été de l'émir à Shuneh, à l'est de Jéricho. D'entrée de jeu, le souverain jordanien demande des nouvelles de Moshe Shertok, toujours emprisonné à Latroun, et annonce que les Britanniques lui ont transmis un message destiné aux dirigeants sionistes : *« Peuvent-ils faire cesser le terrorisme du mouvement de résistance hébreu ? Les autorités mandataires ont décidé de l'écraser sans pitié et à tout prix, de même qu'ils réprimeront toute résistance arabe. [...] Ils devraient : accepter de participer sans condition à la conférence sur le Proche-Orient qui doit se tenir à Londres ; cesser les "intrigues" qu'ils mènent aux États-Unis contre la Grande-Bretagne ; comprendre les difficultés [que rencontrent] les Britanniques dans le monde arabe comme le fruit de la propagande et des ambitions soviétiques ; faire confiance à la Grande-Bretagne, car, en fin de compte, ils [les sionistes] obtiendront satisfaction. Toute pression supplémentaire est contre-productive. Notamment, l'immigration illégale. »*

Abdallah expose le projet de fédération proposé par le gouvernement Attlee. *« Il ne vous garantit pas un État mais permettrait l'immigration immédiate de 100 000 Juifs et ne vous fermerait pas la porte du Néguev. »* Lui-même est en faveur du partage de la Palestine, dont il voudrait que la partie arabe soit intégrée à son royaume, la Transjordanie. La Syrie, pense-t-il, rejoindrait ensuite cette union, qui constituerait plus tard une fédération avec l'Irak. La partie juive de la Palestine y serait rattachée ultérieurement, dans un cadre fédéral ou une alliance avec la fédération jordano-irakienne.

Dans l'immédiat, Abdallah a besoin de 25 000 livres pour peser sur les élections syriennes. L'Agence juive payera. En prenant congé de son hôte, il déclare :

« *J'ai aujourd'hui soixante-dix ans. Mes années sont comptées. Vous ne disposez pas de leader arabe aussi réaliste que moi, ailleurs dans le monde arabe. Deux voies vous sont ouvertes : établir un lien avec moi pour que nous œuvrions ensemble, ou renoncer à moi. Si vous choisissez la première, faites-le sans hésitation – et vite. Chaque instant compte. Si vous choisissez la seconde, que Dieu soit avec vous [...]. Transmettez mes cordiales salutations à Moshe Shertok. Je suis navré qu'il se trouve actuellement en détention, mais tel est le destin des dirigeants fidèles à leur cause. La prison est toujours une étape vers la libération de son peuple* [2]. »

Début septembre, Golda Meir, qui remplace Moshe Shertok à l'exécutif de l'Agence juive, annonce que le mouvement sioniste ne participera pas à la conférence de Londres. Le 9, Clement Attlee prend donc la parole devant les seuls représentants des États arabes[3]. La discussion est parfaitement stérile et, le 2 octobre, les travaux sont suspendus.

Les nouvelles en provenance de Washington ne sont pas vraiment favorables à la politique britannique. Truman écrit au Premier ministre britannique pour regretter l'ajournement de la conférence et exprimer l'espoir qu'il sera possible « dans l'intérim » de commencer le transfert de cent mille réfugiés juifs en Palestine. Le 4, la veille du jeûne de Kippour, le président des États-Unis publie un communiqué qui fera date. Il rejette le plan Morrison-Grady, et prend position en faveur de la proposition de partage de la Palestine adoptée par l'Agence juive : « *Je crois qu'une telle solution aurait le soutien de l'opinion publique aux États-Unis. [...] Notre gouvernement pourrait accorder son soutien à une telle solution* [4]. »

Le même jour, onze kibboutz voient le jour simultanément dans le Néguev. Les activités du Mouvement de résistance hébreu sont suspendues depuis l'affaire du King David. La Haganah attend une décision de ses instances politiques sur la conduite à suivre : faut-il reprendre la lutte armée aux côtés de l'Irgoun et du LEHI, ou bien se consacrer à l'immigration et à la construction de nouveaux points de peuplement tout en se préparant à devenir le noyau de la future armée de l'État juif ?

Menahem Begin, lui, n'a pas le moindre doute : il faut combattre l'occupant britannique. En septembre 1946, la coordination a repris avec le LEHI. Les deux mouvements ont miné plusieurs dizaines de routes de Palestine et lancé une série d'attaques, dynamitant des ponts de chemin de fer et un train. Le 13, à Tel-Aviv, l'Irgoun a « saisi » 4 000 livres palestiniennes dans une agence de l'Ottoman Bank, un établissement britannique. Le hold-up de la succursale de Jaffa échouera : un militant sera même capturé par la police. Le 20, une bombe de forte puissance détruit une partie de la gare d'Haïfa.

Nathan Yelin Mor a mis du temps à prendre en main le contrôle des opérations du LEHI après l'arrestation de Shamir. Il décentralise l'organisation et met à nouveau l'accent sur le recrutement. Eldad conserve la responsabilité de la propagande et de l'idéologie. En deux mois, le LEHI réalise près d'une trentaine d'attaques en tous genres : hold-up, sabotages de voies ferrées, attaques de véhicules militaires, destructions de ponts.

Une explosion à Rome, des contacts à Paris

L'Irgoun décide de frapper à l'étranger. Pas question d'attaquer des objectifs britanniques en France. Elie Tavin, arrivé en Italie au début de l'année, reçoit l'ordre de préparer une opération à Rome. Ce sera l'ambassade de Grande-Bretagne, rue du 20-Septembre.

Les préparatifs durent trois mois. 50 kilos de TNT sont achetés chez des pêcheurs d'Ostia et des vignerons de Frascati. Les détonateurs sont fournis par la cellule de l'Irgoun en Autriche. Le 31 octobre, à 21 heures, deux jeunes couples de militants apportent des valises pleines d'explosifs et les remettent au commando de quatre hommes qui doit commettre l'attentat. À 23 heures, problème : la montre qui doit déclencher l'explosion s'est arrêtée, et les détonateurs autrichiens semblent peu fiables. Le groupe se précipite dans le Colisée, désert à cette heure. Un trou est creusé dans le sol et, à l'aide d'une pile électrique, les saboteurs essaient un détonateur. Soulagement, une explosion se produit. La montre est réparée. En taxi, le groupe part pour l'ambassade britannique. Parvenus à destination, trois passagers descendent avec les valises. Le troisième se fait conduire à une pension de famille éloignée du lieu de l'attentat.

Les charges sont placées dans l'entrée de l'immeuble. Dans la rue, pour éviter que des passants ne soient atteints, des drapeaux rouges sont disposés portant l'inscription (en italien) : « *Danger mines* ».

À 2 h 46, une explosion secoue le quartier. L'ambassade est en partie détruite. Il n'y a pas de blessés. La même nuit, des jeunes militants tracent des croix gammées sur les murs des consulats britanniques à Milan, Naples et Bari.

L'attentat fait la une de la presse internationale. Les enquêteurs l'attribuent d'abord à des néofascistes italiens ou à un groupe de Yougoslaves, mais, avec la collaboration de l'Intelligence Service, ils parviennent à la conclusion qu'il s'agit de l'Irgoun. Des arrestations sont effectuées dans les cercles du Bétar. En Grande-Bretagne, la sécurité est renforcée aux frontières[5].

En France, le LEHI est représenté par Yashka Levstein qui, après un séjour de six mois en Égypte, est arrivé à Paris en mai 1946 pour y créer une base d'opérations. Son premier contact a été un écrivain, Knout, membre de la résistance juive, dont la belle-fille, Betty Knout Lazarus, est une militante active. Elizabeth, la mère de la jeune militante, était la fille d'Ariane Scriabine, la cousine germaine de Molotov, le ministre des Affaires étrangères soviétique. Elle a été assassinée par la Milice à Toulouse. Le groupe est formé de jeunes Juifs, anciens résistants, étudiants, réfugiés d'Europe de l'Est, qui rêvent de participer au combat pour la création de l'État d'Israël. Levstein a également reçu l'ordre d'établir des relations avec le gouvernement français. Avant son départ de Palestine, Shamir lui a même conseillé de contacter le colonel Alessandri[6], cet ancien de la France libre qui avait rencontré Gabriel Masseri, membre de la cellule du LEHI à Beyrouth, durant les premiers mois de l'année 1946.

Comment s'y prendre ? Levstein décide d'y aller au culot. Un matin d'octobre, il pénètre dans le bâtiment du quai d'Orsay sans être arrêté, lit les panneaux, se rend au département Proche-Orient, frappe à une porte… et dévoile son identité à un diplomate. Un haut fonctionnaire accepte de faire passer le message. Il le fera en effet, mais cela aura pris un peu de temps. Alessandri se trouve alors à Bizerte, où il a été nommé gouverneur militaire. Quelques semaines plus tard, Yashka reçoit un pli. Le colonel est à Paris et veut le voir. La rencontre a lieu. Son interlocuteur lui promet de le mettre en rapport avec les autorités compétentes[7]. Et c'est ainsi que dans une salle du Café de Flore, à Saint-Germain-des-Prés, se déroulera, selon Levstein, la première rencontre secrète entre les délégations du groupe Stern et du gouvernement français.

Me André Blumel, entouré du colonel Alessandri et de deux hauts fonctionnaires, écoute patiemment les demandes des Palestiniens : des fournitures d'armes, l'autorisation d'organiser des opérations antibritanniques depuis une base située en territoire français, l'autorisation d'entraîner au combat des réfugiés juifs se trouvant dans des camps de personnes déplacées en France. Les Français acceptent de laisser le LEHI opérer depuis leur territoire, mais à condition qu'aucune attaque n'y soit commise. Blumel explique aux sternistes que le gouvernement français ne saurait agir ouvertement, en raison de « difficultés politiques ». Les relations futures se feront au niveau des services secrets.

Un autre envoyé du Centre, Yaacov Yeridor, est également à Paris mais à des fins politiques. Il s'assure d'alliés à gauche, au Parti communiste, chez Pierre Hervé, tandis que Roger Vailland effectuera bientôt un reportage en Palestine. C'est

André Ullmann, le rédacteur en chef de *Tribune des nations*, qui, plus tard, introduira le LEHI en Tchécoslovaquie communiste.

Le Centre voudrait avoir un contact direct avec le Kremlin, qu'il considère comme le principal allié potentiel du sionisme révolutionnaire. Dans cette perspective, l'organisation tente de faire parvenir des messages à Staline. Il se trouve qu'un militant palestinien de vieille date, Yitzhak Markin, est un ami personnel de Georgi Dimitrov, le leader communiste bulgare qui se trouve à la tête du gouvernement provisoire à Sofia. En 1933, il avait contribué pour 1 000 livres sterling à la défense de Dimitrov, accusé par les nazis de complicité dans l'incendie du Reichstag à Berlin. Markin est bientôt reçu par le leader bulgare, qui lui pose de nombreuses questions sur l'idéologie du LEHI – et sa contribution à la lutte contre l'impérialisme. Il a également des discussions avec un envoyé de Staline dont l'identité est restée secrète jusqu'à ce jour. Ces pourparlers ne déboucheront sur aucun accord politique. Le Kremlin, explique Dimitrov, est persuadé que l'État juif qui verra le jour sera dirigé par David Ben Gourion, un social-démocrate pire, à ses yeux, que le travailliste Bevin. Selon Nathan Yelin Mor, Markin obtiendra néanmoins de son interlocuteur l'autorisation pour les Juifs de quitter la Bulgarie[8].

Aucun des anciens du LEHI qui ont raconté cet épisode n'a évoqué l'autre aspect de ces négociations : Dimitrov était l'ancien secrétaire général du Komintern, l'Internationale communiste, et le groupe Stern tentera, à la fin de l'année 1948, de présenter sa candidature au Kominform, la nouvelle Internationale communiste anticapitaliste...

Un comité d'évasion fort actif

Dans le camp Simbel, près d'Asmara, en Érythrée, où il est interné, Yitzhak Shamir a retrouvé quelques vieilles connaissances du LEHI : Shlomo Ben Shlomo, Ouzi Ornan. La section locale de l'Irgoun est dirigée par Aryeh Ben Eliezer et Yaacov Méridor, l'ancien adjoint de Menahem Begin qui est pour l'heure le président… du comité d'évasion. Les prisonniers de Simbel ont, en effet, pour passe-temps favori la tentative d'évasion – qui échoue plus souvent qu'elle ne réussit. La dernière belle – la septième ! – avait eu lieu le 1er juillet 1946 : cinquante-quatre détenus se sont échappés, mais la plupart ont été repris quelques semaines plus tard à Addis-Abeba, en Éthiopie, et les Britanniques ont renforcé les mesures de sécurité. Pour empêcher le creusement de tunnels, des plaques de béton ont ainsi été coulées dans toutes les baraques, d'où les séparations intérieures ont été retirées. Autour du camp, les sentinelles veillent en armes, prêtes à tirer.

Plusieurs fois par jour, les gardiens font l'appel. Ils pénètrent aussi la nuit à l'improviste dans les baraques pour compter et recompter les prisonniers. Le problème paraît insoluble, jusqu'au jour où Méridor découvre que les Britanniques n'ont jamais détruit le souterrain que les détenus avaient creusé quelques mois plus tôt entre la baraque numéro 2 et l'extérieur du camp. Apparemment, après sa découverte, ils se sont contentés d'en barrer l'accès à l'aide de blocs de pierre, de béton, et en ont maintenant oublié jusqu'à l'existence. Encore faut-il s'en assurer.

Les « spécialistes » se réunissent et parviennent à la conclusion qu'il faut retrouver le tunnel en creusant sous l'escalier de la baraque. Un problème difficile à résoudre car cela signifie qu'il faut effectuer ce genre de travaux en plein jour, au nez et à la barbe des gardiens. Au bout de quelque temps, la solution est trouvée. Une fois par semaine, les détenus doivent sortir les lits, les armoires et toutes leurs affaires de leur baraque pour en permettre le contrôle et le nettoyage. Il suffira donc d'obtenir des responsables du camp qu'ils autorisent les détenus de la baraque numéro 2 à se soumettre à cette obligation le dimanche, jour durant lequel il y a moins de gardiens. Les travaux pourront se dérouler derrière un lit placé devant l'escalier.

Un incident aura failli tout remettre en question. Un soir, après l'extinction des feux, quelques jeunes militants de l'Irgoun attirent l'attention des gardiens par une discussion animée. Les sentinelles font irruption dans la baraque, mais ne remarquent rien. Les Britanniques commencent néanmoins à soupçonner qu'il se prépare quelque chose. Le lendemain, ils procèdent à une fouille en règle et découvrent des outils cachés derrière l'évier de la salle de douche. Un officier convoque les deux détenus qu'il considère manifestement comme les chefs : Yaacov Méridor et Yitzhak Shamir, et leur fait la leçon en rappelant la promesse du CID selon laquelle un tiers des détenus doit être bientôt libéré. Or une tentative d'évasion remettrait évidemment tout en question. Ses interlocuteurs l'écoutent en hochant la tête[9].

En quelques semaines, le tunnel est dégagé. Les Britanniques ne se sont aperçus de rien. Le rabbin Shreibaum, d'Asmara, qui est aussi l'aumônier du camp, assure la liaison avec un sympathisant, un Juif italien, le Dr Lévy, qui accepte de s'assurer d'une cachette dans la ville. La liste de candidats à évasion est dressée après d'âpres négociations entre les comités de l'Irgoun et du LEHI. Ce seront : Yaacov Méridor, Aryeh Ben Eliezer, Yitzhak Shamir, Rahamim Mizrahi et Reouven Franco.

Haïm Weizmann est écarté, Ben Gourion triomphe

Le 5 novembre, considérant que la recherche d'une solution politique est impossible en l'absence d'interlocuteurs, le gouvernement britannique ordonne la mise en liberté des dirigeants sionistes arrêtés en juin et annule les mandats d'arrêt contre David Ben Gourion et Moshe Sneh. À Londres, Haïm Weizmann mène alors des discussions informelles, tandis qu'en Palestine, l'Irgoun et le LEHI poursuivent leurs opérations.

En huit jours, quatorze policiers sont tués au cours de divers attentats. Les militaires britanniques réagissent en attaquant des passants, ouvrant le feu sur des magasins, des cafés et des voitures. Une dizaine de civils sont blessés. Les officiers supérieurs expriment leur inquiétude face « *à la montée d'un sentiment antijuif parmi les forces britanniques en Palestine* ».

La Haganah lance des appels à la modération aux deux organisations. Les responsables du Yishouv voudraient que la presse internationale se concentre plutôt sur le drame de l'immigration illégale. Le 26, le *Knesset Israël*, chargé de trois mille neuf cent onze rescapés de la Shoah, arrive à quai à Haïfa. Les militaires tentent de monter à bord, mais sont accueillis par une pluie d'objets divers. Finalement, l'assaut est donné, à coups de matraques et de gaz lacrymogènes. Deux réfugiés sont tués par balle, cinquante-sept personnes sont blessées ainsi qu'une trentaine de soldats. Et tandis que les immigrants sont transférés sur des navires prisons qui doivent les conduire à Chypre, la population juive d'Haïfa observe une grève de solidarité.

À Bâle, le 9 décembre 1946, l'Organisation sioniste mondiale se réunit en congrès pour la première fois depuis le déclenchement de la Seconde Guerre mondiale. D'entrée de jeu, David Ben Gourion réaffirme son rejet du plan Morrison-Grady et se prononce en faveur du partage : « *Nous sommes prêts à compromis si, en échange d'un territoire plus réduit [en Palestine], on nous accorde nos droits, l'indépendance politique complète.* » Et, tout en condamnant le terrorisme, il réitère son opposition à la politique britannique : « *Notre mouvement doit adopter un seul principe : la résistance ! Je voudrais que les délégués à ce congrès puissent voir ce qui s'est passé en Terre d'Israël le jour où la 6e division aéroportée est intervenue à Shfaïm et Givat Haïm avec ses blindés, ses mitrailleuses lourdes, et a ouvert le feu. Des milliers de Juifs désarmés lui ont fait face. Pas seulement des pionniers, mais de simples Juifs, des Juives, des jeunes, des vieux, sans peur de la mort, sans crainte des mitrailleuses. Cette force [de résis-*

tance] n'existe pas seulement en Terre d'Israël mais aussi chez les Juifs de la diaspora pour qui l'immigration en Terre d'Israël ne relève pas du sionisme, de l'idéologie, pas même d'un programme, mais d'une nécessité vitale. Le destin de ces Juifs, c'est la Terre d'Israël ou la mort. »

Moshe Sneh prononce un plaidoyer passionné en faveur de la rupture de tous les liens avec la Grande-Bretagne et de la reprise de la lutte armée. Les délégués du parti révisionniste l'applaudissent.

Vient le tour de Haïm Weizmann. Son discours a été rédigé par Abba Eban, un jeune diplomate sioniste : « *La plus grande haine dans les annales de l'humanité a été dirigée contre [...] notre peuple sans défense. Le judaïsme européen a été submergé par un raz de marée. Ses centres de vie et de culture ont été ravagés, ses habitations détruites.* » Le vieux leader évoque les conséquences terribles du Livre blanc britannique pour les Juifs persécutés par les nazis. « *Je comprends les raisons qui ont poussé de nombreux jeunes Juifs à la violence en Palestine [...]. Les Juifs sont venus en Palestine pour bâtir, pas pour détruire. Massada, avec tout son héroïsme, fut un désastre dans notre histoire. Le sionisme doit marquer la fin de nos sacrifices glorieux et le début d'une voie nouvelle sous le signe de la vie.* » Il répond à Ben Gourion : « *[...] Qu'arrivera-t-il au peuple juif, à la Terre d'Israël si nous mettons en question la base même sur laquelle nous avons tout bâti ? La résistance est indivisible, nous savons où elle commence, nous ne savons pas où elle peut conduire ! La vérité est qu'après la destruction des ponts en Palestine est venu le "samedi noir", et les amis se sont exclamés : Mon Dieu ! Que font les Anglais ? Ils arrêtent nos dirigeants ! Ils ont dit aussi : Ceux qui attaquent le gouvernement [britannique] doivent s'attendre à la riposte. Nous nous plaignons qu'ils nous frappent encore plus fort. Mais pouvions-nous nous attendre à une autre réaction ? [...] J'ai entendu les arguments de Sneh, ils me font peur ! Cela nous conduirait à notre perte !* »

Au cours du débat, un délégué d'une organisation sioniste américaine déclare : « *Les Juifs de Palestine doivent se révolter contre la Grande-Bretagne. Le judaïsme américain leur accordera son soutien politique et moral total !* » Furieux, Weizmann lui répond :

« Un soutien politique et moral est bien peu de chose quand il s'agit d'envoyer les autres sur les barricades face à des chars et des fusils. Les onze localités juives qui viennent de voir le jour dans le Néguev ont beaucoup plus d'importance qu'une centaine de discours sur la résistance, surtout lorsqu'ils sont prononcés à New York et que la résistance en question doit se dérouler à Tel-Aviv et à Jérusalem ! » Quelqu'un dans la salle lui lance : « *Démagogue !* »

Weizmann : *« Quelqu'un m'a qualifié de démagogue. Je ne sais pas qui, et j'espère ne jamais connaître le nom de cette personne. Moi ? démagogue ? Moi qui ai subi toutes les douleurs de l'enfantement de ce mouvement ? La personne qui m'a lancé cette invective devrait savoir que dans chaque maison, dans chaque étable de Nahalal, dans chaque échoppe de Tel-Aviv ou Haïfa, il y a une goutte de mon sang*[10]. »

Le Congrès approuve le nouveau programme sioniste : *« Créer un Commonwealth juif intégré dans les structures démocratiques mondiales. Rejeter le plan Morrison-Grady et refus de participer à la conférence de Londres. »*

Pour la première fois, Haïm Weizmann n'est pas réélu à la tête de l'Organisation sioniste mondiale, qui reste sans président. David Ben Gourion est le grand vainqueur. Il demeure chef de l'exécutif et reçoit un portefeuille supplémentaire, celui de la Défense.

Les fesses des Britanniques, le décolleté de Rita

En Palestine, les autorités mandataires ne savent plus quoi faire pour rétablir au moins un semblant d'ordre. Le 11 décembre, Benyamin Kimchi, un des trois jeunes militants de l'Irgoun capturés lors du hold-up raté de la banque ottomane à Jaffa, en septembre 1946, est condamné non seulement à une lourde peine de prison mais aussi... à dix-huit coups de fouet. Menahem Begin se fâche et affirme : *« Nous ne nous laisserons pas traiter comme les indigènes. Si notre gars subit cette punition déshonorante, nous l'infligerons également à des Britanniques !* »

Des tracts sont distribués. Le 29, l'Irgoun apprend que le détenu a été fouetté. Le soir même, à Netanya, un capitaine des paras est enlevé et fouetté. À Tel-Aviv, les hommes de Begin capturent deux sergents, un troisième à Rishon le Tsion. Ils ont droit, eux aussi, au fouet. Un problème toutefois : une des équipes est interceptée par la police. Des armes sont découvertes dans leur voiture, et quatre hommes seront traduits en justice.

La presse internationale fera des gorges chaudes de l'incident. Des caricatures sont publiées en France, montrant un soldat britannique protégeant ses fesses. À Londres, le gouvernement décide d'interdire ce type de punition, non seulement en Palestine mais également en Inde.

Le lendemain, l'armée impose le couvre-feu sur les villes de Netanya, Petah Tikva et Rishon le Tsion. L'identité de deux mille personnes est contrôlée. Il y a soixante-seize arrestations. Un nouveau barrage militaire est installé à l'entrée de Jérusalem. Chaque véhicule est inspecté. Le 1er janvier 1947, plusieurs quartiers de Tel-Aviv sont fouillés, maison par maison.

Le 2, l'Irgoun et le LEHI attaquent simultanément des positions militaires à Tel-Aviv, Jérusalem, Haïfa, Tibériade et Hadera. Un officier britannique et un policier juif sont tués. À Tel-Aviv encore, des civils interpellés lors des contrôles d'identité sont conduits au QG du CID et passés à tabac. Couvre-feu et perquisitions ne permettent pourtant de découvrir qu'une petite cache d'armes.

La radio de la Haganah lance un avertissement aux « organisations dissidentes » : « *Si les crimes terroristes se poursuivent, la communauté juive de Palestine et l'Organisation sioniste mondiale, engagées dans le combat pour l'avenir de notre peuple, devront tirer toutes les conclusions qui s'imposent.* » Rien n'y fait. Le 12, une voiture piégée explose dans la cour du commissariat d'Haïfa. Cinq policiers, deux britanniques et trois arabes, sont tués. Le 18, nouvelle offensive sur les routes de Palestine : la circulation est interrompue en de nombreux endroits pendant des heures.

Cela n'empêche pas les Britanniques de régler leurs comptes. Dov Gruner, qui avait été capturé, blessé, lors de l'attaque du commissariat de Ramat Gan, a été condamné à mort. La sentence doit être exécutée le 28 janvier. Le 26, l'Irgoun enlève un juge, un soldat et un officier, menaçant de les pendre si Gruner est exécuté. L'Agence juive négocie, obtient la promesse officieuse que Gruner aura la vie sauve. Les deux Britanniques sont relâchés. Mais le 10 février, trois des quatre militants capturés par la police le 30 décembre – Yehiel Drezner, Mordehaï Alkochi et Eliezer Kashani – sont condamnés à mort. Le général Barker confirme la sentence. Depuis le début de 1944, vingt-deux militants du LEHI et de l'Irgoun ont été condamnés à la pendaison par les tribunaux militaires britanniques pour être ensuite graciés. Mais cette fois, l'impression générale est que les quatre hommes monteront sur l'échafaud.

L'Agence juive et diverses organisations politiques du Yishouv interviennent auprès des autorités mandataires. À l'étranger, l'affaire a un retentissement énorme. Des mouvements pour la défense des droits de l'homme envoient pétition sur pétition à Londres.

Dans le camp Simbel, tout est fin prêt pour l'évasion de Shamir, Méridor et de leurs trois camarades. Le soir du 14 janvier, pendant une séance de cinéma, ils s'éclipsent un à un. Les gardiens ont le regard rivé sur l'écran. Le film ne pouvait être mieux choisi : *Gilda*, joué par Rita Hayworth dont le décolleté émousse la vigilance des Britanniques[11]. Mizrahi descend le premier, suivi de Ben Eliezer et de Shamir. Méridor ferme la marche. Avant de disparaître, il a remis à un camarade une lettre destinée aux autorités, les avertissant que les évadés ne sont pas armés et qu'ils n'opposeront aucune résistance en cas de capture. Il craint que les Britanniques ne tentent de régler quelques comptes supplémentaires, notamment avec Shamir, si les fugitifs sont découverts. Au bout d'une demi-heure, tout le monde est dehors. La sortie du tunnel est camouflée. Les évadés se débarrassent de leurs uniformes de détenus et arborent les vêtements de ville propres qu'ils cachaient dessous. Le docteur Lévy, qui effectue un voyage en Italie, a chargé un autre Italien, un certain Carlo, de les aider. Le contact est établi devant le théâtre d'Asmara. Les cinq hommes vont se cacher chez leur nouveau protecteur. Mme Lévy, l'épouse du médecin, viendra les voir et leur promet toute l'aide possible. Elle rétablit la liaison avec l'Irgoun en Europe et, au bout d'une semaine, recevra 2 000 livres sterling pour faire face aux dépenses des évadés.

Bevingrad

Depuis le 31 janvier 1947, les familles des fonctionnaires de l'administration coloniale et des militaires détachés en Palestine ont été rapatriées en Grande-Bretagne. La plupart des institutions britanniques sont désormais entourées de plusieurs barrages de barbelés. Des zones de sécurité appelées « Bevingrad » par la population.

David Ben Gourion arrive à Londres début février. Il a un entretien avec Arthur Creech Jones, le ministre des Colonies, qui lui demande quelle serait la réaction des Juifs si l'ONU décidait de placer la Palestine sous tutelle de la Grande-Bretagne.

Ben Gourion : *« Nous nous opposons à tout nouveau mandat sur la Palestine, sous quelque nom que ce soit, à vous comme à quiconque !*

Creech Jones : – *Et le mandat actuel ?*

Ben Gourion : – *Nous ne nous y opposerons pas si vous en exécutez fidèlement les termes. Sinon, si un État juif ne voit pas le jour... quittez la Palestine !*

Creech Jones : – *Et qui le fera ?*

Ben Gourion : – *Nous y veillerons nous-mêmes. Je pense que nous conclurons un accord avec les Arabes. De toute manière, il vaut mieux que nos immigrants aient affaire à la marine arabe qu'à la Royal Navy ! [...] Nous sommes peut-être un peuple irrationnel. Nous avons préféré mourir sur le bûcher plutôt que d'accepter de nous convertir au christianisme. Vous aussi, les Anglais, vous avez été irrationnels en 1940 et vous avez sauvé le monde. Les Français ont été rationnels et ont perdu leur âme*[12] *!* »

Cinq jours plus tard, le gouvernement Attlee soumet une nouvelle proposition au mouvement sioniste. Dans l'esprit de la commission Morrison-Grady, la Palestine serait divisée en deux cantons autonomes, juif et arabe, placés sous tutelle britannique. Quatre-vingt-seize mille immigrants juifs seraient autorisés à venir s'installer au cours des deux prochaines années. Ben Gourion répond : *« Quatre mille immigrants par mois, ce n'est pas suffisant pour nous faire changer d'avis ! »* Le 10 février, il est reçu par Bevin. L'entretien se déroule dans une atmosphère tendue.

Ben Gourion : *« [...] La Palestine est un petit pays ; quelle est son importance pour vous ?*

Bevin : – *Nous n'en avons nul besoin. Nous pouvons partir immédiatement ! [...] Vous n'avez jamais dévoilé vos véritables intentions. Vous n'avez jamais mis vos cartes sur la table. Je mène des négociations avec toutes sortes de nations et toutes nous disent clairement ce qu'elles veulent. Un seul peuple ne dévoile pas ses intentions... les Russes. Vous êtes nés en Russie, vous vous comportez comme un Russe !*

Ben Gourion : – *Cela, nous ne l'avons pas appris des Russes mais de vous ! Vous avez présenté toutes sortes de propositions, rédigé des documents, mais vous ne nous avez jamais dit simplement et clairement ce que vous proposez. Hier encore, nous avons présenté à vos représentants la carte du territoire que nous exigeons.*

Bevin : – *Nous ne pouvons pas imposer un État juif aux Arabes. Les Américains font pression sur nous. Ils nous donnent des conseils et nous disent quoi faire. Mais, lorsque nous leur demandons s'ils nous fourniront une aide militaire, ils répondent : Non ! Tout cela en raison de leurs campagnes électorales ! Une fois ce sont les élections à New York, une autre fois c'est pour le Sénat. Ils refusent toute responsabilité. Ils veulent que nous portions la totalité du fardeau. Nous ne pouvons pas affronter l'ensemble du monde arabe ! [...] Nous allons soumettre la question aux Nations unies*[13] *!* »

La conférence de Londres se solde par un échec. Les Arabes rejettent toute forme de partage de la Palestine alors que les sionistes n'acceptent aucune autre solution. Le 27 février, Ernest Bevin annonce que son gouvernement a décidé de soumettre la question aux Nations unies.

L'amant de Mme Carlo

À Asmara, les cinq évadés palestiniens sont cachés dans un bunker dont l'entrée est camouflée derrière la maison de Carlo qui leur apporte régulièrement du ravitaillement et des nouvelles de l'extérieur. Les Britanniques fouillent le camp de fond en comble sans découvrir le souterrain. Trois semaines après l'évasion, Carlo trouve le moyen d'envoyer un des cinq hommes à Addis-Abeba. C'est Aryeh Ben Eliezer, qui a d'excellents contacts en Europe et aux États-Unis. Il part caché dans un fût d'essence fixé sous un camion. Le 2 mars, Carlo, qui est aux petits soins, persuadé qu'il a affaire à des Juifs importants, leur apporte des glaces et une mauvaise nouvelle. Le camp de Simbel a été évacué et les détenus transférés ailleurs. Un matin, Mme Lévy arrive inopinément, fort inquiète. Carlo a découvert son épouse en compagnie d'un amant et leur a infligé une sérieuse correction. Mais il craint que l'infidèle n'ait révélé à son amoureux la cachette des évadés. Apparemment, ce n'est pas le cas. Les époux se réconcilient.

Quelques jours plus tard, Carlo annonce que tout est fin prêt pour le voyage des quatre autres vers Addis-Abeba. Il a acheté avec l'argent reçu de l'Irgoun un camion-citerne de 10 tonnes dans lequel il a installé un compartiment secret d'un mètre et demi de largeur. Le véhicule et 10 000 litres d'essence constitueront sa récompense pour l'aide apportée aux évadés. Un chauffeur italien doit les conduire jusqu'à la capitale éthiopienne. Le camion démarre... pour s'arrêter au bout d'une demi-heure et s'immobiliser. L'attente dure près de cinq heures. Le soleil tape dur sur la tôle. Les quatre hommes ont de plus en plus soif. Finalement, Mizrahi sort sans être vu et s'installe dans la cabine du véhicule. Carlo apparaît bientôt : le chauffeur veut une augmentation. On se met d'accord. Les quatre hommes ingurgitent des litres d'eau, et le camion repart bientôt... pour stopper quelques kilomètres plus loin. À nouveau les heures passent. Mizrahi, excédé, va s'installer dans la cabine où il finit par s'endormir. Il est réveillé au petit matin par le chauffeur qui lui explique le plus tranquillement du monde qu'il devait rendre visite à une prostituée habitant à cet endroit. Incapable de répondre à ce genre d'argument, le fugitif retourne dans la citerne raconter à ses camarades la raison de ce nouveau retard. Le camion repart et, après de longues heures, parvient à la frontière éthiopienne pour apprendre qu'elle est fermée jusqu'au lendemain. Les évadés passeront la nuit dans la citerne, sans oser bouger. Des soldats et des douaniers patrouillent dans le parking où est garé le véhicule.

Au petit matin, à 6 heures, le camion démarre. Le premier poste-frontière est franchi sans encombre. Quelques kilomètres plus loin, le chauffeur fait une halte dans une clairière ombragée. Les évadés déshydratés peuvent boire et manger. Nouvelle halte quelques heures après, cette fois devant le poste éthiopien. Quelqu'un frappe la tôle, la gratte. Les passagers de la citerne n'osent pas bouger. Inquiets, assoiffés, ils souffrent de crampes douloureuses. Le camion est immobilisé à nouveau. La nuit passe, le chauffeur a encore disparu. Subitement, les évadés entendent la voix de Carlo. À nouveau les douaniers éthiopiens semblent vérifier le véhicule. Le contact est mis, Carlo crie, à l'intention des passagers de la citerne : « *J'espère que cette fois tu arriveras sans encombre à Addis-Abeba.* » Le camion repart. Au bout de quelques heures, c'est l'arrêt. Shamir et ses camarades découvrent qu'ils ont changé de chauffeur. Le précédent n'avait pas l'autorisation d'entrer en Éthiopie et il avait fallu que Carlo vienne soudoyer les Éthiopiens du poste-frontière. Les quatre hommes se désaltèrent pour la seconde fois en vingt-quatre heures. Ils arriveront à destination trois jours plus tard. Une semaine pour faire le trajet Asmara - Addis-Abeba, la plus longue de leur existence. Cela fait plus de deux mois qu'ils se sont échappés de Simbel.

Micmac à Djibouti

Aryeh Ben Eliezer attendait les évadés à Addis-Abeba. Il a établi le contact avec le comité de l'Irgoun aux États-Unis, qui lui a fait parvenir de l'argent. Sous le nom de Tommy King, il habite une maison de location. Des sympathisants de la cause sioniste mettent deux domestiques à la disposition du groupe. Les cinq fugitifs savent que leur sécurité est toute relative : des unités britanniques stationnent encore en Éthiopie. Des détenus échappés d'Érythrée six mois plus tôt ont d'ailleurs été capturés et renvoyés dans les prisons de Sa Majesté.

Au bout de quelques jours, Shamir et Méridor reçoivent des informations inquiétantes : le commandant du camp de Simbel se trouve à Addis-Abeba. Il n'a pas digéré la dernière évasion et promet d'abattre les fuyards s'il met la main sur eux. Les jours passent. Les correspondances avec l'étranger se révèlent décevantes. Il faut parvenir à organiser au moins un départ vers Djibouti, la colonie française. Le propriétaire d'une société d'exportation de céréales accepte de laisser deux des cinq hommes faire le voyage clandestinement à bord d'un train de marchandises effectuant le trajet Addis-Abeba - Djibouti. Après de longs palabres, le groupe désigne Yitzhak Shamir et Aryeh Ben Eliezer[14].

Ils sont conduits le lendemain à la gare de marchandises, où ils prennent place dans un wagon de café. Les douaniers éthiopiens, soudoyés, ferment les yeux. Le train mettra huit jours à traverser le désert de Danakil. Un voyage épuisant : le soleil tape sur le wagon et les provisions en eau sont réduites.

Ils parviennent à moitié déshydratés à Djibouti. Mais quand la porte du wagon s'ouvre, mauvaise surprise, des soldats français sont là. Les deux hommes ont été dénoncés. Arrêtés et fouillés, ils sont conduits dans le bureau du chef de la police locale. Leurs fausses identités font sourire l'inspecteur, qui sort de son tiroir une affiche portant la mention « Wanted » au-dessus de leurs photographies. C'est un mandat d'arrêt du CID britannique. « *Eh bien messieurs !* annonce-t-il, *vous êtes entre mes mains, mais je ne sais pas ce que je vais faire de vous !* »

Ils sont remis en liberté après avoir promis sur l'honneur de répondre à toute convocation de l'inspecteur et s'en vont passer la soirée chez le rabbin de Djibouti. Vers midi, le lendemain, un policier vient les chercher. C'est la tuile. L'inspecteur leur annonce que le gouverneur a décidé que les deux hommes seront remis au consul britannique et extradés. En attendant, ils sont placés sous la garde d'un homme armé. Les véhicules sont prêts devant le poste de police. Le transfert doit avoir lieu dans deux heures. Shamir se tait et laisse Ben Eliezer, qui parle mieux l'anglais que lui, plaider leur cause auprès des officiels français.

Les choses se présentent décidément très mal : le gouverneur de Djibouti refuse de recevoir l'appel des deux hommes. Aryeh Ben Eliezer a une idée : « *Je veux voir un avocat !* » lance-t-il. Le rabbin de Djibouti part à la recherche du seul avocat français de la colonie.

Me Bernard Cothier arrive. Il comprend immédiatement la situation. L'extradition doit avoir lieu dans une demi-heure. La voiture du consul britannique passe et repasse devant le poste de police, accroissant encore la nervosité des deux hommes. Le gouverneur refuse de modifier sa décision. Cothier s'adresse alors au procureur général. La discussion dure deux heures. L'avocat revient et annonce à Shamir et à Ben Eliezer qu'ils sont accusés d'entrée illégale en territoire français et qu'ils devront passer en justice. Les deux évadés sont fous de joie. Mieux vaut les prisons françaises que les britanniques ! Surtout, cette procédure judiciaire devrait leur donner le temps de contacter les représentants de l'Irgoun et du LEHI en France, et, peut-être, d'obtenir de Paris le statut de réfugiés politiques.

Le 24 avril, ils sont condamnés à quatre mois de prison. Shamir a déclaré au juge qu'il était ravi de plaider coupable. Le verdict sera confirmé en appel, le 6 juin. Me Cothier explique aux fugitifs que le gouverneur est un gaulliste anglophile, quand le procureur, ancien de Vichy, est anglophobe.

Les sternistes à Paris

En Palestine, l'Irgoun change de tactique et passe à l'attaque frontale, pour tuer. Le 1er mars, un commando lance un assaut en règle contre le club des officiers britanniques situé en face de l'Agence juive à Jérusalem. Une voiture piégée explose à l'entrée du bâtiment, neutralisant les sentinelles. Les assaillants, déguisés en policiers, pénètrent à l'intérieur en tirant des rafales d'armes automatiques, déposent leurs charges et se retirent. L'immeuble est détruit : treize officiers et soldats sont morts, seize blessés. Le lendemain, les autorités proclament l'état de siège dans les quartiers juifs de Jérusalem, une partie de Tel-Aviv, Ramat Gan, Bné Brak et Petah Tikva. Elles craignent de nouvelles attaques.

Le groupe Stern ne s'est pas installé en France pour discuter avec des diplomates mais pour lancer des attaques antibritanniques. Le 7 mars, un touriste nommé Martinsky débarque de Paris à l'aéroport de Londres. Les policiers le fouillent en s'excusant. C'est un invalide, il se déplace avec une jambe artificielle. Ancien combattant, il arbore ses médailles. Il prend un taxi et se rend à la poste centrale où on lui remet une enveloppe qui contient la clé d'un casier de consigne à la gare Victoria. Il s'y rend et l'ouvre. À l'intérieur se trouvent de grandes enveloppes, une boîte et du papier d'emballage portant l'inscription « Au service de Sa Majesté ». Discrètement, Martinsky se baisse et sort de sa jambe artificielle une grenade. Il en enlève précautionneusement la goupille, l'enrobe de papier collant et la place dans la boîte, emballe le tout et inscrit dessus l'adresse d'un général au club colonial de Trafalgar Square. Il souligne les mots « Personnel et secret ». Martinsky timbre et poste le paquet, puis repart sans encombre par avion. À Paris, le lendemain à 11 heures, il écoute la radio en compagnie de Levstein. Un speaker annonce : « *Une bombe a explosé au club colonial à Londres, il y a des blessés légers.* » Les deux hommes boivent un verre à la réussite de l'action. Le LEHI France vient de réussir sa première opération[15].

Au milieu de cette agitation, l'arrivée en Palestine du premier bateau clandestin affrété par l'Irgoun passerait presque inaperçue. Le *Ben Hecht* est toutefois intercepté au large d'Haïfa le 8 mars 1947. Les huit cents illégaux qu'il transporte ne s'opposent pas à leur arrestation et à leur transfert à Chypre. Le navire venait de Port-de-Bouc près de Marseille. Claire Vayda avait fourni aux réfugiés les autorisations de transit par la France et obtenu des visas pour la Bolivie. L'embarquement avait été surveillé par le chef de la Sûreté pour le sud de la France. Chaque immigrant montait sur le bateau en annonçant sa destination : « *La Paz.* » Nul n'était dupe. Un fonctionnaire français avait même lancé à Claire Vayda : « *Beau pays, la Bolivie ! Je le connais bien, j'ai été quatre ans en Syrie*[16] *!* »

État de siège

Avec la proclamation de l'état de siège, les Britanniques espèrent atteindre deux objectifs : faire pression sur l'opinion pour qu'elle encourage la dénonciation des terroristes, permettre de réaliser les perquisitions dans les meilleures conditions possible. Les communications téléphoniques sont coupées. À Tel-Aviv, les militaires tirent sur chaque véhicule circulant en dépit du couvre-feu. Des ambulances sont mitraillées. Un adulte et un adolescent sont tués. Les soldats ne veulent personne aux balcons et ouvrent le feu en direction des toits. Une petite fille de quatre ans est ainsi mortellement blessée d'une balle dans la tête ; soixante-dix-huit personnes sont arrêtées.

Le 12 mars, les hommes de Begin attaquent en plein jour le camp Schneller, le centre de la garnison britannique à Jérusalem : une partie des bâtiments est détruite. L'état de siège est levé trois jours plus tard. Manifestement, il ne sert pas à grand-chose. Les organisations clandestines ont marqué un nouveau point. Mais le 9, à Jérusalem, un militant du LEHI, Moshe Barazani, a été appréhendé alors qu'il était porteur d'une grenade. Le 17, il est condamné à la pendaison par le tribunal militaire. L'accusé semble se désintéresser de son procès. Annonçant qu'il ne reconnaît pas la légalité du tribunal, il est plongé dans la lecture de la Bible. Le 25, c'est Meir Feinstein, de l'Irgoun, qui est condamné à la peine capitale pour sa participation à l'attentat contre la gare de Jérusalem le 30 octobre. À nouveau, le Yishouv a le sentiment que les Britanniques ne reculeront pas et que les deux hommes iront à la potence. L'Irgoun et le LEHI préparent des plans d'attaque de la prison où ils sont détenus. L'opinion publique en Europe, et particulièrement en France, s'émeut. À Londres, le cabinet Attlee reçoit d'innombrables demandes de grâce.

Toujours dans la capitale britannique, le 16 avril, une jeune femme d'une trentaine d'années demande à un employé du ministère des Colonies où se trouvent les toilettes : elle doit réparer un bas filé. Gentleman, il lui indique l'endroit. Quelques minutes plus tard, Betty Knout repart en le remerciant. Le lendemain, une femme de ménage découvre un colis suspect. Scotland Yard est alerté. C'est une bombe qui n'a pas explosé. À Paris, le LEHI publie un communiqué : « *Nos combattants de la liberté ont réussi à pénétrer au cœur même de l'empire britannique pour y effectuer une opération de guerre. La guerre de libération juive se poursuivra partout où flotte le drapeau britannique...* » Les enquêteurs du Yard ne tardent pas à découvrir à qui ils ont affaire. L'explosif est de fabrication française, la technique employée porte la griffe de Yashka Levstein, l'homme que l'Intelligence Service considère comme le meilleur spécialiste en explosifs du Proche-Orient. Sur le détonateur, une empreinte mal effacée le confirme. Le *Daily Mail* publie sa photographie en première page. Tout cela, alors que la France et la Grande-Bretagne ont signé, le 4 mars à Dunkerque, un traité d'assistance mutuelle. Il s'agit de se protéger contre une éventuelle agression allemande.

Les terroristes seront pendus

Gruner, Alkochi, Kashani et Drezner sont pendus le 16 avril à l'aube dans la prison de Saint-Jean-d'Acre où ils avaient été transférés secrètement. Le couvre-feu est imposé pour vingt-quatre heures sur toutes les villes juives. Le 21, une nouvelle étape est franchie dans la prison de Jérusalem. Barazani et Feinstein, apprenant qu'ils monteront à la potence le lendemain, se suicident en faisant exploser une grenade. Ils voulaient se faire sauter avec leurs gardes, mais la présence d'un rabbin les a fait changer d'avis. Les suppliciés avaient refusé de déposer une demande en grâce auprès du haut-commissaire britannique.

La semaine suivante, à Lake Success, aux États-Unis, l'Assemblée générale des Nations unies commence l'examen de la question de Palestine. Sur proposition de Trygve Lie, le secrétaire général, une commission d'enquête de onze membres est formée : l'UNSCOP. Les sionistes notent avec satisfaction que l'organisation internationale reconnaît de facto l'Agence juive en lui demandant de désigner des officiers de liaison qui accompagneront les commissaires au cours de leurs déplacements dans la région. Le haut comité arabe boycotte la commission. Au cours du débat, l'ambassadeur d'URSS, Andreï Gromyko, avance deux solutions possibles : un État fédéral composé de deux provinces autonomes, juive et arabe, mais, dit-il, « *si les relations entre les deux communautés rendent un accord impossible, l'Union soviétique se prononcera pour la création de deux États en Palestine* ». Et Gromyko d'ajouter : « *Juifs et Arabes ont des racines historiques en Palestine et il serait injuste de dénier les droits du peuple juif à réaliser son aspiration à créer son État* [17]. »

Le 4 mai, l'Irgoun et le LEHI lancent ensemble une opération sans précédent contre la position britannique qui paraît être la mieux protégée : la prison de Saint-Jean-d'Acre. La forteresse, située en plein cœur de la ville arabe, a résisté à toutes les armées depuis Napoléon. Elle est gardée par d'importantes forces militaires. À l'intérieur, le plan d'évasion a été mis au point par Yehoshoua Zettler et Mattityahu Shmulewitz. À l'origine, l'opération devait être commandée par le LEHI, mais Yelin Mor a accepté, après de longues discussions avec Begin et Paglin, de placer le tout sous la responsabilité de l'Irgoun qui fournira le plus grand nombre de combattants. Eytan Livni, le chef des détenus de l'Irgoun à l'intérieur de la prison, prend donc le commandement.

À 16 h 22, une explosion retentit. Une brèche est ouverte dans le mur de la forteresse. Trois groupes d'assaut interviennent. Quarante et un détenus, dont onze du LEHI, prennent la fuite. Mais le camion à bord duquel se trouvait le principal groupe d'évadés est intercepté par une unité britannique. Le bilan est lourd : neufs Juifs tués, trois assaillants, six détenus et huit soldats sont blessés. Plusieurs dizaines de prisonniers arabes ont profité du désordre pour s'enfuir également. Sept membres du LEHI sont libres, notamment Yehoshoua Zettler.

À l'initiative du colonel Bernard Fergusson, l'adjoint du chef de la police, les Britanniques ont mis sur pied une petite unité antiterroriste, commandée par le capitaine Roy Alexander Farran, du 3e régiment des King's Own Hussards. Habillés en civil, circulant en véhicules banalisés, ces hommes tentent de capturer des militants du LEHI et de l'Irgoun. Après une série d'échecs, Farran décide de passer à l'action le 6 mai 1947.

À 20 heures, dans une rue de Jérusalem, une voiture s'arrête dans un crissement de pneus ; deux hommes en sortent en courant. Ils rattrapent un jeune colleur d'affiches du LEHI, Alexander Rubovitch, et le forcent à monter dans leur voiture où deux hommes portent des chemises d'uniforme. Un gamin du quartier qui assistait à la scène ramasse une casquette perdue par l'un des poursuivants. À l'intérieur se trouve une inscription à moitié effacée : « FAR ». Il l'apporte au frère de Rubovitch qu'il connaît. La famille attendra en vain le retour du jeune homme. Un mois plus tard, Farran prendra la fuite et se réfugiera en Syrie. Apparemment, Rubovitch a trouvé la mort au cours de son interrogatoire. Son corps a disparu. Une enquête sera ouverte.

Nouvel attentat à Londres

Le 19 mai 1947, Levstein envoie à Londres Robert Misrahi, un étudiant du célèbre philosophe Jean-Paul Sartre. Le jeune homme a été recruté quelques mois plus tôt. Équipé d'un pain d'explosif, d'un détonateur, d'une montre et d'une batterie, il prend le ferry, franchit sans difficulté la douane britannique, rencontre discrètement un contact de la cellule londonienne du LEHI et s'installe dans un petit hôtel. Le lendemain, à la recherche d'un objectif, il repère un immeuble, The War Colonial Office, et y pénètre. Personne ne le remarque. Misrahi décide de placer la bombe au second étage où, apparemment, il y a moins de monde. Le 21, après avoir calculé la durée de son trajet et le temps nécessaire pour se rendre sur les lieux de l'attentat, il règle la montre, branche le détonateur, mais emporte une paire de ciseaux afin, si nécessaire, d'empêcher l'explosion en coupant les fils. Sur le chemin, une petite fille l'arrête et, le trouvant manifestement sympathique, lui offre un morceau de sa glace. Misrahi perd quelques minutes avec la gamine. Il parvient néanmoins à la cible, dépose la bombe et repart. L'explosion retentit dix minutes plus tard. Il y a trois blessés légers. Sans être inquiété, le militant repart le soir même pour Paris par le ferry[18]. Les radios britanniques annoncent : « *Explosion au War Colonial Office à Londres, trois militaires en permission ont été blessés, dont un gravement.* »

Quelques jours plus tard, la police française l'appréhende dans un hôtel. À son domicile dans le 13e arrondissement, les policiers découvrent sous le lit deux mitraillettes. Un inspecteur dit au militant : « *Vous auriez pu les cacher mieux !* » Placé en détention préventive, Misrahi est conduit à la prison de la Santé. Le procès a lieu en septembre.

Me Blumel en personne est venu défendre le jeune étudiant. Jean-Paul Sartre témoigne. Le juge inflige à l'accusé trois mois de prison avec sursis et déclare : « *Je suis obligé d'appliquer la loi, mais je crois qu'à votre place j'aurais fait la même chose !* » L'accusé retrouve la liberté. Robert Misrahi deviendra un philosophe de renom, grand spécialiste de Spinoza. Il militera pour la paix au Proche-Orient.

Shamir et le Vietnam

Shmouel Ariel et Claire Vayda s'occupent du dossier « Djibouti ». Dès le 31 mai 1947, l'avocat du Mouvement d'assistance aux déportés et réfugiés, Me de Moro Giafferi, écrit au ministre de la France d'Outre-mer, Marius Moutet, pour lui demander d'ordonner immédiatement « *la mise en liberté des deux sujets palestiniens détenus à Djibouti* ». Deux semaines plus tard, Claire Vayda annonce par télégramme à Ben Eliezer et à Shamir qu'elle a été reçue par le ministre, qu'ils auront le statut de réfugiés politiques et bénéficieront d'un visa de transit pour la France avec droit d'y séjourner pendant un mois. Elle envisage le problème du transport vers la métropole.

Après la confirmation de leur sentence en appel, le 6 juin, Shamir et Ben Eliezer avaient été conduits pour passer leurs deux derniers mois de détention dans la résidence d'été du gouverneur dans les monts Gouda. Sept heures de marche dans la montagne sous le soleil de Djibouti[19]. Siriex, le procureur, les accompagne sur ordre de ses supérieurs. Il s'informe sur le judaïsme auprès de Ben Eliezer : Comment devient-on rabbin ? Pourquoi les Juifs ont-ils tué Jésus-Christ ? Aryeh lui explique qu'il n'y est pour rien. Un sous-officier et son épouse gardent la maison située dans un site splendide. Un prisonnier les accueille, un Asiatique, qui interpelle aussitôt les deux Palestiniens :

« *Quel empire combattez-vous ?*

– *Le plus grand, le pire ! L'empire britannique...* »

Il n'est pas d'accord. Pour lui, le pire c'est celui qu'il combat, l'empire français. Vietnamien, il s'appelle Duong Bach Maï. Ancien député de Cochinchine, il avait participé, au côté d'Hô Chi Minh, à la conférence de Fontainebleau l'année précédente. Reconnu par un député dans les tribunes du public de l'Assemblée nationale à Paris, lors du débat sur l'Indochine le 13 mars 1947, il avait été appréhendé puis expédié vers l'Indochine pour y être jugé. L'intervention des ministres communistes avait interrompu le voyage. Paul Reynaud accusait le militant vietminh « *d'être une bête féroce déchaînée, l'animateur et l'organisateur de la résistance farouche à la pénétration française, d'avoir ordonné personnellement l'assassinat de colons français, d'être un agent soviétique* [20] ». Les deux Juifs palestiniens et le Vietnamien passeront de longs mois à analyser leurs mouvements respectifs, comparant l'histoire de leurs peuples. Pour Shamir, c'est l'occasion de se replonger dans l'étude du marxisme.

UN SCOOP RATÉ

La commission d'enquête des Nations unies commence ses travaux à Jérusalem le 16 juin dans une atmosphère d'extrême tension. L'Irgoun menace de représailles si les Britanniques exécutent les militants condamnés à mort. À l'unanimité, les onze membres de la commission votent une résolution exprimant « *leur inquiétude quant aux conséquences qui pourraient résulter de l'exécution des condamnés, susceptibles d'entraver la commission dans l'accomplissement de sa mission*[21] ». Pour le Haut Comité arabe, c'est une nouvelle preuve de la partialité des Nations unies.

Les sionistes sont donc bien seuls dans l'arène. Ils défendent une position maximaliste : la Palestine doit être juive. La population arabe, disent-ils, bénéficie du développement économique apporté par les Juifs. Mais Abba Eban, qui assure la liaison entre l'UNSCOP et l'Agence juive, a appris que les délégués ont décidé de n'examiner l'hypothèse du partage que si l'une des parties soumet une proposition sérieuse en ce sens. C'est ainsi qu'un beau soir, Ben Gourion invite la commission au domicile de Moshe Shertok, à Jérusalem. Il dessine la carte de la Palestine sur une feuille de papier et trace les lignes des « limites territoriales minimales » de l'État juif. Le reste du pays devrait aussi rester ouvert à l'immigration juive. Un assistant de l'Agence juive s'approche et chuchote à son oreille : « *Attention, ce n'est pas le plan Biltmore !* » Ben Gourion répond en hébreu : « *Biltmore ! Shmiltmore ! Nous devons avoir l'État juif* [22] *!* »

Carter Davidson, le chef du bureau de l'Associated Press en Palestine, a un contact avec l'Irgoun. Il a l'idée d'un scoop formidable : une rencontre entre le juge Sandstrom, le président de la commission de l'ONU, et Menahem Begin. L'organisation accepte, mais l'opération s'annonce compliquée. Il faudra semer les gardes britanniques qui assurent en permanence la sécurité des délégués. Le 26 juin, à Tel-Aviv,

Sandstrom, accompagné de Ralph Bunche, le délégué américain, et de Victor Hoo, l'assistant du secrétaire général de l'ONU, s'éclipsent discrètement et prennent place dans un véhicule conduit par un chauffeur de l'Irgoun. Ils circulent longuement dans la ville, changent de voiture tandis que des militants vérifient s'ils sont suivis et arrivent enfin au domicile du poète Yoël Cohen, où Begin les attend. La discussion durera trois heures et demie.

Le chef de l'Irgoun présente sa position. Les Britanniques doivent quitter la Palestine ; un gouvernement provisoire juif doit être mis en place et proclamer l'État juif. D'ici là, l'organisation poursuivra son combat. Elle n'acceptera pas la proposition des autorités mandataires de cesser les attaques en échange de la grâce de tous les condamnés à mort. En prenant congé, Ralph Bunche, qui est noir, serre la main de Begin en lui disant : « *Je peux vous comprendre. Je fais partie également d'une minorité persécutée !* » Victor Hoo lance : « *Au revoir, dans une Palestine indépendante !* »

Davidson est enchanté. Il est le seul journaliste présent. Mais il s'est engagé à ne rien diffuser avant le départ de la commission pour Genève, dans quelques semaines. Manque de chance, au cours de la soirée, deux membres de la commission évoquent la rencontre dans un café. Des journalistes entendent la conversation et publient l'information le lendemain. Davidson a perdu son scoop. Pour sa part, Sandstrom, afin d'éviter toute controverse avec les Britanniques, fait publier un démenti. Begin, lui, informe les membres de l'Irgoun par un bulletin secret. À Londres, la presse et les parlementaires envoient une volée de bois vert aux services de sécurité de Sa Majesté : « *Nous recherchons Begin depuis cinq ans et le président de l'UNSCOP parvient à le rencontrer sans difficulté* [23] *!* » L'embarras sera à son comble lorsque les Britanniques apprendront, quelques jours plus tard, que les membres sud-américains de la commission ont également rencontré Begin.

Nathan Yelin Mor a fait parvenir un long rapport au délégué qu'il considère le plus proche de l'idéologie du LEHI, le représentant de la Yougoslavie. Le texte, intitulé « Pour la Justice, pour la Liberté, pour la Paix », analyse trente années de pouvoir britannique en Palestine, décrit les horreurs de l'occupation et affirme la nécessité de neutraliser le Proche-Orient avec des garanties internationales.

L'inventeur des lettres piégées

À Paris, Levstein ne s'endort pas sur ses lauriers. Il invente un type de bombe qui, depuis lors, donne la migraine à tous les services de sécurité de par le monde : la lettre piégée. La recette, quoique simple, nécessite beaucoup de doigté et quelques centaines de grammes de plastic.

Un militant se rend au Centre culturel britannique, à Paris, et recopie les adresses à Londres de soixante-dix ministres et haut fonctionnaires. Chaque lettre piégée est placée dans une enveloppe plus grande, portant l'adresse et l'inscription : « Personnel, secret ». Selon l'accord conclu avec Me Blumel, pas question d'envoyer ces missives depuis le territoire français. En compagnie de Betty Knout, Levstein prend donc le train jusqu'à la frontière italienne où il remet les bombes à un militant qui les poste à Turin. Sur le qui-vive, les services britanniques parviendront à les intercepter à temps.

Levstein décide de recommencer, mais depuis la Belgique cette fois. Début juin, il part pour Bruxelles en compagnie de Betty Knout qui cache les explosifs dans ses vêtements. Manque de chance, à Mons, elle est fouillée par une douanière belge qui découvre les rouleaux de *Blasting gelatine.* Ils sont tous deux appréhendés. C'est le scandale.

L'identité des deux terroristes est très vite dévoilée. Les autorités britanniques réclament leur extradition. André Blumel se précipite à Mons pour organiser la défense. Les frais de justice du LEHI sont couverts par le baron Guy de Rothschild[24]. La presse française prend fait et cause pour les militants du LEHI. Le 14 juin, Léo Sauvage écrit dans *Le Populaire* : « *Même si la culpabilité de Betty Knout est prouvée, c'est en France qu'elle doit être jugée. Il serait inadmissible, et la France ne saurait tolérer, que cette Betty Knout, héroïne de la Résistance, soit livrée administrativement aux bourreaux de Dov Gruner...* »

Begin à Paris

L'Irgoun voudrait régler quelques comptes à l'étranger. Et d'abord, assassiner l'homme qui a ordonné la pendaison de Dov Gruner : le général Barker. Il a quitté la Palestine en février pour un poste d'état-major à Londres. La mission doit être exécutée par la petite cellule de l'organisation en Grande-Bretagne. Yoël Eilberg, qui avait participé à l'attentat contre l'ambassade britannique à Rome, est envoyé en Grande-Bretagne renforcer la petite structure dirigée par Leo Bela et composée de trois pilotes démobilisés de la RAF : Ezer Weizman, Boris Sinior et Paul Homsky.

Première étape : repérer la cible. Après quelques semaines de recherches et de filatures, le groupe décide qu'un bombardement aérien est hors de question. L'attaque aura lieu près d'un croisement à l'entrée de Londres, là où le convoi du général passe lorsqu'il se rend à son bureau. Depuis un véhicule loué pour l'occasion, Eilberg mitraillera la voiture de Barker pendant que les autres membres du commando lanceront des grenades pour neutraliser l'escorte. Reste à trouver les armes et les munitions.

Dans un club d'aviation, un militant fait la connaissance d'un sergent qui accepte de lui vendre une vingtaine de grenades. Elles sont entreposées dans le garage d'un sympathisant. Or, un dimanche matin, Bela découvre que la police a perquisitionné sur place et saisi les grenades. Le propriétaire des lieux sera relâché après interrogatoire. Il a raconté aux enquêteurs qu'il avait loué le garage à deux inconnus...

En attendant de s'assurer de nouvelles armes et d'explosifs, les cinq hommes préparent un autre assassinat ; celui de l'inspecteur Raymond Caffareta, responsable de l'arrestation de nombreux militants en Palestine, et de l'opération contre le kibboutz Ramat Hakovesh en 1943. À Londres, il visite régulièrement le club des policiers postés en Palestine. La cellule de l'Irgoun envisage de miner l'entrée de l'immeuble. Mais, un matin, Yoël Eilberg est appréhendé par Scotland Yard, apparemment sans raison. Aucune accusation n'est formulée contre lui. Il raconte aux enquêteurs qu'il est un réfugié allemand à la recherche d'un travail. Weizman, Sinior et Homsky quittent immédiatement la Grande-Bretagne[25].

L'organisation réalisera bien plus tard qu'il y avait une taupe britannique, travaillant pour le MI 5, au sein du Bétar londonien avec qui le groupe avait des contacts. Quoi qu'il en soit, tout étranger porteur d'un nom juif était immédiatement signalé par téléphone au MI 5 lors du contrôle des passeports dans les ports et les aéroports britanniques. Les mouvements révisionnistes étaient particulièrement surveillés, leurs lignes de téléphone étaient sur écoute. Des agents assistaient discrètement aux réunions de dirigeants sionistes[26].

Les services de sécurité britanniques sont sur les dents, persuadés que l'Irgoun s'apprête à commettre des attentats très importants à Londres. Au début de l'année, le chef du MI 6 à Paris a donné l'alerte : Menahem Begin se trouverait dans la capitale française où il aurait subi une opération de chirurgie plastique et changé de visage. Le 19 avril 1947, le MI 5 et Scotland Yard informent qu'ils ont appréhendé Yitzhak Pressman, le propriétaire d'une petite entreprise dans le nord de Londres. Dans son entrepôt et à son domicile, des produits chimiques susceptibles de servir à la fabrication d'explosifs ont été saisis, ainsi que des tracts de l'Irgoun. Il n'a pas été traduit en justice car le MI 5 ne voulait pas dévoiler la source qui l'avait dénoncé. Curieusement, le nom de Pressman n'apparaît dans aucune histoire de l'Irgoun publiée depuis[27].

Exodus

Le 10 juillet 1947, au cours des débats de la conférence de Paris, Bevin apprend qu'un nouveau navire de la Haganah, le *President Warfield*, est arrivé à Port-de-Bouc. Furieux, il interpelle le ministre des Affaires étrangères, Georges Bidault, qui lui répond que les passagers sont munis de visas pour un pays d'Amérique du Sud, en l'occurrence la Colombie. Bevin intervient directement auprès du président du Conseil Paul Ramadier. En vain : le chef du gouvernement français est pro-sioniste. Le bateau appareille de Sète sous pavillon panaméen avec, à son bord, 4 554 anciens déportés. 1 282 femmes, 1 600 hommes, 1 017 adolescents et 655 enfants. Les Britanniques ignorent qu'ils ont pénétré en territoire français grâce à des sauf-conduits délivrés par la préfecture du Rhône portant la mention : « *Autorisation de M. le ministre de l'Intérieur en date du 26 juin 1947.* » Le gouvernement français, non seulement approuve l'opération, mais en fournit les moyens. Marcel Pagès, le directeur de la réglementation au ministère de l'Intérieur, s'occupe personnellement du dossier.

C'est la première tentative d'immigration illégale depuis le 31 mars. Après cinq jours de navigation, et une fois sorti des eaux territoriales françaises, le *President Warfield* devient l'*Exodus 47*. Le pavillon panaméen est ramené et le drapeau d'Israël hissé. Le navire, repéré par la marine et l'aviation britanniques, arrive devant les côtes de Palestine le 17 juillet. Les militants de la Haganah qui se trouvent à bord diffusent alors par radio des appels au public et surtout à la commission des Nations unies.

Mais la Royal Navy – le croiseur *Ajax* et pas moins de cinq destroyers – intercepte le bateau. Des marins britanniques se lancent à l'abordage. L'affrontement durera plusieurs heures. L'*Exodus* est conquis. Un membre d'équipage et un jeune réfugié ont été tués. Il y a vingt-sept blessés parmi les immigrants. Le bateau est conduit à Haïfa.

Abba Eban suggère aux membres de l'UNSCOP de se rendre sur place. Sandstrom et Bunche acceptent. Ils assistent à l'évacuation et en sont profondément choqués. Les soldats britanniques, armés de matraques et de lances à eau, saisissent de force les Juifs pour les transporter à bord de trois navires-prison. Et Bevin commet une nouvelle erreur. À Londres, un porte-parole britannique annonce que les immigrants seront reconduits dans le pays d'où ils sont partis, en l'occurrence à Port-de-Bouc. La nouvelle suscite de nouvelles manifestations de colère de l'opinion juive en Palestine. La Haganah attaque deux stations de radar près d'Haïfa. L'un des navires prisons, l'*Empire Lifeguard,* est endommagé par une explosion. Rien n'y fait. Le 24 juillet, le gouvernement français apprend que les navires se dirigent vers la France. Bevin demande à Ramadier d'autoriser le débarquement des réfugiés sur son territoire à l'endroit même où ils avaient embarqué. La position du gouvernement français est délivrée par son porte-parole, François Mitterrand : « *Si les bateaux touchent un de nos ports, les passagers ne seront pas contraints de descendre à terre et des secours immédiats seront fournis à ceux qui voudront demeurer sur notre sol, où ils seront libres de leurs mouvements.* » En d'autres termes, la France donnera l'asile aux Juifs, mais ne les contraindra pas à débarquer contre leur gré. Bidault explique que son pays ne saurait partager la responsabilité du Livre blanc britannique de 1939.

Le 29, les bateaux jettent l'ancre au large de Port-de-Bouc. Des représentants du ministère français de l'Intérieur, conduits par Me Blumel, montent à bord pour expliquer aux réfugiés les choix qui leur sont offerts. Interrogés individuellement, tous les anciens déportés refusent l'asile politique en France. Les navires resteront ancrés pendant près de trois semaines au large des côtes françaises. À bord, les conditions sont épouvantables.

Nouvelles pendaisons, nouvelles représailles

Le 8 juillet, le commandant en chef britannique a confirmé la condamnation à mort de Meir Nakar, Yaacov Weiss et Avshalom Haviv, trois combattants capturés lors de l'attaque de la prison de Saint-Jean-d'Acre. L'état-major de l'Irgoun décide d'agir. Trois jours plus tard, deux sergents des services de renseignements de l'armée, Mervyn Paice et Clifford Martin, sont enlevés à Netanya, au nord de Tel-Aviv. La radio de l'Irgoun annonce qu'ils seront libérés si la peine de mort des trois militants est commuée. Sinon, ils seront pendus. Le 29 juillet à l'aube, le jour même où les réfugiés de l'*Exodus* reviennent dans la rade de Port-de-Bouc, les trois hommes sont menés à la potence. Durant la journée, de Bristol, le père de Paice adresse un message à la fédération sioniste de Grande-Bretagne. Il y affirme que ni Mervyn ni sa famille ne sont antisionistes, et il exprime l'espoir que l'Irgoun épargnera la vie de son fils. Les dirigeants sionistes lui répondent qu'ils condamnent le kidnapping. En fait, les Paice ont des origines juives.

Le 1er août, au nom de l'Irgoun, un inconnu appelle des rédactions de journaux à Tel-Aviv et annonce : « *Les deux sergents ont été exécutés, ils se trouvent dans une forêt d'eucalyptus près de Netanya, mais attention, les abords ont été minés !* » Une patrouille se précipite à l'endroit indiqué et découvre les cadavres pendus à des arbres. Apparemment, ils ne sont pas morts par pendaison mais par strangulation. Le corps de Martin est piégé et, en le détachant, un capitaine est blessé par l'explosion d'une charge. Le communiqué de l'Irgoun épinglé sur les morts n'est pas fait pour calmer la colère de la troupe.

« Les deux espions britanniques, Martin et Paice, détenus par l'Irgoun depuis le 12 juillet 47, ont été traduits en justice après une enquête sur leurs activités criminelles anti[juives].

Martin et Paice étaient accusés des crimes suivants :

1. Entrée illégale dans notre patrie.

2. Appartenance à l'organisation criminelle terroriste connue sous le nom d'"Armée britannique d'occupation de la Palestine", coupable :

- *de priver notre peuple du droit de vivre ;*
- *d'actes cruels et oppressifs ;*
- *de tortures ;*
- *de meurtres d'hommes, de femmes et d'enfants ;*
- *de meurtres de prisonniers de guerre ;*
- *de la déportation de citoyens juifs hors de leur pays et de leur patrie.*

3. Possession illégale d'armes destinées à imposer l'oppression et le despotisme.

4. Espionnage antijuif, déguisés en civils.

5. Conspiration contre la Résistance juive, ses combattants, ses bases et ses armes, les armes de la liberté.

Le tribunal a déclaré les deux accusés coupables de tous les chefs d'accusation et les a condamnés à la mort par pendaison.

La demande de clémence présentée par les deux condamnés a été refusée. La sentence a été exécutée.

La pendaison des deux espions britanniques n'est pas un acte de représailles après le meurtre de prisonniers de guerre juifs, mais une action légale ordinaire du tribunal de la Résistance qui a jugé et condamnera les criminels appartenant à l'armée d'occupation nazie-britannique [...].

[Signé] : Le tribunal de l'Irgoun Tsvaï Leoumi en Terre d'Israël. »

La réaction de la troupe britannique est violente. À Tel-Aviv, une grenade est lancée dans un café, tuant deux clients attablés. Des militaires tirent sur des passants, mitraillent un autobus, fracassent des vitrines de magasins. En fin de journée, le bilan est de cinq civils juifs tués et trente-trois blessés. L'état-major rappelle toutes les patrouilles qui circulent dans des localités juives. Le lendemain, lors des obsèques de ces victimes, un véhicule blindé renverse plusieurs personnes devant la synagogue. La foule réagit en incendiant un camion militaire. Des renforts arrivent sur place et ouvrent le feu. La manifestation prend de l'ampleur. La poste centrale est mise à sac. Le calme ne reviendra que dans la soirée.

En Grande-Bretagne, les responsables juifs ont beau condamner le double meurtre de Netanya sur tous les tons, rien n'y fait. À Liverpool, des slogans « *Mort aux Juifs* » apparaissent sur les murs. Les vitraux d'une synagogue et les vitrines de magasins juifs sont détruits. Le 3 août, des manifestations spontanées antijuives éclatent à Londres, Manchester et Liverpool. Des dizaines de commerces juifs sont attaqués. Les employés des abattoirs de Birkenhead refusent de traiter la viande cachère. Les autorités dénombrent cent une attaques contre des propriétés juives. Plusieurs dizaines d'émeutiers seront arrêtés. Le 8 août, en Palestine, les autorités annoncent qu'après enquête, il s'avère qu'aucun militaire britannique n'a participé aux attaques antijuives du 31 juillet au cours desquelles cinq passants ont trouvé la mort. Des responsables de la police glissent à des correspondants étrangers que les auteurs de ces meurtres sont en fait des terroristes de l'Irgoun déguisés en soldats de Sa Majesté.

Ben Gourion, une fois de plus, est furieux. L'action de l'Irgoun détourne l'attention de la presse internationale du drame de l'*Exodus*. Il déclare, à l'occasion d'une réunion de la Histadrout :

« *Notre génération n'a pas connu de plus grande épopée que celle de l'*Exodus. *À mon avis, elle est même plus grande que la résistance dans les ghettos car, dans le ghetto, les Juifs n'avaient pas le choix. Les réfugiés auraient pu rester en France où les autorités étaient prêtes à les accueillir. Certains sont dans des camps depuis des années. Il y a des femmes enceintes, des enfants en bas âge. Ils avaient la possibilité de débarquer en France, mais ils ont refusé. J'y vois l'un des plus grands exemples de combativité juive et d'attachement à la Terre d'Israël. […] L'Irgoun a agi comme les nazis en capturant deux Anglais et en les pendant. Après un tel crime, qui s'intéressera encore au combat que mènent ces cinq mille Juifs* [28] *?* »

À Djibouti, dans leur lieu de résidence, surveillés par quelques soldats français, Shamir et son compagnon tuent l'ennui comme ils peuvent. Encore et toujours des discussions interminables avec Duong Bach Maï, la lecture de l'Ancien et du Nouveau Testament pour Aryeh Ben Eliezer. Shamir, plus taciturne que jamais, dort beaucoup. Le jour, ils ont pour tâche de filtrer l'eau extraite du puits qui se trouve sur le domaine.

On leur annonce bientôt des visiteurs, et, surprise, le 22 août, Claire Vayda apparaît devant eux en compagnie de Siriex, le procureur. Les deux détenus ont l'autorisation de faire le trajet vers Marseille à bord d'un navire de guerre français et pourront séjourner un mois en France ! Le soir, tout le monde dîne chez Siriex, lorsque le chef de la Sûreté fait irruption. Des difficultés imprévues ont surgi. Claire et le procureur se rendent aussitôt au port discuter avec le commandant du *Champollion*. Il refuse d'embarquer les deux réfugiés : « *Je ne mettrai pas mon bateau en danger, il me sera impossible de résister si les Britanniques décident de prendre mon navire d'assaut pour saisir ces deux hommes durant la traversée du canal de Suez.* » Le départ, une fois de plus, est repoussé à une date ultérieure. Pourtant, tout était fin prêt. La garde avait même été renforcée le long de la route qui mène au port, dans la crainte d'une opération surprise des Britanniques.

Claire repart pour Paris, Yitzhak et Aryeh s'installent à l'hôtel Continental. Toutes les lignes d'aviation civile font escale en territoire sous contrôle britannique. Il en va de même pour les compagnies maritimes. Les deux Palestiniens n'ont d'autre choix que de compter sur le bon vouloir du gouvernement français et de sa marine[29].

À Port-de-Bouc, le drame des réfugiés de l'*Exodus* n'a pas trouvé sa conclusion. Le 22 août, les autorités britanniques leur lancent un ultimatum : soit ils débarquent, soit ils partent pour l'Allemagne. Tous refusent. Les trois navires prisons appareillent. Ils accosteront à Hambourg quelques jours plus tard.

Des soldats britanniques armés de matraques et de pompes à eau font alors descendre de force les Juifs qui sont enfermés dans deux camps de détention. Des miradors, des projecteurs, des barrières de barbelés pour les survivants des camps de la mort, le tout en présence de policiers allemands qui se tiennent aux côtés des militaires britanniques. L'image fait le tour du monde.

Vers le partage de la Palestine

L'UNSCOP achève ses travaux et remet son rapport à Genève le 31 août. La commission est divisée. La majorité propose la création d'un État arabe indépendant comprenant la Galilée occidentale, les collines du centre de la Palestine – à l'exception de Jérusalem et de Bethléem qui seraient placées sous contrôle international –, et, au sud, les territoires allant du petit port d'Ishdoud jusqu'à la frontière égyptienne. Les Juifs recevraient le reste. Les deux États demeureraient liés économiquement pendant dix ans sous le contrôle d'un comité judéo-arabe. La minorité de la commission – les délégués yougoslave, indien et iranien – proposait non pas le partage de la Palestine en deux États, mais la mise sur pied d'une fédération comportant un canton juif et un canton arabe.

Le 2 septembre, Abba Eban se rend à Zurich où se réunit le Comité d'action sioniste. David Ben Gourion l'attendait. Plongé dans ses pensées, le patron de l'Agence juive déclare : « *Nous devons nous débarrasser des organisations dissidentes ! Il ne peut y avoir de progrès aussi longtemps qu'elles ne seront pas éliminées. Il faut liquider l'Irgoun !* »

Eban : « *Le Néguev est inclus dans l'État juif !* »

Ben Gourion : « *Nous devons aussi nous débarrasser du groupe Stern !* » Puis, après quelques secondes : « *Un État juif avec l'ensemble du Néguev ? Pourquoi ne l'avez-vous pas dit plus tôt !* »

Le mouvement sioniste accepte le plan de partage tel qu'il est défini par la majorité de l'UNSCOP[30].

À Paris, les militants du LEHI ont été contactés par un bien curieux personnage qui leur fait une proposition qu'ils ne refusent pourtant pas : bombarder Londres. Barouh Korff est un jeune rabbin américain. Il a loué un petit avion de tourisme. Le pilote, américain lui aussi, est volontaire. Il doit décoller de Toussus-le-Noble avec quelques charges artisanales et des tracts. Le raid est prévu pour le 6 septembre. Tsfoni Shomron, arrivé à Paris quelques semaines plus tôt, surveille les préparatifs à distance en compagnie d'une militante. Mais un jour, alors qu'il s'apprête à rencontrer le rabbin, il est arrêté par des inspecteurs de la Brigade criminelle. Le pilote était un agent de l'Intelligence Service. Tsfoni parvient néanmoins à prendre la poudre d'escampette. Une fois encore, les relations du LEHI en haut lieu seront utiles : trois semaines plus tard, Korff est remis en liberté.

Le procès de Betty Knout et de Yaacov Levstein s'ouvre à Mons. Le 11 septembre, ils sont condamnés à un an de prison et à 1 000 francs belges d'amende. En fait, ils savent que Me Blumel a reçu l'assurance des autorités de Bruxelles qu'ils seront libérés après quelques mois, lorsque les pressions britanniques seront moins fortes.

À Djibouti, fin septembre, Yitzhak Shamir reçoit un message de Palestine. Shoulamit, son épouse, a été arrêtée à Jérusalem. Elle avait quitté sa planque de la région de Tel-Aviv pour faire des courses à Jérusalem en compagnie d'une amie dont les parents gardaient Yaïr, son fils, qui avait à peine deux ans. Rue King George, les deux femmes ont été repérées par un détective britannique. Au commissariat de la vieille ville, les enquêteurs du CID n'ont pas eu de mal à établir leur identité. Shoulamit a été placée en détention à la prison des femmes de Bethléem. Elle fera la grève de la faim pendant onze jours, exigeant que son fils lui soit amené. C'est l'aumônier de l'administration pénitentiaire, le rabbin Aryeh Levin, qui la persuadera de se réalimenter.

Abdallah revendique la Cisjordanie

Le 15 septembre 1947, la Ligue arabe décide d'envoyer des armes et des combattants aux Arabes de Palestine et menace de déclarer la guerre si les Nations unies approuvent le principe du partage. Le 17, Golda Meir rencontre l'émir Abdallah de Transjordanie dont l'Agence juive souhaite connaître les intentions. Elle est accompagnée par Ezra Danine, un jeune arabisant. L'entretien se déroule à Naharayim, dans la vallée du Jourdain.

Abdallah : « *Azzam Pacha, le secrétaire de la Ligue arabe, m'a rendu visite. Je le considère comme le meilleur du groupe, celui qui comprend les choses. Ibn Saoud, Kawatli [le Syrien], le roi Farouk, tous ceux-là étaient contre moi, mais j'ai tenu bon. À présent, ils ont tous constaté que j'étais le plus fort. Le Conseil de la Ligue arabe m'a critiqué. Je leur ai dit franchement que je voulais la paix, pas la guerre. Ils ont répondu que le problème de la Palestine était le plus important. Je leur ai dit que j'étais d'accord, mais que je n'avais pas renoncé à l'idée de la Grande Syrie. […] Il n'y a pas de conflit entre les Arabes et les Juifs. Le conflit est entre les Arabes et les Britanniques qui vous ont amenés ici. À présent, ils s'en vont et nous laissent face à face. La confrontation est mauvaise pour nous. […] J'accepte le partage [de la Palestine] mais à condition que les choses ne se passent pas d'une manière honteuse pour moi face au monde arabe, lorsque je le défendrai. Je vous propose une République juive autonome sur une partie de la Palestine, au sein du royaume jordanien, qui s'étendrait des deux côtés du Jourdain, une armée, une économie, un Parlement communs.* »

Abdallah demande quelle serait la réaction des sionistes s'il décidait d'occuper la partie arabe de la Palestine.

Golda Meir : « *Nous ne serions pas contre cette initiative, surtout si elle ne nous gêne pas dans la formation de notre État […] et si vous annoncez que votre objectif est la paix et un arrangement dans la région jusqu'à ce que l'ONU parvienne à faire démarrer les négociations.* »

Abdallah, apparemment surpris par la réponse : « *Je ne veux pas de ce territoire pour l'intégrer à mon pays et je ne veux pas créer un nouvel État arabe qui gênerait mes projets et permettrait aux Arabes de me monter [comme on monte un cheval] ; je veux être le cavalier.* »

Ses interlocuteurs lui suggèrent de s'y prendre différemment, par le biais, par exemple, d'un plébiscite où son influence se ferait sentir. L'émir rejette la proposition et demande : « *Pour quelle raison êtes-vous en faveur d'une force internationale et ne faites-vous pas confiance aux Britanniques ?* »

Golda Meir : « *Les Britanniques s'en vont et nous n'avons pas confiance en leurs ultimes initiatives [avant leur départ].* »

Abdallah : « *Voulez-vous que je leur parle et essaie de les persuader que tout se passe bien ?* »

« *Non merci* », répond Golda Meir.

Abdallah propose alors de déployer une force internationale à la frontière syro-libanaise. Ainsi, dit-il, « *les Arabes n'oseront pas l'attaquer. Quant à moi, je veillerai à la seule frontière arabe de Palestine. Je vous promets qu'il n'y aura pas d'accrochages et vous suggère de réagir par la force à toute initiative du mufti [Hadj Amin al-Husseini], d'ailleurs, il est temps qu'il disparaisse. J'ai annoncé à tous les pays [arabes], y compris à l'Irak, que je n'autoriserai pas leurs armées à passer par la Transjordanie vers la Palestine. Je ne collaborerai pas à un plan [militaire] dont je ne serais pas le commandant suprême, responsable des armes, des munitions et des véhicules. De toute manière, ce n'est pas la guerre qu'il faut mais un compromis. Des rumeurs me sont parvenues sur des provocations que préparerait le mufti pour susciter des accrochages entre l'armée jordanienne et les Juifs à l'aide d'agitateurs déguisés en soldats jordaniens. Je ferai échouer ce complot et, quoi qu'il en soit, il faudrait me transférer le mufti, je saurais m'en occuper* [31] *[…].* »

À Londres, le 14 octobre, Abba Eban a un entretien discret avec Azzam Pacha. Au nom de l'Agence juive, il lui propose des garanties contre tout expansionnisme du futur État juif et un pacte régional de développement économique. « *C'est trop tard,* réplique le secrétaire général de la Ligue arabe. *Tout leader arabe qui reviendrait au Caire ou à Damas porteur d'un accord avec les sionistes serait assassiné dans l'heure. Nous ne représentons plus le nouveau monde arabe. Mon fils et les étudiants qui incendient des voitures et lapident les ambassades occidentales sont les Arabes qui, aujourd'hui, font la politique. Le Moyen-Orient devra trouver sa propre solution comme l'Europe vient de le faire, par la force* [32]. »

Le 29 novembre 1947, après de difficiles tractations, l'Assemblée générale de l'ONU se prononce sur le partage de la Palestine.

Parmi les trente-trois délégations qui votent pour : les États-Unis, l'URSS, la France, la Belgique, le Canada, la Pologne. Treize se prononcent contre : tous les États musulmans, ainsi que la Grèce et Cuba. Treize s'abstiennent : notamment la Grande-Bretagne, la Yougoslavie, le Chili, la Chine et l'Éthiopie. La résolution 181 est adoptée à la majorité des deux tiers.

Elle prévoit la division de la Palestine en deux États, juif et arabe. Jérusalem et les Lieux saints devront être placés sous une administration internationale. La Grande-Bretagne annonce qu'elle évacuera ses forces de la Palestine à l'issue de son mandat, le 14 mai 1948, et ne collaborera pas à l'application du plan de partage.

Les Arabes de Palestine réagissent immédiatement après le vote. Un autobus transportant des Juifs est attaqué près de Jérusalem. Il y a sept morts. Ces coups de feu sonnent les trois coups de la confrontation militaire judéo-arabe. Dans le centre commercial, dans la vieille ville de Jérusalem, aux abords du quartier Manshiya à Tel-Aviv, à Haïfa, en Galilée, c'est l'affrontement. En de nombreux endroits, la Haganah sort de la clandestinité et se déploie sur des positions défensives, souvent assistée par l'Irgoun. Les Juifs lancent des contre-offensives. Les Britanniques laissent faire. En deux semaines, quatre-vingt-treize Arabes sont tués ainsi que quatre-vingt-quatre Juifs, et sept Anglais pris entre deux feux.

C'est le début d'un nouveau chapitre sanglant de l'histoire de la Palestine.

CHAPITRE 7

La guerre

« Quelle que soit la cause que l'on défende, elle restera toujours déshonorée par le massacre aveugle d'une foule innocente où le tueur sait d'avance qu'il atteindra la femme et l'enfant. »

Albert Camus
Chroniques algériennes, Actuelles, 1958

Début décembre 1947, l'Irgoun lance un avertissement solennel au Yishouv : « *Nous devons réaliser que nous faisons face au plus grand des dangers. Ce n'est qu'en connaissant la vérité que le peuple pourra éviter la catastrophe. Le blocus maritime sera maintenu pendant encore cinq mois. Les Britanniques n'autoriseront aucun renfort, ni en homme ni en matériel. Le sang juif sera versé. Des armes seront saisies. Des combattants juifs et des défenseurs seront arrêtés ou assassinés par des émeutiers. Notre économie sera atteinte, si elle n'est pas détruite. Les communications seront interrompues. Cela se poursuivra pendant cinq mois et, la nuit du 15 mai 1948, les postes frontières de notre pays disparaîtront. Les frontières ne seront plus gardées par des Juifs car elles se trouvent dans des régions que le calamiteux plan de partage a accordées à "l'État arabe". Par ces frontières [...] viendront des milliers d'assassins équipés d'armes britanniques* [1]. »

La région s'enfonce dans un cycle de représailles et contre-représailles. À partir du 10, l'Irgoun attaque des localités arabes aux abords de Jérusalem et de Tel-Aviv. Le 11, un convoi se dirigeant vers les *kibboutzim* de Kfar Etzion, au sud de Jérusalem, tombe dans une embuscade tendue par des irréguliers arabes, cinq Juifs sont tués. En Haute Galilée, un garde juif abat un Arabe de Khissas. Les Britanniques l'arrêtent. Les villageois arabes ripostent en tuant un agriculteur du kibboutz Mahayan Baroukh. Le 18, une unité de la Haganah pénètre dans Khissas, ouvre le feu et lance des grenades, douze personnes sont tuées parmi lesquelles une femme et quatre enfants[2].

Le 29, les hommes de Begin déposent une charge dans un café de la porte de Damas à Jérusalem. Quinze morts. Le lendemain, depuis une voiture, un commando de l'Irgoun lance deux grenades sur un groupe d'ouvriers arabes devant l'entrée des raffineries d'Haïfa. Il y a six morts et une quarantaine de blessés. Immédiatement, à l'intérieur de l'usine, c'est l'émeute. Furieux, les Arabes attaquent les employés juifs. Quarante-trois d'entre eux sont tués, quarante-huit blessés. La police et les paras britanniques interviennent et évacuent les raffineries. Le lendemain, un bataillon du Palmach effectue plusieurs opérations de représailles contre les populations de villages arabes. Hawass et Balad es Sheikh, au sud-est d'Haïfa, sont pris d'assaut. Les Britanniques affirmeront que quatorze Arabes ont été tués parmi lesquels une dizaine de femmes et d'enfants[3]. La presse du Yishouv, de son côté, fait état d'un bilan bien plus élevé. *Haaretz*, le quotidien indépendant, affirme, en première page : « *Des unités de la Haganah ont lancé des opérations punitives contre deux localités arabes en réaction au massacre des ouvriers juifs. Dans ces deux localités habitent des centaines d'ouvriers arabes des raffineries. Cinquante morts arabes ont été transportés à l'hôpital gouvernemental d'Haïfa.* » Citant d'autres sources, l'historien Benny Morris fera état de soixante-seize morts.

Le 5 janvier 1948, la Haganah fait sauter l'hôtel Semiramis à Jérusalem Est, où se trouveraient des responsables militaires arabes. Il y a vingt-six morts, des civils. Le 9, les kibboutz Dan et Kfar Szold en Haute Galilée sont attaqués par des unités de l'Armée de libération arabe (ALA), infiltrées de Syrie et commandées par Fawzi al-Qawuqji qui a repris du service. Une compagnie britannique intervient et contraint les assaillants à partir. Neuf Juifs ont trouvé la mort au cours de l'engagement. Le 20, l'ALA tente de prendre d'assaut le kibboutz Yihiam en Galilée occidentale, mais, après cinq heures de combats, se retire.

De bien étranges machines agricoles

Aux États-Unis, le réseau clandestin d'achat d'armes mis en place par l'Agence juive est dirigé par Teddy Kollek et Yehouda Arazi. Ils puisent dans l'immense stock de matériel militaire mis à la ferraille après la guerre. Quelques machines-outils provenant de manufactures d'armes légères et de munitions sont placées dans des caisses marquées « Machines agricoles » et expédiées en Palestine. Les douaniers britanniques n'y voient que du feu et les laissent passer. C'est l'amorce d'un petit commerce d'armement clandestin. Le matériel acheté est déposé dans des entrepôts discrets, au cœur des kibboutz. L'administration Truman a décrété un embargo sur les armes à destination de la Palestine, et toutes ces opérations sont parfaitement illégales[4].

Ce n'est pas le cas en Tchécoslovaquie, où la société Zbrojovka Brno a proposé ses services à Ehoud Avriel. L'accord est signé grâce à l'intervention des Soviétiques. À l'origine, Prague voulait faire affaire avec l'Égypte et la Syrie, mais Molotov est intervenu auprès de Klement Gottwald, le chef du PC tchécoslovaque, en lui faisant valoir que « *de telles ventes d'armes aux Arabes dans les conditions actuelles, et alors que la situation en Palestine s'aggrave de jour en jour, pourraient être utilisées par les Anglo-Américains contre l'Union soviétique* [5] ». La Haganah est particulièrement intéressée par le matériel produit par les usines Skoda et abandonné par la Wehrmacht. Un accord est conclu pour l'achat de 10 000 fusils, 4 500 mitrailleuses lourdes et 3 millions de cartouches. L'organisation est également intéressée par 25 avions de chasse Avia S199 ; en fait, des Messerschmitt reconvertis.

Les sommes récoltées par le groupe Sonneborn sont insuffisantes. Ben Gourion décide d'envoyer Golda Meir élargir la collecte aux États-Unis. Née à Kiev en 1898, elle a émigré très jeune avec sa famille, dans le Milwaukee, et parle couramment l'anglais. Le 21 janvier 1948, devant l'assemblée générale des fédérations sionistes, elle lance un appel au judaïsme américain : « [...] *Il ne vous revient pas de décider si nous allons nous battre ou non. Oui, nous nous battrons. La communauté juive de Palestine ne hissera jamais le drapeau blanc devant le mufti. La décision a été prise. Personne n'est en mesure de l'invalider. Il ne vous revient plus qu'à prendre une seule décision : "Dans ce combat, serons-nous victorieux ou bien est-ce le mufti qui sera victorieux ?" Cette décision, les Juifs américains peuvent la prendre. Mais elle doit être prise rapidement, c'est une affaire d'heures. Je vous en supplie, ne tardez pas. Dans trois mois, vous regretterez de n'avoir pas fait ce qu'il était possible de faire aujourd'hui. L'heure est venue* [6] *!* » En six semaines, elle récoltera 50 millions de dollars.

En Palestine, la bataille des axes de communication débute. Des groupes d'irréguliers arabes attaquent des localités isolées et les convois qui les ravitaillent. Le 15 janvier, trente-cinq combattants de la Haganah partent renforcer les kibboutz de Kfar Etzion assiégés par les forces d'Abdel Kader al-Husseini. Ils sont repérés et attaqués par plusieurs centaines d'assaillants. La bataille dure toute la journée. Tous les membres de l'unité juive sont tués, leurs corps mutilés. À Jérusalem, le 1er février, deux déserteurs britanniques qui ont rejoint les rangs arabes font exploser un camion piégé devant l'immeuble du quotidien *Palestine Post* à Jérusalem. Les dégâts sont très importants. Un Juif est tué, il y a une vingtaine de blessés. Le 16, l'ALA lance une offensive contre le kibboutz Tirat Tzvi, dans la vallée de Beit Shean. Mais, grâce aux écoutes radio, les services de renseignements de la Haganah connaissent le plan d'attaque. Des renforts sont arrivés la nuit au kibboutz et le Palmach a fait sauter le pont Hussein sur le Jourdain, empêchant l'ALA d'acheminer de nouvelles unités sur le théâtre d'opérations. Une compagnie britannique, arrivée sur les lieux le lendemain, constatera la défaite des assaillants arabes, qui laissent derrière eux plus de quarante morts et quarante blessés. Les Juifs, eux, ont eu un tué et deux blessés[7].

Le 22 février, Fawzi el-Koutoub, l'artificier d'Abdel Kader al-Husseini – qui avait été formé en Allemagne par les nazis –, prépare un nouvel attentat. Un camion volé chargé d'explosifs est parqué rue Ben Yehouda, en plein centre de la Jérusalem juive. Quatre immeubles sont détruits. Il y a cinquante-huit morts et des dizaines de blessés. L'Irgoun et le LEHI, persuadés que les autorités mandataires sont complices (le convoi était conduit par une demi-douzaine de déserteurs de l'armée britannique), attaquent policiers et militaires. Seize Britanniques sont tués. Une semaine plus tard, le LEHI fait dérailler le train Le Caire-Haïfa. Vingt-sept soldats y trouvent la mort ; il y a trente-six blessés. Le 3 mars, une voiture piégée explose devant l'immeuble Salameh, dans le quartier arabe d'Haïfa. Onze tués, vingt-sept blessés. Le Centre décide d'envoyer un camion piégé exploser devant le quartier général arabe à Naplouse. Un indicateur accepte de collaborer. Le véhicule est prêt le 5 : les charges sont cachées sous des cageots de légumes. Elisha Avizov est au volant ; à son côté, l'indicateur arabe. Ils ne reviendront jamais. Des mois plus tard, Yelin Mor apprendra que le militant a été dénoncé et passé par les armes.

Le 11 mars, une Ford grise du consulat des États-Unis pénètre dans la cour de l'Agence juive à Jérusalem. Les sentinelles de la Haganah ne la fouillent pas : le chauffeur, Antoine Daoud, est connu. Il parque la voiture et s'éloigne en expliquant qu'il va boire un café. 250 kilos de TNT se trouvent dans le coffre du véhicule. C'est l'explosion. Il y a douze morts et des dizaines de blessés. Le 18, un convoi juif est attaqué près de Saint-Jean-d'Acre. L'escorte britannique tombe également sous le feu arabe : cinq soldats et quatre Juifs sont tués.

L'Irgoun décide de commettre un attentat antibritannique à l'étranger. La petite cellule de l'organisation qui se trouve à Vienne, en Autriche, a reçu le feu vert. Le 19 mars, peu avant 22 heures, trois hommes pénètrent par la porte de service dans l'hôtel Park : ils portent chacun une valise contenant 20 kilos de TNT. Ils déposent les charges dans les toilettes et sortent par la salle de bal où se trouvent plus de cent vingt personnes parmi lesquelles une vingtaine d'officiers britanniques. L'explosion se produira quelques minutes plus tard. Il y a un mort et vingt-trois blessés[8].

Le 21, à Haïfa, une voiture piégée explose rue Harbour, tuant vingt Juifs. Le lendemain, une organisation juive riposte. Déguisés en paras de la 6e division aéroportée, des militants parquent un camion chargé d'explosifs dans la rue Iraq de la ville portuaire : quatre morts et dix-neuf blessés. Le 27, un convoi de quarante camions et trois autobus ravitaille Kfar Etzion. Des centaines de villageois arabes l'attendent sur le chemin du retour. Au sud de Bethléem, c'est l'embuscade. La bataille dure plus de vingt-quatre heures. L'unité de la Haganah est assiégée. Les Britanniques interviennent pour la dégager. Les Juifs acceptent d'être désarmés. Les véhicules et les armes sont récupérés par les assaillants arabes. Les Juifs ont quinze morts et soixante-treize blessés, les Arabes soixante tués et deux cents blessés. La plupart des routes menant à Jérusalem, au Néguev ainsi qu'à la Galilée – où se déroule la bataille de Mishmar Ha Emek entre Haïfa et Jenine –, sont coupées par des forces arabes.

À Washington, l'administration Truman s'inquiète sérieusement de la détérioration de la situation au Proche-Orient. Depuis janvier, les experts du Département d'État proposent de reconsidérer la politique américaine sur la question du partage de la Palestine. Ils craignent une déstabilisation de la région, qui ne pourrait que profiter aux Soviétiques. Déjà les États-Unis sont devenus très impopulaires dans le monde arabe, et la production pétrolière pourrait, de ce fait, être mise en danger. Warren Austin, l'ambassadeur américain aux Nations unies, suggère de reporter le partage à une date ultérieure, d'imposer aux belligérants une trêve de longue durée. L'immigration juive serait limitée à cent mille personnes sur deux ans. La Palestine serait placée sous tutelle internationale[9].

La question est portée devant le Conseil de sécurité. Le 30 mars, Gromyko, le représentant soviétique, rejette avec force la nouvelle position américaine : *« La seule possibilité pour réduire l'effusion de sang est la création rapide et effective de deux États en Palestine. Si les États-Unis et d'autres États bloquent l'application du partage et considèrent la Palestine comme un élément de leur stratégie économique et militaire, alors toute décision sur l'avenir de la région, y compris l'établissement d'un régime de tutelle, fera que la Palestine sera transformée en un champ de querelles et de dissensions entre les Arabes et les Juifs, ce qui ne fera qu'accroître le nombre de victimes*[10]. » Les sionistes peuvent compter sur le Kremlin. Moshe Shertok, lui, se trouve alors aux États-Unis où, en compagnie de Nahoum Goldmann, il mène le combat politique.

En Palestine, David Ben Gourion observe ces développements avec une certaine inquiétude. Il est persuadé que la situation sur le terrain sera déterminante et que la Haganah doit changer de stratégie. Aux membres de son état-major, il répète sans cesse : « *Pas de défense locale, mais nationale ! Pas de défense statique, mais dynamique ! Pas la sécurité pour telle ou telle localité, mais pour le Yishouv tout entier et les voies de communication ! La sécurité pour le pays, les frontières, l'immigration, l'indépendance* [11] *!* » Les unités de la Haganah sont réorganisées et entraînées à cet effet. La milice se transforme d'abord en une véritable armée d'« amateurs », comme on le dira. Mais dans quelques mois ce sera une armée de professionnels. Le plan opérationnel « Dalet » est approuvé. Il prévoit entre autres « *[...] d'encercler les localités arabes, de procéder à des perquisitions à la recherche d'armes et de forces irrégulières ; si ces opérations se heurtent à la résistance, il faut détruire les forces hostiles et expulser du pays les habitants du village concerné. Si les forces de la Haganah ne se heurtent à aucune résistance, il faut désarmer les villageois et mettre en place une garnison. Les villages hostiles doivent être détruits par les flammes, les explosifs et le minage des ruines [...]. Les villages qu'il est impossible de contrôler en permanence doivent être détruits* [12] ».

Il ne manque plus que l'armement nécessaire. Le 30 mars, un appareil de transport Douglas C54 Skymaster atterrit sur l'aéroport de Zatec, près de Prague. Il est chargé de 200 fusils et de 40 mitrailleuses. La nuit suivante, il se posera à Beit Darras où la Haganah a dégagé une piste de 4 000 mètres.

Les armes seront distribuées le jour même aux unités combattantes. L'appareil repartira immédiatement pour la Tchécoslovaquie... où l'équipage sera appréhendé : les Soviétiques ne veulent pas que soit organisé de vol direct vers la Palestine, en raison de l'embargo. L'opération doit rester secrète. Le lendemain, un bateau, le *Nora*, arrive dans le port de Tel-Aviv chargé d'oignons. La Navy l'inspecte et l'autorise à passer. La nuit, les armes, qui étaient cachées sous les légumes, seront déchargées : 4 500 fusils, 200 mitrailleuses et 5 millions de cartouches. Les vols suivants, après le 14 mai, feront une escale en Yougoslavie ou en Corse.

L'Irgoun ne dispose pas de tels moyens et doit se procurer son matériel militaire... chez les Britanniques. Le 4 avril, Amihaï Paglin, à la tête d'un commando, prend d'assaut la caserne d'un régiment près de Pardess Hanah. Il repart avec des fusils, des pistolets-mitrailleurs et des obus antichars. Les Britanniques ont sept tués parmi lesquels un colonel. Les assaillants ont perdu un homme.

À Djibouti, début avril, une nouvelle étonnante parvient à Yitzhak Shamir et Aryeh Ben Eliezer. Yaacov Méridor et Reouven Franco, qui avaient été capturés par les Britanniques à Addis-Abeba peu de temps après leur séparation, ont réussi à s'évader du camp de Gilgil, au Kenya, en compagnie de quatre autres détenus, notamment Shlomo Ben Shlomo, du LEHI. Après avoir creusé un tunnel, ils ont emprunté un avion de tourisme dépêché par la section sud-africaine de l'Irgoun pour arriver en Ouganda, d'où ils ont fait route, en taxi, vers le Congo belge, munis de faux passeports du Honduras. Les six évadés sont arrivés à Bruxelles à bord d'un appareil de la Sabena. Shlomo Ben Shlomo sera à Paris le jour même.

Shamir et Ben Eliezer quittent Djibouti cinq jours plus tard à bord du *Dixmude*, un porte-avions improvisé offert par la Grande-Bretagne à la France en 1945. Le navire rapatrie les troupes qui ont participé à la répression du soulèvement anti-français à Madagascar. Cette fois, toutes les autorisations ont été réunies : le ministère de la Marine a donné les ordres nécessaires. Les deux combattants font donc le voyage sous la garde d'agents de la Sûreté. Mais le commandant du vaisseau, jusqu'au bout, n'aura pas voulu que ses marins apprennent l'identité de ces deux passagers.

Deir Yassin

Baptisée « Nachshon », du nom de « Nachshon Ben Aminadav », le personnage biblique qui le premier franchit la mer Rouge lors de l'exode d'Égypte, l'opération que prépare la Haganah entre dans le cadre de la nouvelle stratégie offensive prévue par le plan « Dalet ». Il s'agit, dans un premier temps, de dégager un corridor entre la plaine côtière et la Jérusalem juive assiégée.

Le 4 avril, un commando de la Haganah parvient à faire sauter le quartier général des volontaires arabes de Hassan Salameh, près de Ramallah. L'offensive générale commence le 6. Le Palmach parvient à neutraliser le village de Castel, qui contrôle l'entrée occidentale de Jérusalem. Les Arabes le reprennent dans la nuit. Le 7, David Shaltiel, le commandant en chef de la Haganah à Jérusalem, fait parvenir un message aux responsables de l'Irgoun et du LEHI, Mordehaï Raanan et Yehoshoua Zettler, dans lequel il confirme qu'ils sont autorisés à tenter de s'emparer du village de Deir Yassin, à l'ouest de la ville, mais les met en garde contre la destruction des maisons de la localité, car cela provoquerait la fuite de la population et l'arrivée de forces étrangères. Les deux hommes préparent la prise de Deir Yassin par une unité composée de combattants issus des deux organisations.

La bataille du Castel se poursuit durant la toute journée du 7. Dans la soirée, Abd el-Kader el-Husseini est tué. La nouvelle de sa mort plonge dans le deuil la Jérusalem arabe. Pour assister aux funérailles de leur chef, les combattants quittent leurs positions qui sont immédiatement occupées par la Haganah. Le 9 avril 1948, à l'aube, l'Irgoun et le LEHI lancent l'assaut contre Deir Yassin. C'est l'opération « Union » ; cent trente-deux hommes y participent. Le LEHI fourni les explosifs, l'Irgoun les pistolets-mitrailleurs, la Haganah quelques fusils. Très vite, les assaillants se heurtent à une forte résistance. Les défenseurs arabes ripostent depuis les maisons du village. Les assaillants avancent maison par maison. Le commandant de l'opération constate que l'assaut menace d'être terriblement coûteux. Il donne alors des ordres, et les sapeurs commencent à dynamiter les maisons une par une. Les hommes du LEHI et de l'Irgoun tirent sur tout ce qui bouge. En début d'après-midi, les tirs cessent. Les derniers combattants arabes sont tués. C'est le massacre. Un premier bilan fait état de deux cent cinquante tués ; de nombreuses femmes et des enfants sont morts, criblés de balles. Des cadavres auraient été mutilés. Plus tard, des sources arabes publieront des chiffres révisés à la baisse : un peu plus d'une centaine de morts, disent-elles. Un jeune officier du Palmach, Meir Païl, racontera : « *Faisant feu de toutes leurs armes, ils balançaient également des explosifs dans les maisons. Ils ont ainsi abattu toutes les personnes qui s'y trouvaient, y compris les femmes et les enfants. [...] Par ailleurs, près de vingt-cinq hommes qui avaient été interpellés chez eux furent chargés dans un camion et exposés, à la romaine, à travers les quartiers de Mahaneh Yehouda et de Zikhron Yossef [à Jérusalem]. Après quoi, ils furent emmenés dans une carrière de pierre entre Givat Shaul et Deir Yassin, et là, abattus de sang-froid. Les assaillants prirent alors les femmes et les enfants qui avaient survécu et les abandonnèrent à la porte Mandelbaum [en secteur arabe]. [...] Les habitants juifs de Givat Shaul criaient aux assaillants juifs : “Assassins, assassins !”* [13]. »

Le cri de *« Deir Yassin »* devient un signe de ralliement pour les combattants arabes, l'annonce aussi d'autres massacres. Soixante-dix-sept médecins et infirmières de l'hôpital Hadassah de Jérusalem sont ainsi assassinés dans l'attaque d'un convoi qui les menait justement à l'hôpital, sur le mont Scopus, le 13.

La Haganah et les institutions du Yishouv condamnent bientôt le massacre de Deir Yassin. Le 11, Ben Gourion envoie un message de condoléances à l'émir Abdallah de Jordanie. Mais Begin et Yelin Mor prennent la défense de leurs combattants et démentent les accusations de massacre. Yelin Mor dira que ses hommes se sont battus du mieux qu'ils pouvaient et qu'aucune autre unité combattante n'aurait fait mieux. Plus tard, il expliquera que l'opération avait été mal conduite et qu'il n'était pas informé du déroulement précis des opérations puisqu'à l'époque il était alité[14].

Le massacre de Deir Yassin, largement couvert par la presse internationale, à l'occasion amplifié par les milieux arabes, a d'importantes conséquences politiques et démographiques. Sous la pression de son opinion publique, l'émir Abdallah de Jordanie se rapproche des dirigeants arabes qui prônent l'intervention militaire en Palestine. Pour l'historien Benny Morris, « *Deir Yassin a eu un profond effet démoralisant sur les Arabes palestiniens, et ce fut un facteur majeur de leur fuite massive au cours des semaines et des mois qui suivront. Le service de renseignements de Tsahal a qualifié Deir Yassin de "facteur décisif accélérant" l'exode arabe* [15] ».

Dans le nord de la Palestine, la Haganah remporte la bataille de Mishmar Ha Emek. Les forces de Fawzi al-Qawuqji sont mises en déroute le 14 avril, et les dix villages arabes aux alentours du kibboutz sont dynamités. Le lendemain, après quatre jours de combats, la population arabe de Tibériade effectue sa reddition et, sous la protection des Britanniques, quitte la ville.

Le 18, l'Irgoun apprend qu'un train transportant du matériel militaire britannique va passer près de Hadera. Une mine fait sauter les rails. Le commando, dirigé par Amihaï Paglin, parvient à maîtriser les militaires qui se trouvent dans les wagons. Sous la menace, il oblige ses prisonniers à charger 20 tonnes de munitions sur les camions de l'Irgoun. L'opération dure quatre heures. Les Britanniques sont relâchés[16].

Le 22 avril, les quartiers arabes d'Haïfa effectuent à leur tour leur reddition. Selon l'historien de la 6e division aéroportée, *« le commandant en chef a contacté les leaders juifs, qui ont accepté d'ouvrir des pourparlers sous l'égide britannique. Ils ont présenté leurs conditions qui, compte tenu de l'ampleur de leur victoire, étaient honnêtes et raisonnables. Il s'agissait de désarmer tous les Arabes alors que les Arabes étrangers et les [volontaires] européens de l'Armée de libération arabe seraient placés sous la garde des Britanniques. Après de longues discussions, les leaders arabes, craignant les conséquences pour eux d'une reddition aussi totale, ont annoncé qu'ils ne pouvaient pas garantir l'observance de la trêve et se sont retirés. Cela n'a pas empêché les Juifs de prendre le contrôle des secteurs de la ville qui n'étaient pas occupés par les Britanniques. C'est alors que s'est posé le problème considérable des réfugiés arabes. La majorité de la population a paniqué, des milliers de personnes se sont précipitées vers le port d'où elles ont été évacuées vers Acre. Durant leur fuite, les réfugiés ont été attaqués par les avant-postes juifs*[17]*...* ». Il ne reste plus, dans la ville portuaire, que trois à quatre mille habitants arabes. Ils étaient soixante-dix mille en 1947.

Avec l'accord de la Haganah, Menahem Begin décide de lancer une offensive en règle contre Jaffa, la ville arabe voisine de Tel-Aviv. Le soir du 25 avril, il prend la parole devant ses hommes rassemblés dans une base de Ramat Gan :

« Hommes de l'Irgoun ! Nous allons conquérir Jaffa. Nous allons lancer une des batailles décisives de l'indépendance d'Israël. Sachez qui se trouve devant vous et souvenez-vous qui se trouve derrière vous ! Vous faites face à un ennemi cruel qui veut nous détruire. Des parents, des frères, des enfants sont derrière vous ! Frappez durement l'ennemi ! Visez juste ! Économisez vos munitions ! Dans la bataille, ne montrez pas plus de pitié envers l'ennemi qu'il n'en montre envers notre peuple ! Mais épargnez les femmes et les enfants ! Quiconque lève la main et se rend aura la vie sauve. Vous l'épargnerez ! Vous serez menés au combat par le lieutenant Gideon [Amihaï Paglin]. Vous n'avez qu'une seule direction à suivre : En avant[18] *! ».*

La bataille de Jaffa débutera tôt le lendemain. Elle durera jusqu'à la mi-mai.

Un projet d'attentat bactériologique

Le *Dixmude* accoste à Toulon le 1er mai. Une petite délégation est venue sur le quai pour recevoir Shamir et Ben Eliezer : Shmouel Ariel et Claire Vayda, Eliahou Lankin, Avraham Stavsky[19] et Yashka Levstein. Tout le monde s'embrasse. Shamir s'éloigne bientôt en compagnie de Levstein, tandis que d'autres camarades de l'Irgoun s'en vont boire un café en compagnie de Ben Eliezer. Shmouel Ariel raconte au nouveau venu qu'un projet formidable est en voie de réalisation. Le 25 mars, il a fait parvenir au ministre des Affaires étrangères, Georges Bidault, une proposition d'alliance entre la France et l'organisation de Menahem Begin. Il a demandé « *l'armement et les munitions nécessaires à l'équipement moderne de deux divisions d'infanterie. L'une de ces divisions se trouve déjà en Palestine ; l'autre serait mise sur pied en territoire français. [...] La France accorderait des facilités pour l'embarquement et le transport de la troupe avec son armement après la fin du mandat britannique* ». En échange, l'Irgoun « *se déclare prête à examiner toute demande que la France pourrait lui soumettre* [20] ».

Les négociations se poursuivront, menées, côté français, par Jean Morin, le directeur adjoint du cabinet du ministre, et Jean Chauvel, secrétaire général du Quai d'Orsay. Un navire de débarquement sera acheté par l'organisation aux États-Unis. Il se trouve déjà à Port-de-Bouc, rebaptisé *Altalena*, du nom de plume de Zeev Jabotinsky.

À Paris, l'un après l'autre, les chefs du LEHI France font le compte rendu de leurs activités. Levstein décrit son nouveau projet d'attentat bactériologique antibritannique. Des chercheurs de l'Institut Pasteur, sympathisants du groupe Stern, doivent fournir plusieurs centaines d'éprouvettes contenant le bacille du choléra afin de contaminer le système d'adduction d'eau de la capitale britannique. Shamir donne son accord. Mais, Shlomo Ben Shlomo, qui se trouve à Paris, s'y oppose. Londres sera épargnée[21].

Le LEHI règle ses comptes. Le capitaine Roy Farran, responsable de la disparition du jeune Alexander Rubovitch à Jérusalem, le 6 mai 1947, avait fini par revenir de Syrie pour se constituer prisonnier en Palestine. Son procès s'était déroulé en octobre, avec pour principale preuve à charge un cahier dans lequel il avait écrit : « J'ai tué Rubowitz. » Mais, l'aveu n'étant pas signé et en l'absence d'autres éléments, les juges l'avaient acquitté. Il avait dû, toutefois, démissionner de l'armée et quitter la Palestine. Mais le Centre avait promis de venger son colleur d'affiches. Le 3 mai, un an à peine après l'assassinat, un colis est livré au domicile de Roy Farran. C'est son frère qui l'ouvre. À l'intérieur se trouve un volume des œuvres complètes de Shakespeare. Le livre piégé explose. Rex Farran, vingt-six ans, est tué sur le coup.

Le 10 mai, Marcel Pagès, le directeur de la réglementation des étrangers au ministère de l'Intérieur, demande à Claire Vayda de lui arranger un rendez-vous avec un responsable du groupe Stern. L'héritière du trône d'Angleterre, la princesse Élisabeth, doit en effet effectuer une visite à Paris et Scotland Yard est très inquiet de la présence dans la capitale française de deux dangereux terroristes palestiniens venus de Djibouti. Pagès rencontre alors Yeridor et lui explique que Shamir devra passer quelques jours sous surveillance à Hendaye, à la frontière espagnole. Aryeh Ben Eliezer, de son côté, est expédié à Nice. Yeridor promet qu'aucun mal ne sera fait à la princesse. Mis en confiance, Pagès raconte qu'Élisabeth est vraiment sympathique et qu'elle a demandé à ses hôtes français de rencontrer des jeunes de moins de trente ans lors d'un dîner à La Tour d'Argent. « *Qu'à cela ne tienne,* réplique Yeridor, *je peux vous procurer beaucoup de jeunes.* » Quoi qu'il en soit, Shamir doit faire à nouveau sa valise.

« Ils tiendront ! »

Le 12 mai, un bataillon de la Légion arabe et des milliers de villageois des environs lancent, au cri de *« Deir Yassin ! »*, l'assaut final contre le principal kibboutz du bloc Etzion. Les défenseurs n'ont pas le choix, ils déposent les armes. Cent vingt Juifs parmi lesquels vingt et une femmes sont massacrés. Les trois autres kibboutz tiendront encore deux jours avant de faire leur reddition. Les Jordaniens font trois cent cinquante prisonniers. En Galilée, sous la pression de la Haganah, la population arabe de Safed et des villages (arabes) de la vallée de Beit Shean s'est enfuie.

Moshe Shertok arrive à Tel-Aviv depuis Washington où l'administration Truman fait toujours pression pour que les instances sionistes repoussent à une date ultérieure la proclamation de l'indépendance d'Israël. George Marshall, le secrétaire d'État, redoute que le Yishouv ne soit exterminé par les armées arabes alors sur le point d'envahir la Palestine. Des diplomates américains menacent même de prendre des sanctions si leur plan n'est pas approuvé.

Truman a, par ailleurs, proposé d'envoyer Nahoum Goldmann en tournée au Proche-Orient afin de tenter de négocier un accord de paix. À cet effet, le leader sioniste pourrait partir sans délai à bord de l'avion présidentiel. Un appareil qui n'a pas été baptisé *Air Force One*, selon l'usage, mais que Truman appelle « La vache sacrée[22] ».

Shertok fait son rapport devant l'exécutif du Mapaï, le parti dirigé par David Ben Gourion. La discussion dure de longues heures. À son issue, les délégués votent en faveur de l'indépendance. Le lendemain, par six voix contre quatre, le Comité national qui réunit les responsables de l'Assemblée du peuple, le parlement du Yishouv, se prononce contre le plan américain. Le vendredi 14 mai 1948, à 13 heures, le texte de la proclamation est approuvé par tous. Problème : le temps manque pour rédiger un document en bonne et due forme. Les participants à la cérémonie se contenteront d'apposer leur signature sur une feuille de parchemin qui sera collée plus tard sur le document officiel.

Dans une salle du musée de Tel-Aviv, à 16 heures, pour ne pas enfreindre le shabbat qui débute à la tombée de la nuit, et alors qu'à Haïfa, le dernier haut-commissaire britannique en Palestine, sir Cunningham, monte à bord du croiseur *Euryalus,* David Ben Gourion proclame l'Indépendance d'Israël :

« *L'État d'Israël sera ouvert à l'immigration juive et au rassemblement des exilés ; il développera le pays au profit de tous ses habitants ; il sera fondé sur la liberté, la justice et la paix telles que l'envisageaient les Prophètes d'Israël ; il assurera la complète égalité des droits politiques et sociaux à tous ses habitants, quelle que soit leur religion [...] ; il veillera à la sauvegarde des Lieux saints de toutes les religions, et sera fidèle aux principes de la Charte des Nations unies. [...] Nous lançons un appel – alors que nous subissons une offensive déclenchée depuis des mois – aux habitants arabes de l'État d'Israël pour qu'ils préservent la paix et participent à la construction de l'État sur la base d'une citoyenneté pleine et égale et une représentation proportionnelle dans ses institutions provisoires et permanentes. Nous tendons la main à tous les États voisins et à leurs peuples en leur proposant paix et relation de bon voisinage, et nous leur lançons un appel pour qu'ils établissent des liens de coopération et d'aide mutuelle avec le peuple juif souverain sur sa propre terre. L'État d'Israël est prêt à prendre sa part à l'effort commun [qu'il est nécessaire de déployer en vue de] l'avancement du Moyen-Orient dans son ensemble.* »

Une fois la cérémonie terminée, Ben Gourion se rend à l'état-major. Il est en désaccord avec les chefs de la Haganah qui ne veulent pas lancer une nouvelle offensive contre le fort de Latroun. Le nouveau Premier ministre de l'État d'Israël décide de ne pas insister et rentre se coucher.

À 1 heure du matin, on le réveille : Truman a reconnu de facto l'État juif. À 4 h 30, nouvel appel téléphonique. On demande à Ben Gourion de participer à une émission de radio destinée aux États-Unis. Il se rend immédiatement au studio de la Haganah. Des explosions retentissent pendant son intervention : l'aviation égyptienne bombarde Tel-Aviv. L'émission prend une tournure dramatique. Le petit aéroport de Sdé Dov est touché, un hangar est en flammes, quelques blessés sont bientôt transportés à l'hôpital. Ben Gourion doit se rendre sur les lieux. Se souvient-il de ces journées de septembre 1940 durant lesquelles il avait tant admiré la résistance et le courage des habitants de Londres sous le Blitz ? Il constate que les voisins sortent en pyjama pour assister à la scène, sans panique, et il note : « *Ils tiendront !* » Quelques heures plus tard, il fait le compte de ses forces : la jeune armée du nouvel État ne dispose que de 30 573 hommes et femmes.

L'Union soviétique reconnaîtra *de jure* l'État deux jours plus tard.

Les Juifs de Palestine sont désormais israéliens. Les Arabes deviennent les Palestiniens.

Le groupe Stern veut adhérer au Kominform

En ces moments historiques, Yitzhak Shamir se trouve donc à Hendaye. Après le départ de la princesse Élisabeth, il revient à Paris avant de partir pour Prague où David Blau a créé une section du LEHI qui, le Centre l'espère, ouvrira à l'organisation les portes du Kominform. Il arrive dans la capitale tchécoslovaque muni de lettres d'introduction que lui a remises à Paris André Ullmann, le rédacteur en chef de *Tribune des nations.* Des plis destinés à Kopacki, le ministre de la Propagande tchécoslovaque, et à André Simon, le chef du service des affaires étrangères de *Rude Pravo,* l'organe du PC tchécoslovaque. L'homme qui a été chargé par les autorités des contacts quotidiens avec Blau est Joseph Youst, qui avait été expulsé de France l'année précédente : attaché à l'ambassade de Tchécoslovaquie, la DST le soupçonnait d'être un agent soviétique.

Blau a donc mis sur pied une cellule du LEHI et publie un bulletin officiel hebdomadaire. Ses liaisons avec le Centre, à Tel-Aviv, sont presque quotidiennes, une hôtesse de l'air des lignes tchécoslovaques transportant clandestinement la correspondance. La mission de Blau est de préparer l'adhésion du LEHI au Kominform. Son principal allié au comité central du PC tchécoslovaque est Bedrich Geminder, un ancien collaborateur du bulgare Dimitrov. Il aura également de brefs entretiens avec Rudolf Slansky, le secrétaire général. Paradoxalement, une partie de ces activités est financée par la section américaine du LEHI dirigée par une vieille connaissance, Benyamin Gepner, qui est arrivé aux États-Unis l'année précédente.

C'est la guerre. Le ministre égyptien des Affaires étrangères informe le Conseil de sécurité des Nations unies que les forces armées de son pays ont commencé à pénétrer en Palestine « *pour y rétablir la loi et l'ordre* ». La Ligue arabe publie un long communiqué annonçant que les gouvernements arabes « *[...] sont obligés d'intervenir en Palestine afin d'aider ses habitants à retrouver la paix, la sécurité, la justice et la loi, afin d'empêcher une effusion de sang* ».

L'exil, pire que la mort

L'exode de la population arabe se poursuit. À Jaffa, après la première attaque de l'Irgoun le 25 avril, les Britanniques avaient pris le contrôle de la ville pour empêcher sa chute et la fuite en masse de ses habitants. Mais les derniers postes de défense arabes, à l'est de Jaffa – les villages de Salameh, El Hiryeh et Sakyeh –, sont tombés aux mains de la Haganah sans combattre. Leur population s'est enfuie. La ville est complètement encerclée. Salah Khalaf qui, des années plus tard, prendra le nom de guerre d'Abou Iyad, a raconté le départ en exil de sa famille, à bord d'un bateau, sous les obus tirés par l'artillerie juive, le jour du départ des Britanniques, la veille de la proclamation de l'indépendance d'Israël. Avec ses parents et ses quatre frères et sœurs, il deviendra un réfugié à Gaza : « *Rétrospectivement,* écrira-t-il en 1978, *je pense que mes compatriotes ont eu tort de faire confiance aux régimes arabes et, en tout cas, d'avoir laissé le champ libre aux colonisateurs juifs. Ils auraient dû tenir bon, coûte que coûte. Les sionistes n'auraient pu les exterminer jusqu'au dernier homme. D'ailleurs, pour beaucoup d'entre nous, l'exil a été pire que la mort.* »

Le 18 mai, David Ben Gourion visite Jaffa conquise. Il écrit dans son journal de guerre : « *Je ne parvenais pas comprendre : comment les habitants de Jaffa ont-ils quitté cette ville* [23] *?* »

Dans le nord de la Palestine, Saint-Jean-d'Acre et les villages arabes avoisinants sont occupés par la Haganah, qui repousse les attaques des forces irakiennes, syriennes et libanaises. Dans le Néguev, l'armée égyptienne remporte quelques succès et parvient jusqu'au port d'Ishdoud (Ashdod) où une brigade israélienne bloque son avance[24].

Le 28 mai 1948, le quartier juif de la vieille ville de Jérusalem tombe aux mains des Jordaniens. La reddition est négociée par l'intermédiaire du Comité international de la Croix-Rouge et de Pablo de Azcárate, le représentant des Nations unies. Trois cents hommes en âge de combattre sont conduits en captivité, tandis que les vieillards, les femmes et les enfants partent sous la protection des soldats jordaniens rejoindre les lignes israéliennes. Pour la première fois depuis des siècles, plus un seul Juif ne se trouve à l'intérieur des murailles de la vieille ville de Jérusalem. Les deux grandes synagogues sont détruites à l'explosif.

Stern à visage découvert

Shamir est arrivé en Israël le 20 mai, dans un appareil des lignes tchécoslovaques. Shoulamit l'attendait. Yaïr, leur fils, a trois ans. Tout a changé. Les ennemis jurés du LEHI, les Britanniques, ne sont plus là. Il découvre que l'organisation a bien changé durant ses deux années d'absence. Le nombre de militants a doublé. Des centaines de jeunes, la plupart plutôt de gauche, ont rejoint l'organisation, attirés par le romantisme attaché à la clandestinité et poussés par le désir d'en finir avec les Britanniques. Yelin Mor, en remplaçant Shamir à la tête des opérations, est devenu le chef incontesté du mouvement. La propagande est désormais centrée sur la notion de lutte contre l'impérialisme et beaucoup moins sur les grands principes qu'avait mis en avant Avraham Stern en référence au « Royaume d'Israël ».

L'heure est aux décisions fondamentales. L'organisation a été presque exclusivement conçue autour de l'idée de lutte contre l'occupant. Quelle sera la place du LEHI dans l'État ? Ses chefs décident que l'organisation doit se transformer en parti politique et, pour l'heure, participer à la guerre contre les forces arabes, dans le cadre de Tsahal, l'armée israélienne en voie de formation, et donc reconnaître l'autorité des chefs militaires et du gouvernement provisoire dirigé par Ben Gourion.

Le Centre se prononce d'abord pour l'enrôlement individuel. Mazal, de son vrai nom Yaacov Banaï, le chef des opérations, s'insurge. Il explique que les militants de l'organisation se sont battus ensemble durant toutes ces années et qu'ils doivent donc servir dans une même unité. Shamir, Yelin Mor et Eldad finissent par accepter l'idée de la création d'un bataillon du LEHI. Les détails sont réglés avec les chefs de la Haganah. Mais le LEHI doit abandonner son trésor de guerre. Des armes, trente véhicules, un transport de troupes blindé, de quoi équiper une brigade, tout est remis aux autorités. Cinquante militants seront dispensés de service militaire pour se consacrer à la formation du nouveau parti politique.

Quelques fonds restent en caisse : le butin des hold-up de ces derniers mois. L'imprimerie fonctionne toujours. À Jérusalem, où l'autorité du gouvernement provisoire n'est pas encore assise, une unité du LEHI conserve une certaine autonomie d'action. À très court terme, l'existence du mouvement est donc assurée. Mais il faudra trouver de nouvelles sources de financement. Plus question de se servir, pistolet au poing, dans les banques anglaises...

Depuis le mois de mars, l'organisation dispose d'une base à Cheikh Mounis, un petit village arabe au nord de Tel-Aviv, situé entre les localités juives de Ramat Gan et de Petah Tikva. Une soixantaine de militants y ont défilé, dans la rue principale, en faisant savoir qu'ils appartenaient au groupe Stern, et la population est partie.

C'est le 29 mai à 11 heures que le LEHI sort officiellement de la clandestinité. À Cheikh Mounis, pour la première fois, l'ensemble des combattants du LEHI se retrouvent à visages découverts. Ils sont huit cents, presque deux fois plus nombreux qu'en juillet 1946, lorsque Shamir a été arrêté. Hommes et femmes du groupe Stern sont disposés autour du drapeau national hissé sur un mât attaché à un véhicule pris aux Britanniques quelques semaines plus tôt. Une garde d'honneur présente les armes. « *Repos ! Garde à vous !* » Yaacov Banaï apparaît en uniforme. Il a été nommé commandant du bataillon que forme le LEHI au sein de la nouvelle armée israélienne. Il salue. Les trois responsables du Centre sont en civil. Eux aussi sont émus ; c'est leur première apparition en public. Mazal se tourne vers ses chefs et annonce : « *Le bataillon des combattants pour la liberté d'Israël est à vos ordres !* » Le drapeau est ramené à mi-mât et tous entonnent l'hymne du LEHI :

« *Nous sommes les soldats inconnus, sans uniforme*
Nous marchons à l'ombre de la mort, dans sa terreur,
Volontaires jusqu'à la fin de nos jours
Seule la mort peut nous libérer de notre devoir... »

Et le refrain :

« *Les jours rouges de massacre...* »

Eldad, la voix tremblante, évoque la mémoire de Yaïr Stern : « *Souviens-toi de Yaïr, qui nous a forgés de son âme d'acier, qui nous a fait naître de son sang sacré. Souviens-toi de Yaïr. Souviens-toi de tous ses disciples combattants qui ont donné leur sang pour la libération de la Patrie.* »

Les trois chefs sont debout, côte à côte. Shamir regarde les visages de ces hommes au garde-à-vous. Pour la plupart, ils lui sont inconnus. Trois salves d'honneur sont tirées, et Yelin Mor prend la parole :

« *Nous avons été les premiers à identifier l'ennemi et à lui déclarer la guerre. Pour nous, l'ennemi, c'est toute force étrangère qui occupe notre patrie. Le Britannique a été notre ennemi pendant que d'autres le considéraient comme la puissance souveraine légitime. C'est pourquoi nous l'avons combattu de toutes nos forces avant que l'opinion publique n'accepte notre vérité. Ici et maintenant, vous partez pour la guerre. C'est la mission pour laquelle vous vous êtes enrôlés dans l'organisation clandestine. La suite, ce sera, pour une longue ou une courte période, dans les rangs de l'armée de l'État d'Israël [que vous la vivrez]. Aujourd'hui, l'ennemi arabe est clairement défini. Sur ce front et contre l'ennemi extérieur, il ne doit y avoir ni hésitation ni pitié. L'objectif est la destruction de sa force militaire et son expulsion du territoire de la patrie. Pour nous, la notion de patrie est intangible. Ses frontières sont permanentes. Nous ne spéculons pas avec cette terre, nous n'en abandonnerons pas un pouce. Mais la chose n'est pas aussi claire pour la vieille classe dirigeante, ceux-là mêmes qui s'opposaient à notre guerre il y a des années. Ils ont cédé dans le passé et céderont à l'avenir. La jeunesse combattante est à même d'empêcher une nouvelle capitulation si elle est consciente de la voie à suivre.*

Vous devez porter l'idée de guerre jusqu'à la victoire dans les rangs de la jeunesse, dans les rangs de l'armée, la semer à l'intérieur des unités. C'est le front intérieur. Il y en a un autre. La guerre contre vous-mêmes. Les années de clandestinité nous ont fait prendre des habitudes marquées par cet individualisme qui, dans le combat, nous a permis d'écrire des chapitres héroïques. Dans les nouvelles conditions auxquelles nous devons faire face, le combat individuel est insuffisant. Nous devrons aller au combat dans le cadre de sections, de compagnies. Il est indispensable de compléter la discipline individuelle par la discipline mécanique propre à l'armée. C'est cela qui nous permettra de disposer de l'armée révolutionnaire hébraïque. » Et Yelin Mor d'évoquer la chute de la vieille ville aux mains de la Légion arabe, le jour même, « *un échec qui n'est pas dû seulement à la supériorité numérique de l'ennemi, mais aussi à la Haganah, à Jérusalem, qui n'a pas accordé aux unités du LEHI le soutien d'artillerie qu'elles réclamaient deux semaines plus tôt lors de la percée des murailles de la vieille ville. Nous laverons cette honte dans le sang de l'ennemi. Jérusalem est le cœur de la patrie* ».

Salut. La *Hatikva*, l'hymne national israélien, se fait entendre. On échange des poignées de main. Yelin Mor, Michaël et Eldad regardent partir les soldats. Pour la première fois, ces combattants ne seront pas placés sous leurs ordres. Ils obéiront désormais à l'état-major et donc à David Ben Gourion.

Le Centre s'en retourne à l'appartement de Tel-Aviv où il siège, pour tenir une énième discussion sur l'avenir politique du mouvement. Eldad et Yelin Mor ne sont pas d'accord sur le maintien éventuel dans la clandestinité d'une partie des activités. Pendant ce temps, dans leur base militaire, les recrues du LEHI attendent leur nouveau patron, Yitzhak Sadeh, l'ancien commandant du Palmach, qui a été nommé à la tête de la 8e brigade mécanisée, dans laquelle est intégré le bataillon des anciens du LEHI. Il a toujours eu un faible pour les hommes du groupe Stern, et a demandé à ce qu'ils soient associés à son unité. Il se fait aussitôt présenter les chefs, s'intéresse à leurs états de service dans la clandestinité[25].

Bernadotte, l'homme de paix

L'escalade des combats en Palestine, le problème des réfugiés arabes et les risques de déstabilisation de l'ensemble de la région conduisent l'Assemblée générale des Nations unies à adopter une nouvelle résolution le 14 mai 1948. Un médiateur est nommé avec pour mission de rétablir un minimum de services nécessaires à la sécurité des populations en Palestine, assurer la protection des Lieux saints et promouvoir la paix : le comte Folke Bernadotte, un membre de la famille royale suédoise. Vice-président de la Croix-Rouge de son pays, il avait dirigé, en février 1945, une opération de sauvetage de déportés détenus dans les camps de concentration encore sous contrôle nazi, et, après de difficiles négociations avec Himmler, il était parvenu à faire transporter en Suède près de vingt et un mille survivants[26].

Arrivé au Proche-Orient fin mai, il parvient à négocier une trêve d'un mois. Elle doit entrer en vigueur le 10 juin. Les termes du cessez-le-feu, conforme à l'embargo international, interdisent l'importation de matériel militaire et le déploiement de troupes supplémentaires en Palestine.

La Tchécoslovaquie est alors le principal fournisseur d'armes d'Israël et l'aéroport de Zatec devient de facto, dès le 20 mai, une base israélienne par où transiteront des dizaines de milliers de fusils, de mitrailleuses, des centaines de tonnes de munitions, 88 chasseurs de combat, d'abord des Messerschmitt, puis des Spitfire. Une partie du matériel acheté aux États-Unis passera également par Zatec. Bien entendu, sous la pression américaine, le pont aérien est interrompu en août. Mais les Français autorisent certains avions de transport venus des États-Unis, via l'Amérique du Sud cette fois, à faire escale sur des aéroports corses. Selon l'historien Ilan Amitzour, le dictateur nicaraguayen Anastasio Somoza recevait 3,5 % de commission sur les achats effectués par son pays pour le compte du Yishouv. Le président du Mexique aurait, quant à lui, reçu un pot-de-vin d'un million de dollars. Quand au chef d'État panaméen, il aurait accepté 100 000 dollars pour créer les Lineas Aéras de Panama Sociedad Anonima, une société-écran qui permettait d'acheter des avions aux États-Unis ! Le FBI s'inquiète alors de la présence de pilotes et d'avions américains en Tchécoslovaquie sous contrôle soviétique… en pleine guerre froide[27].

Le 3 juin, sur le quai du port de Newark, dans le New Jersey, alors que l'on procède au chargement du cargo *Exe-*

cutor, qui doit partir pour la Palestine, une grue laisse tomber une énorme caisse sur laquelle est indiqué : « Engrais ». Elle s'écrase à terre et des cartons marqués « Danger, explosifs ! » s'étalent sur le quai. La police et la douane sont alertées et découvrent 250 tonnes de TNT. Les responsables de la société qui avaient affrété le cargo sont arrêtés. Mais à l'époque, c'est le gangster juif Abner Zwillman qui contrôle les docks et les entrepôts. Dans le port de New York, un autre gangster, Meir Lansky, tient le haut du pavé. Comme Zwillman, il collabore avec la Haganah. Les dockers, pour la plupart irlandais et antibritanniques, éprouvent de la sympathie pour le sionisme[28].

Toutes ces opérations de réarmement se déroulent dans la clandestinité. Des appareils atterrissent la nuit en Israël, sur des pistes improvisées, tandis que des bateaux déchargent du matériel dans de petits ports de la côte méditerranéenne. Les manufactures d'armes légères installées dans des kibboutz fonctionnent à plein rendement. D'ici la fin mai 1948, elles couvriront tous les besoins de Tsahal en pistolets-mitrailleurs, munitions de tous types, grenades, mines et bombes[29].

Les immigrants arrivent en masse. À Chypre, le camp de détention britannique se vide de ses cinquante et un mille détenus. Les hommes et les femmes valides sont immédiatement enrôlés dans la jeune armée – certains d'entre eux se retrouveront au front après un entraînement plus que sommaire et sans connaître vraiment l'hébreu. C'est ainsi que certains rescapés de la Shoah, anciens passagers de l'*Exodus*, mourront au combat après avoir passé quelques jours seulement en Terre promise. L'armée israélienne compte quarante-deux mille hommes et femmes sous les drapeaux. Ils font face à vingt-huit mille militaires égyptiens, syriens, jordaniens et irakiens, équipés de quarante chars et de cinq cents véhicules blindés.

À l'approche de la trêve, David Ben Gourion donne l'ordre à Tsahal d'ouvrir la route de Jérusalem, où la population juive, assiégée, n'a plus que quelques jours de réserves de nourriture. Deux tentatives pour s'emparer du fort de

Latroun échouent. La dernière, le 30 mai, fait plusieurs dizaines de morts dans les unités israéliennes. Mais à cette occasion, une patrouille découvre par hasard une ancienne piste qui mène à Jérusalem. Deux bulldozers se mettent aussitôt au travail. Une route est bientôt percée sous le nez des observateurs de l'ONU. Le siège de la Jérusalem juive est bientôt levé.

Paris équipe l'Irgoun

À Paris, Georges Bidault en personne explique que le gouvernement français a décidé d'aider l'Irgoun. Des armes lui seront livrées, et gratuitement. Ariel en dresse la liste avec le chef d'état-major français, le général Revers. Le matériel est livré à Port-de-Bouc, le 9 juin, et chargé par des militaires français sur l'*Altalena*, le navire de débarquement acheté par l'Irgoun aux États-Unis : 5 000 fusils britanniques Lee Ensfield, 3 millions de cartouches, 250 mitraillettes Bren, 250 pistolets-mitrailleurs Sten, 150 mitrailleuses Spandau, 50 mortiers de 81 mm, 5 000 obus, des centaines de tonnes d'explosifs. L'Irgoun France décide aussi d'embarquer huit cent cinquante-trois immigrants à qui Claire Vayda fournit des visas de transit. Ariel a également proposé à ses amis du LEHI d'envoyer, par la même occasion, du matériel en Israël. C'est ainsi que Shlomo Ben Shlomo et Tsfoni Shomron chargeront personnellement à bord deux caisses d'armes individuelles. Les services de la Sûreté de la région de Marseille assurent la sécurité, sur ordre de Roger Wybot.

Au cours des dernières discussions d'Ariel avec les responsables français, il a été question des futures livraisons : Paris envisage d'offrir deux sous-marins à l'Irgoun en plus d'autres armes lourdes. Les autorités françaises sont, à l'époque, parfaitement informées de la situation en Palestine et des relations tendues entre l'Irgoun et le gouvernement provisoire de David Ben Gourion. Une aide militaire aussi soutenue à l'organisation de Menahem Begin ne peut s'expliquer que par la volonté des dirigeants français d'encourager l'un des mouvements israéliens les plus activistes[30].

Le 1er juin, l'Irgoun signe un accord avec le gouvernement provisoire. Les membres de l'organisation doivent s'enrôler dans l'armée, où ils formeront des brigades intégrées dans le nouveau dispositif. Jusqu'au recrutement de tous ces combattants, un état-major temporaire en aura la responsabilité. Ben Gourion estime que le processus d'intégration durera un mois, mais toutes les activités d'achat et de transfert d'armes doivent être placées, sans délai, sous la responsabilité de Tsahal. Or, le 12 juin, les agences de presse annoncent le départ de l'*Altalena* pour la Palestine. L'information est reprise par la BBC. Les commentateurs soulignent qu'il s'agit là d'une violation flagrante de la trêve. Begin est très embarrassé. Il ne veut pas être responsable d'une crise. Le 15, en compagnie d'Aryeh Ben Eliezer, tout juste arrivé de France, il informe donc Israël Galili, l'adjoint de Ben Gourion, du départ du bateau. Ce dernier lui répond que les armes doivent être déchargées secrètement à Kfar Vitkin, au nord de Tel-Aviv. À qui sera distribué le précieux matériel militaire ? Galili promet que 20 % de la cargaison ira aux unités qui combattent à Jérusalem. Begin demande que le reste aille, en priorité, aux combattants de l'Irgoun intégrés dans Tsahal. Galili refuse. Le ton monte. Ben Gourion intervient. Il exige que l'armée ait l'entière responsabilité du déchargement, du stockage et de la distribution de la cargaison de l'*Altalena*. L'Irgoun refuse.

Le navire se rapproche des côtes israéliennes. Le 20, Ben Gourion réunit son gouvernement en session extraordinaire. Le ministre des Affaires étrangères, Moshe Sharett, annonce : « *Il est possible que nous nous trouvions confrontés à une violation flagrante de la trêve par des Juifs, sans que nous en soyons directement responsables, mais par la faute de l'Irgoun !* » Ben Gourion rappelle les termes de l'accord conclu avec l'Irgoun, rappelle que Begin s'est engagé à cesser toute opération d'acquisition d'armes indépendante et conclut qu'il n'a pas tenu parole en décidant le départ de l'*Altalena*. Il affirme que l'Irgoun concentre des troupes à Kfar Vitkin où le bateau doit être déchargé. Le gouvernement décide d'agir : l'armée est placée en état d'alerte. Et Ben Gourion déclare : « *Begin doit cesser ses activités sécessionnistes. Sinon, nous ouvrirons le feu !* »

L'*Altalena* arrive au large de Kfar Vitkin et débarque une partie de ses passagers. Les discussions se poursuivent avec le gouvernement dans une atmosphère de défiance. Les quiproquos succèdent aux malentendus. Le 21, un premier accrochage a lieu entre l'Irgoun et des unités du Palmach intégrées à Tsahal. Il y a six morts et dix-huit blessés parmi les hommes de Begin. Les forces gouvernementales déplorent deux tués et six blessés. Le bateau lève l'ancre et, en pleine nuit, se dirige vers Tel-Aviv. Begin est monté à bord. En début d'après midi, sur ordre de Ben Gourion, un jeune lieutenant-colonel du nom d'Yitzhak Rabin fait tirer au canon sur l'*Altalena* : huit passagers sont tués et une trentaine d'autres blessés. Le chef de l'Irgoun parvient néanmoins à s'échapper.

Ben Gourion a gagné. Il incarne désormais la légitimité israélienne. Il n'y aura pas d'autre armée que celle de l'État. L'état-major du Palmach, qui souhaitait conserver son indépendance, sera d'ailleurs aussitôt dissous.

Le Centre, qui attendait les deux caisses d'armes apportées par l'*Altalena*, est réuni depuis les premières heures de la crise dans un appartement de Tel-Aviv. Les chefs du bataillon 89, l'unité militaire constituée entièrement de sternistes ; sont eux aussi présents : Yaacov Granek et Mazal.

Eldad suggère la rébellion. Les hommes du LEHI déserteront et partiront pour Jérusalem. Shamir et Yelin Mor discutent. Quelqu'un propose, ni plus ni moins, l'assassinat d'une cinquantaine de dirigeants du Yishouv. L'idée est vite abandonnée[31]. Granek et Mazal décident alors de retourner à la caserne pour examiner la situation. Ils y rencontrent leur commandant de brigade, Yitzhak Sadeh. Un bataillon de l'unité est alors engagé contre l'Irgoun. Sadeh explique aux deux hommes qu'en tant que soldat, il obéit aux ordres, même s'il ne les apprécie pas. « *Je ne vous ai pas confié cette mission [contre l'Irgoun]*, dit-il, *pour ne pas vous placer dans une situation impossible. Je vous conseille de ne rien faire.* » Granek et Mazal apprennent alors qu'une compagnie voisine a été chargée de protéger les transports de troupes blindés des sternistes. Sadeh leur fait observer que les armes individuelles n'ont pas été confisquées aux sternistes en dépit des ordres de l'état-major : « *Je vous fais confiance !* » explique-t-il.

Les officiers retournent bientôt à Tel-Aviv et annoncent au Centre qu'aucune opération n'est possible. Mais Shamir et Yelin Mor avaient déjà été informés que la route vers Jérusalem avait été bloquée par une compagnie de soldats originaires du Palmach : toute initiative militaire dans ce secteur risquerait de déboucher sur un affrontement fratricide dont les armées arabes ne manqueraient pas de profiter.

Eldad, pourtant, ne renonce pas à son idée. Le lendemain, il se rend au QG de l'Irgoun pour proposer à Menahem Begin d'unir les unités des deux organisations, de forcer la route vers Jérusalem et d'y proclamer la « Judée libre ». « *Nous sommes*, dit-il, *des étrangers dans l'État. Notre place est là-bas !* » Mais le chef de l'Irgoun l'écoute distraitement. La police militaire procède au même moment à des arrestations parmi ses hommes. Son poste de commandement lui-même est menacé.

Ben Gourion, à la même heure, prononce un discours devant l'Assemblée constituante pour exalter le « canon sacré » qui a tiré sur l'*Altalena.* Begin devra protester de sa bonne foi alors que les dirigeants du Yishouv se féliciteront d'avoir fait obstacle à ce « coup d'État » de l'Irgoun. De fait, la crise aura accéléré la formation de l'armée israélienne, la fusion des divers mouvements, et contribué à asseoir l'autorité du gouvernement.

Le Centre est profondément inquiet de ces développements. Dans les colonnes de son journal, *Mivrak*, et sur les ondes de sa radio, il condamne le gouvernement provisoire, l'accuse d'avoir partie liée avec l'impérialisme anglo-américain. L'*Altalena* est comparé au *Potemkine,* Ben Gourion à

Néron. Très vite, Yelin Mor, Eldad et Shamir constatent qu'ils ne parviennent plus à donner des ordres à leurs militants sous les drapeaux. Sadeh et ses officiers ont fait ce qu'il fallait pour réduire toute velléité d'insubordination. L'influence du Centre se réduit comme peau de chagrin.

L'assassinat de Bernadotte

Les combats reprennent le 9 juillet : Tsahal entend dégager les abords de Tel-Aviv. Moshe Dayan, à la tête d'un bataillon de commandos, prend Lod et son aéroport. Ramleh, la ville voisine, est occupée dans la foulée. Une brigade commandée par Yitzhak Rabin est chargée d'expulser la population arabe de ces deux localités. Les habitants de Lod, chassés de leurs maisons souvent par la force, doivent fuir à pied en direction de Ramallah, privés d'eau, sous un soleil de plomb. Selon des témoins arabes, des dizaines de personnes, des enfants, des vieillards, des femmes enceintes mourront au cours de cette opération d'expulsion[32].

L'évacuation de Ramleh se fera à bord de camions et d'autobus. Yitzhak Rabin racontera en 1979 : « *Il n'était pas possible d'éviter l'usage de la force et de tirs de semonce pour obliger les habitants à franchir la vingtaine de kilomètres qui les séparaient de la Légion. Voyant cela, les notables de Ramleh ont accepté d'être évacués volontairement, à condition que des autobus soient mis à leur disposition […]. Les militaires qui ont participé à l'expulsion ont grandement souffert. La brigade Yiftah, qui a effectué l'opération, comprenait des soldats venus de mouvements de jeunesse, où on leur avait inculqué des valeurs comme la fraternité internationale et l'humanisme. L'expulsion allait au-delà des concepts auxquels ils étaient habitués*[33]. »

Dans le Néguev, l'avance égyptienne est bloquée. L'armée israélienne compte désormais soixante-cinq mille hommes équipés d'un armement moderne. Les forces irakiennes, syriennes et jordaniennes ne parviennent pas à coordonner leurs opérations. En tout, quarante mille militaires arabes sont déployés en Palestine et dans le Sinaï[34].

Le Conseil de sécurité des Nations unies impose un nouveau cessez-le-feu le 18 juillet. Bernadotte avance des propositions de son cru pour régler le conflit israélo-arabe : non pas deux États indépendants en Palestine mais une union entre le royaume de Jordanie (qui absorberait la Palestine arabe) et l'État juif. Jérusalem passerait sous la souveraineté arabe, la ville juive ayant droit à une municipalité séparée. Il propose l'ouverture de nouvelles négociations à Rhodes.

En Israël, le LEHI est le plus virulent contre ces propositions. Le Centre ne sait pas encore que Moshe Shertok, le ministre des Affaires étrangères, a rejeté le plan de Bernadotte, et accuse le gouvernement provisoire d'être sur le point de renoncer à Jérusalem. Il exige l'arrêt immédiat de la médiation de Bernadotte. Les attaques contre le gouvernement de Ben Gourion valent alors à l'organe du LEHI de sérieux ennuis avec la censure et quelques descentes de police à la rédaction du journal. Le Centre riposte en comparant le régime travailliste à l'occupation britannique.

En Grande-Bretagne, les mesures de sécurité sont renforcées dans la crainte des attentats que pourraient commettre l'Irgoun ou le LEHI. Le 3 août, Scotland Yard perquisitionne ainsi chez Monti Harris, un épicier de Southgate, et y découvre une quantité importante d'explosifs, de détonateurs et de munitions. Le suspect, qui a vingt-trois ans, est arrêté. Aux enquêteurs, il déclare : « *C'est une affaire politique et nationale. J'ai été pris les mains dans le sac et je ne pleurnicherai pas. [...] Je suis coupable et je veux en terminer* [35] *!* » Au cours du procès, en octobre, un détective affirmera que l'accusé est membre de la Hebrew Legion, une organisation proche du parti révisionniste – qui publiera immédiatement un démenti. Harris sera condamné à sept années de prison pour détention illégale d'explosifs.

Le 10 août, à Jérusalem, le LEHI organise une manifestation contre Bernadotte qui discute de la trêve avec les responsables militaires israéliens. Des banderoles sont déployées :

« Stockholm est à vous, Jérusalem à nous ! » Moshe Dayan, le commandant du secteur de Jérusalem, ordonne aux manifestants de se disperser. La radio du LEHI diffuse des mises en garde aux « comtes et aux lords », une allusion à lord Moyne. Le groupe est alors dirigé à Jérusalem par Israël Eldad, Yehoshoua Zettler et Yehoshoua Cohen qui vient de rentrer de captivité au Kenya.

En fait, ces trois hommes préparent l'assassinat du médiateur des Nations unies. Eldad m'affirmera, en 1989, que la décision de principe d'exécuter Bernadotte avait été adoptée au cours d'une réunion du Centre à Tel-Aviv. Shamir, me dira-t-il alors, avait examiné et approuvé le plan opérationnel que lui avait présenté Yehoshoua Cohen. Yelin Mor hésitait. Il avait demandé à réfléchir[36]. Selon Frieda, son épouse, il était contre. Le 10 septembre, Eldad et Zettler iront le rencontrer à Haïfa pour tenter de le faire changer d'avis. En vain. Il s'apprêtait alors à prendre l'avion pour la Tchécoslovaquie où David Blau, le responsable du LEHI à Prague, lui avait organisé des rendez-vous avec plusieurs dirigeants du PC tchécoslovaque afin de préparer l'adhésion du mouvement au Kominform[37].

Le médiateur des Nations unies revient de Syrie le 17 septembre en fin de matinée. Son avion atterrit à l'aéroport de Kalandia, au nord de Jérusalem. Il passe par le secteur arabe et se rend à l'YMCA en face de l'hôtel King David, en compagnie de l'état-major des observateurs de l'ONU, dont le chef est le colonel français Sérot. Les casques bleus lui exposent qu'ils sont trop peu nombreux. Le repas terminé, Bernadotte s'en va. Il a rendez-vous avec le gouverneur israélien, Dov Yossef, à Government House, dans la zone démilitarisée. Le convoi passe par les quartiers de Talbyeh, Catamon et German Colony. Yehoshoua Zettler est satisfait. Il tient son homme. Il n'y a pas d'autre trajet pour rejoindre la ville juive : au retour, Bernadotte est obligé de passer par l'endroit où il a placé l'embuscade. Le médiateur passe quelques heures dans le bâtiment qui sert de poste de secours à un médecin suisse de la Croix-Rouge internationale, puis, à 17 h 30, il prend congé pour rencontrer Yossef.

Rue HaPalmach, le convoi est bloqué par une jeep. Trois hommes en uniforme kaki, des soldats israéliens apparemment, s'approchent des voitures. Hillman, l'officier de liaison israélien, crie : « *Ça va ! C'est Bernadotte !* » Yehoshoua Cohen glisse le canon de sa mitraillette, une Schmeisser, par la fenêtre de la voiture. Il vide le chargeur sur Bernadotte et le colonel Sérot qui est assis à ses côtés. Ils sont tués sur le coup. Le troisième passager, le général suédois Age Lundström, est indemne.

Dans la soirée du 17 septembre 1948, une organisation inconnue revendique l'attentat contre Bernadotte. Dans un tract signé le « Front de la Patrie », elle proclame son opposition à « *tout dirigeant étranger, à tout médiateur quelles que soient ses raisons, qui posera les pieds sur cette terre. Le Front de la Patrie combattra tous ceux qui entraveront la libération de la patrie, de Jérusalem sa capitale et la rédemption de la nation* ». Les auteurs de l'assassinat avaient décidé de créer cette organisation fictive pour couvrir le LEHI.

À l'annonce de la mort de Bernadotte, le Centre retourne à la clandestinité. À Haïfa, Yelin Mor se cache chez Michael Kaplan, un militant de l'Irgoun. Frieda regagne le domicile du couple qui l'avait déjà hébergée, à Tel-Aviv, et où la police effectue bientôt une longue perquisition, saisissant quelques armes, 7 000 dollars et des documents. Dans la nuit, les arrestations de militants se multiplient. Shamir et Eldad trouvent une planque dans la région de Tel-Aviv. Les deux hommes parviendront bientôt à mettre en place une petite infrastructure clandestine – des planques et quelques agents de liaison pour faire passer les messages. Une nouvelle déception les attend : les militants du LEHI sous les drapeaux n'ont aucunement l'intention de déserter pour rejoindre leurs anciens camarades en difficulté. L'état-major de l'armée envisage brièvement de les faire interner mais le commandant de leur brigade, Yitzhak Sadeh, s'est porté garant de leur loyauté ; ils ne seront pas inquiétés.

David Ben Gourion doit faire face à deux urgences : prouver à l'opinion publique internationale que le gouvernement provisoire n'est pour rien dans cette affaire et, au plan intérieur, régler définitivement le problème des organisations dissidentes qui agissent encore à Jérusalem. Moshe Dayan, le commandant militaire de la ville, reçoit des renforts, des compagnies issues du Palmach et intégrées dans la 10e brigade de Tsahal. Le lendemain, il impose le couvre-feu sur la ville juive et investit les deux casernes du LEHI. Cent quatre-vingt-quatre personnes sont appréhendées. Près de Tel-Aviv, la police et l'armée débarquent à Cheikh Mounis. Quatre-vingt-quatre suspects sont interpellés. La parution de *Mivrak*, le journal du LEHI, est bientôt suspendue, et, le 19, son rédacteur en chef est placé en détention. La radio de l'organisation est saisie. Le lendemain, Ben Gourion décrète le LEHI « organisation terroriste » et annonce la publication d'une ordonnance destinée à renforcer la lutte contre le terrorisme. Le 23, le ministre de la Justice la fait approuver à l'unanimité par l'Assemblée provisoire qui l'intègre dans le code pénal israélien[38].

Yelin Mor est arrêté le 29 septembre, en compagnie de Mattityahu Shmulewitz, qui n'est pour rien dans l'assassinat de Bernadotte mais à qui on reproche d'appartenir à une organisation terroriste.

Devant l'Assemblée provisoire, Ben Gourion bombarde le LEHI d'épithètes : « *C'est la milice de la bourgeoisie juive. Une organisation anti-ouvrière, qui a des aspects fascistes. Le meurtre de Bernadotte est une provocation contre le gouvernement et, objectivement, il sert les intérêts du camp Bevin-Marshall !* » La presse internationale en prend bonne note. Le Premier ministre est décidé à profiter de l'événement pour régler le problème du cantonnement des unités de l'Irgoun à Jérusalem. En fin de matinée, Shmouel Katz, le représentant de Begin dans la ville, reçoit un ultimatum de Yigal Yadin, le chef d'état-major de Tsahal : « *L'Irgoun à Jérusalem doit se plier aux lois de l'État. Tous ses membres doivent rejoindre les rangs de l'armée. Chaque soldat de l'Irgoun devra prêter serment à l'État. Vous avez vingt-quatre heures pour obtempérer. Sinon, l'armée agira en conséquence !* » Menahem Begin, bien qu'il condamne l'assassinat de Bernadotte, n'a pas le choix. Il se plie à la décision du gouvernement. Une fois de plus, l'Irgoun écope après un attentat du LEHI. Il n'y en aura plus d'autres. L'organisation est dissoute[39].

À Moscou, le quotidien *Vremia* explique à ses lecteurs que les services secrets britanniques ont l'habitude d'exécuter les agents dont ils n'ont plus besoin. La presse communiste européenne, et notamment *L'Humanité*, reprendra la thèse. Les services britanniques sont, eux, persuadés que les Soviétiques sont derrière l'assassinat de Bernadotte. Une taupe du NKVD aurait infiltré le groupe Stern, dit-on à l'Intelligence Service. Les liens entre le LEHI, le mouvement communiste et les pays de l'Est se sont en effet resserrés au fil des ans à Paris, à Prague et à Sofia. Le MI 6 et la CIA surveillent d'ailleurs les déplacements des détenteurs de passeports israéliens vers ces destinations. En Palestine, des militants communistes font partie de l'organisation. Mais Isser Harel, le chef des services de sécurité israéliens, n'a jamais fait état d'un indice quelconque permettant d'établir l'existence d'une telle taupe et affirmera au contraire que Yelin Mor, qui s'était le plus impliqué dans les contacts avec la gauche communiste, n'a jamais trahi[40].

« Se lamenter pendant des générations »

Les chefs du LEHI n'imaginaient pas que l'assassinat du médiateur aurait pour première conséquence de rendre impossible l'opération militaire dont ils rêvaient : la conquête de la Jérusalem arabe.

Le gouvernement provisoire se réunit le 26 septembre, sous la présidence de Ben Gourion. La poursuite de la guerre est à l'ordre du jour. Ben Gourion a convié une délégation d'habitants de Jérusalem, conduite par le gouverneur, Dov Yossef. Les Hiérosolymitains évoquent leurs souffrances et demandent aux ministres de rejeter le plan d'internationalisation de la ville proposé par Bernadotte. Après le départ des invités s'ouvre le débat, peut-être l'un des plus dramatiques depuis la proclamation d'indépendance du jeune État. Les dirigeants israéliens doivent décider du destin du pays en optant soit pour la bataille politique (afin de conserver les acquis territoriaux), soit pour la reprise de la guerre (afin de réaliser de nouvelles conquêtes).

Shertok fait un tour d'horizon diplomatique. La situation est difficile. Les Américains et les Anglais veulent attribuer aux Arabes de Palestine les territoires situés dans le Néguev, au sud d'une ligne Negba-Gat. Après s'être exprimé, il s'excuse de devoir quitter la réunion pour se rendre à un rendez-vous important. Il confie son vote par écrit au secrétaire du gouvernement.

Ben Gourion intervient alors :

« [...] À propos du Néguev, un argument : c'est le seul territoire accordé à l'État où nous ayons non seulement des possibilités d'implantation mais aussi un peu d'espace. [...] C'est le seul endroit dans le pays où on peut rouler sur cent kilomètres en largeur et en longueur. [...] Je propose de commencer la bataille, et même si cela risque de susciter des combats dans tout le pays, je ne le regretterai pas. [...] Le destin de Jérusalem ne se décidera pas à Jérusalem mais à l'extérieur de la ville – selon moi, à Latroun. Je suis entièrement d'accord avec les membres de la délégation que nous venons de recevoir. Le judaïsme a parlé par leur bouche. Une faute est commise ici. Nous n'y avons pas pris garde mais, comme si de rien n'était, nous soustrayons Jérusalem et ses cent mille Juifs des limites de l'État juif pour les remettre aux mains des goyim [non-Juifs]. Nous avons deux types de goyim, les Arabes et les chrétiens. Je ne sais lesquels sont les meilleurs. Si je devais choisir entre eux, je choisirais le monde chrétien. Mais je n'ai pas le choix. La Terre d'Israël se trouve dans cette partie du monde où il y a beaucoup d'Arabes et nous devrons, dans la mesure où cela dépendra de nous, trouver une voie vers les Arabes, une voie vers un accord, un compromis. Mais – et la délégation l'a dit ici – Jérusalem doit être juive et elle ne le sera pas sans la conquête de Latroun. [...] cela risque d'entraîner une contre-attaque arabe

dans l'ensemble du pays ou sur tout le Triangle, et c'est la reprise de la guerre ; il est possible que cela soit considéré comme une provocation contre l'ONU, peut-être encore d'autant plus flagrante qu'elle se déroule au moment même où se réunit l'Assemblée générale. »

Ben Gourion énumère les récentes provocations arabes à Latroun et dans ses environs, et poursuit :

« *D'après moi, l'attaque contre Latroun n'est pas seulement justifiée du point de vue moral mais également nécessaire du point de vue politique. Bien entendu, il est possible qu'après coup, les Nations unies nous disent : Retirez-vous, et la loi de l'ONU l'emportera. Mais auront-ils la force de nous obliger à nous retirer ? Nous n'affronterons pas une force plus puissante. Depuis le premier instant, j'ai été convaincu que nous pouvions faire face à une armée arabe, mais nous ne pourrons pas affronter une armée américano-européenne. Cependant, si on nous fait reculer de force, nous reviendrons. Je ne crois pas que nous en arriverons là, car nous recevons des lettres, encore des lettres [...]. Nous avons un argument : à l'encontre de la trêve, de leur accord, ils ont assoiffé Jérusalem. Et nous ne ferions rien ? [...]*

Dans le Sud, si la guerre éclate, nous percerons une voie vers le Néguev et détruirons le verrou égyptien entre le Sud et le Nord [...] nous pourrons infliger un coup définitif aux forces [arabes] dans le Triangle ; repousser la frontière orientale loin vers l'intérieur [...], nous pouvons élargir la vallée de Jezréel loin vers le sud, peut-être jusqu'à Naplouse ; et nous pouvons élargir le corridor de Jérusalem au moins jusqu'à Ramallah pour que la ligne Bir Naballah-Ramallah soit entre nos mains. Cela bouleversera la situation de Jérusalem car la question de Jérusalem n'est pas seulement juridique. Sans corridor vers Jérusalem – pas seulement cette route où l'ONU et les Arabes nous laissent circuler, mais un véritable territoire continu, peuplé par des Juifs, avec une force juive, économique et militaire, et de l'eau –, nous n'assurerons pas l'avenir de Jérusalem, qui est aujourd'hui une île coupée de toute localité juive. [...]

Voici ce que je propose d'ajouter à nos [décisions en vue de l'Assemblée générale de l'ONU] : [il faut] donner l'ordre à l'état-major de préparer une opération contre Latroun, de telle façon que si cela suscite une réaction [arabe] dans l'ensemble du pays, nous y soyons prêts. Cela est possible et, je le crois, ne souffre aucun retard. »

Les ministres ont parfaitement compris où Ben Gourion veut les mener : « *Je suis hostile à l'idée d'attaquer à Latroun maintenant car [l'enjeu] n'est pas la bataille de Latroun* », déclare Moshe Shapira qui s'excuse à son tour : lui aussi est appelé par un autre engagement. Il confie lui aussi son vote par écrit au secrétaire du gouvernement.

« *Cette affaire est loin d'être terminée,* intervient le ministre David Remez. *Nous ne parviendrons pas à nous justifier si, pendant la session de l'ONU, sur laquelle nous nous reposons, nous déclenchons une guerre dans une telle situation. [...] Certains participants affirment [déjà] qu'une telle initiative militaire, après l'assassinat de Bernadotte par des Juifs, ferait d'Israël un paria parmi les nations.* »

Ben Gourion revient à la charge :

« *Deux éventualités s'offrent à nous : soit une décision de l'ONU, soit une opération militaire dont nous prendrions l'initiative. À propos de la décision de l'ONU, il y a encore deux hypothèses. Soit elle reste sur le papier, soit elle est accompagnée [de la formation] d'une force [d'intervention]. Si elle reste sur le papier, les Arabes refuseront et nous ferons face à la même situation. Leurs armées ne quitteront pas le pays. Je me dois [de vous] rappeler que la trêve actuelle risque de nous briser plus qu'autre chose, et pas seulement pour des raisons financières. [...] Si nous avions la possibilité d'obtenir le minimum par un accord avec les Arabes, je le ferais, car je crains la militarisation de la jeunesse dans notre pays. Je la vois déjà [s'annoncer] dans l'âme des enfants ; or je n'ai jamais rêvé à un tel peuple et je n'en veux pas. [...] Si, dans la situation actuelle, nous maintenons une armée de cent mille hommes, cela nous détruira. Notre économie et notre jeunesse seront détruites.* »

Finalement, Ben Gourion soumet au gouvernement la proposition de réagir militairement à toute provocation arabe dans la région de Latroun, mais ne dit pas aux ministres que des unités militaires font déjà route vers Jérusalem.

Le ministre David Remez a compris la manœuvre, et demande :

« Et s'il n'y a pas de violations de la trêve par les Arabes, est-ce que les violations passées seront considérées comme suffisantes pour déclencher l'opération ?

– Bien sûr ! » répond Ben Gourion.

La proposition est rejetée par sept voix contre cinq. Moshe Sharett a voté contre.

Ben Gourion est profondément déçu. Il appelle Yigal Yadin pour annuler l'opération. À Zeev Sherf, secrétaire du gouvernement, le Premier ministre expliquera qu'il avait l'intention de laisser une enclave arabe autour de Naplouse et de confier la vieille ville de Jérusalem, après sa conquête, à l'ONU, qui assurerait ainsi la gestion des Lieux saints musulmans et chrétiens. « *J'estimais,* dira Ben Gourion, *que la plupart des Arabes de Jérusalem, de Bethléem et d'Hébron s'enfuiraient comme l'avaient fait ceux de Lydda, Jaffa, Haïfa, Tibériade et Safed. Nous aurions contrôlé la majeure partie du pays jusqu'au Jourdain*[41]. »

Ce n'est qu'au début des années soixante que Ben Gourion révélera cet épisode et le vote du gouvernement en le commentant ainsi : « *Il y a de quoi se lamenter pendant des générations* [42] *!* »

La dernière cavale du LEHI

Les militants du LEHI sont détenus à la prison de Jaffa, où la garde n'est pas très stricte. Le 9 octobre, trente-cinq d'entre eux font le mur après avoir maîtrisé une partie de leurs geôliers. En apprenant la nouvelle, Ben Gourion limoge le commandant de la police militaire, l'accusant d'avoir infligé à l'armée sa plus grande défaite. Les évadés rejoignent la clandestinité, où la principale activité est la distribution de tracts. Il s'agit de textes écrits au vitriol par Eldad : il accuse le gouvernement Ben Gourion de « *faire le jeu de l'impérialisme anglo-saxon* ».

En fait, les deux chefs du Centre commencent à négocier avec l'ennemi. Le 29 octobre, Ben Gourion note dans son journal qu'Avigour a rencontré la veille Israël Eldad : « *Ce dernier le lui a promis : le LEHI veut retourner dans la légalité. Le meurtre de Bernadotte les a surpris plus encore que le gouvernement d'Israël. Il y avait parmi eux un groupe qui refusait d'accepter la légalité. Eldad a refusé de donner les noms. Il a juré qu'il ne connaissait pas les auteurs de l'assassinat de Bernadotte.* » Et Ben Gourion de conclure : « *Il est naïf s'il s'imagine que je le crois !* »

Eldad n'est pas le seul à avoir des contacts avec Avigour. Shamir, par l'intermédiaire de Nehamiah Brosh, le frère de la veuve d'Avraham Stern, a eu un entretien avec l'homme de confiance de Ben Gourion et lui a juré que le LEHI n'avait aucunement l'intention de créer une organisation clandestine en Israël ou d'œuvrer contre les autorités légales du pays[43].

Ces discussions secrètes entre le pouvoir et le groupe Stern sont la conséquence des difficultés auxquelles se heurte Isser Harel, le chef des services de sécurité. Le 22 novembre, au cours d'une réunion chez Ben Gourion, il explique : « *Nous avons échoué dans notre offensive contre le LEHI. Nous avons cru possible de liquider le mouvement d'un seul coup. La police militaire a échoué parce qu'elle n'était pas entraînée.* » Isser se plaint de devoir agir sans couverture légale[44]. Quoi qu'il en soit, des propositions sont faites au LEHI : Yelin Mor et Shmulewitz seront jugés, mais très vite remis en liberté. Le ministre de l'Intérieur, Yitzhak Gruenbaum, en fait la promesse à Yehoshoua Zettler qui se cache à Tel-Aviv et mène, lui aussi, des pourparlers discrets. Gruenbaum lui explique par la même occasion que Ben Gourion a donné des ordres pour que cesse la chasse aux militants du LEHI, mais que, pour satisfaire l'opinion publique internationale, il est indispensable que Yelin Mor et Shmulewitz soient condamnés[45].

Shamir, Eldad et, de sa prison, Yelin Mor décident que le LEHI présentera des candidats aux élections prévues le 25 janvier 1949. Le mouvement change de nom et s'appelle désormais le Parti des combattants. Il s'agit de démontrer aux autorités que le mouvement est décidé à entrer dans la légalité, et aussi de mettre à l'épreuve le gouvernement. Yelin Mor sera tête de liste. Mattityahu Shmulewitz viendra en second rang. Ben Gourion pourrait-il laisser des députés élus en prison ? Eldad est numéro 3. Geoula Cohen, l'ancienne speakerine de la radio clandestine du LEHI, arrive en quatrième position. Yitzhak Shamir ne se présente pas.

La campagne électorale s'annonce très difficile. Pour être autorisé à participer au scrutin, le Parti des combattants a dû obtenir la signature de deux cents citoyens israéliens. Et pas question de s'adresser aux militants qui servent sous les drapeaux ou sont emprisonnés ! Les signatures auront été réunies quelques heures seulement avant la date limite.

La deuxième trêve imposée par les Nations unies tient jusqu'au 10 octobre. L'armée israélienne entièrement réorganisée, avec plus de cent mille hommes, 220 pièces d'artillerie, 7 000 véhicules, est devenue la principale force militaire du Proche-Orient. En Galilée, l'armée de Fawzi al-Qawuqji est mise en déroute, et les unités libanaises sont repoussées au-delà de la frontière en moins de soixante heures. Dans le Néguev, le 15, quatre brigades passent à l'offensive. Beersheba est prise. Les Égyptiens font retraite à l'exception de cinq mille hommes, encerclés dans la poche de Falouja. Parmi eux, un jeune officier, Gamal Abdel Nasser, qui se dit profondément écœuré par la corruption de l'état-major égyptien. En décembre 1948, des unités israéliennes pénètrent dans le Sinaï. L'Égypte fait alors appel à la Grande-Bretagne dans le cadre du pacte de défense conclu entre les deux pays en 1936. Du coup, Londres lance un ultimatum à Israël, appuyé par les États-Unis.

La dernière bataille oppose l'aviation britannique à la chasse israélienne. Cinq appareils de la RAF seront abattus. Yaacov Granek a été tué à la tête de sa compagnie.

Le front jordanien est resté calme durant cette période : l'émir Abdallah n'avait pas l'intention de risquer une défaite. Il annexera les territoires de la Palestine qui devaient être intégrés dans l'État arabe indépendant prévu par les résolutions de l'ONU.

Les grands perdants, ce sont les Arabes palestiniens.

La débâcle des activistes

Le Parti des combattants mène sa campagne électorale dans les pires conditions. Il n'a pas eu le temps d'élire ses instances. Ses moyens sont limités. Heureusement, il reste un peu d'argent du dernier hold-up du LEHI à la Barclay's Bank. Shamir et Eldad ne se montrent pas trop, de crainte d'être arrêtés. Handicap supplémentaire, le procès de Yelin Mor et de Shmulewitz s'ouvre le 5 décembre. L'un et l'autre démentent toute participation au meurtre de Bernadotte et accusent les travaillistes et Ben Gourion de vouloir, en fait, détruire le LEHI. Les audiences se poursuivent jusqu'au jour du scrutin et les articles, publiés quotidiennement par la presse israélienne, n'améliorent vraiment pas l'image de marque du parti. D'autant que sa propagande électorale est faite d'un curieux mélange idéologique : la lutte contre l'impérialisme, la nécessité d'instaurer une société juive socialiste, la défense de positions extrêmes au sujet des frontières et du problème arabe. De ce point de vue, le Parti des combattants a conservé les théories révisionnistes d'un Israël biblique, s'étendant de part et d'autre du Jourdain.

Les élections ont lieu le 25 janvier 1949. Le Parti des combattants, avec 5 360 voix, 1,2 % des suffrages exprimés, n'a qu'un seul député. Il n'est parvenu à s'attirer que 150 voix de plus que la Wizo, l'organisation des femmes sionistes. Un résultat toutefois honorable, compte tenu des circonstances difficiles dans lesquelles le LEHI s'est présenté devant les électeurs, mais un échec aux yeux de ses chefs. Le PC israélien obtient trois fois plus de voix que lui… Le Hérout de Menahem Begin, avec 11,5 % des suffrages exprimés, a 14 députés. Le Mapaï de Ben Gourion, avec 35 % des voix, a

46 sièges au Parlement. À gauche, le Mapam a réuni 14,7 % des suffrages exprimés, ce qui lui permet de s'assurer de 19 députés.

Le 10 février, Yelin Mor est condamné à huit ans de prison, Shmulewitz à cinq ans. Ils bénéficieront quelques jours plus tard de l'amnistie générale.

L'atmosphère n'est pas à l'optimisme. Les bonnes relations avec les pays de l'Est se détériorent rapidement depuis l'article publié par l'écrivain Ilya Ehrenbourg dans la *Pravda* fin septembre, dans lequel celui-ci annonçait que l'Union soviétique ne soutenait pas le sionisme. À Prague, début janvier, David Blau est appréhendé par les services spéciaux tchécoslovaques. Il tente de faire intervenir ses protecteurs du PC. L'enquêteur lui répond : « *Youst, Geminder, le couple Engel sont arrêtés ! On aura les autres aussi !* » L'interrogatoire se déroule dans un amphithéâtre en présence de dizaines d'officiers, comme s'il s'agissait d'un cours magistral sur la meilleure manière de s'y prendre pour faire avouer un suspect. L'enquêteur n'hésite pas à faire quelques allusions au sujet de Slansky, le secrétaire général du PC tchécoslovaque, et cela deux ans avant son arrestation et les fameux procès de Prague…

Après quelques jours de détention, Blau sera autorisé à passer une semaine dans une maison de repos avant d'être expulsé du pays. La section tchécoslovaque du LEHI n'existe plus. À Budapest, quelques semaines plus tard, Yehouda Gour connaîtra la même mésaventure[46].

En Palestine, la guerre est terminée. Expulsés ou ayant fui les combats, 711 000 Arabes sont réfugiés dans les pays avoisinants. Ils ont laissé en Israël 300 000 hectares de terres, 73 000 pièces d'habitation et 8 700 magasins[47].

Le 11 décembre 1948, l'Assemblée générale des Nations unies vote la résolution 194, qui restera lettre morte : « *Il y a lieu de permettre aux réfugiés qui le désirent de rentrer dans leurs foyers le plus tôt possible et de vivre en paix avec leurs voisins. Des indemnités doivent être payées à titre de compensation pour les biens de ceux qui décident de ne pas rentrer dans leurs foyers et pour tout ce qui est perdu ou endommagé.* »

Le royaume hachémite annexe la Cisjordanie. Des accords d'armistice ou de cessez-le-feu sont signés avec l'Égypte, la Syrie, le Liban et la Jordanie.

L'État arabe de Palestine n'a pas vu le jour.

CE QU'ILS SONT DEVENUS

Au printemps 1949, le Parti des combattants annonce un grand projet : il s'agit de construire un kibboutz dans le Néguev occidental. L'idée a été lancée par un groupe de militants qui avaient combattu dans ce secteur durant les mois précédents sous les ordres d'Yitzhak Sadeh, ce dernier les ayant encouragés et recommandés auprès des institutions gouvernementales. Le 11 août, la première pierre du kibboutz Neveh Yaïr est posée dans le désert, au sud de Gaza. Shamir et Yelin Mor assistent à la cérémonie aux côtés de Sadeh. Le gratin du Yishouv, droite et gauche confondues, a envoyé des vœux de succès. Un an plus tard, l'échec est patent. Le kibboutz est situé dans un secteur trop dangereux. Du coup, il y a plus d'hommes que de femmes, et les célibataires ne trouvent pas de compagne pour *« vivre au bout du monde »*. Le groupe remboursera ses dettes et quittera la région[48].

L'aventure du LEHI est terminée. En 1951, le Parti des combattants a disparu de la scène politique. Yitzhak Shamir tente, mais sans grand succès, de se lancer dans les affaires : il devint président de l'Association des cinémas de Ramat Gan Giv'atayim. Trouvant la production hollywoodienne de très mauvais goût, il propose bientôt à Yelin Mor et à Benyamin Gepner, qui est rentré des États-Unis, de produire des œuvres de qualité. Le trio crée une société cinématographique, Films d'art-Distribution de films en Israël. De Paris,

Shmouel Ariel, contacté, décline l'offre de rejoindre l'aventure. L'affaire échouera après quelques mois.

Shamir et Yelin Mor se lancent ensuite dans les travaux publics : David Shomron devient responsable technique de l'entreprise, et Shlomo Ben Shlomo l'un de ses chefs de chantier. La compagnie triplera son chiffre d'affaires en deux mois. Mais les partenaires finiront par se quereller et la société sera dissoute.

En 1956, Shamir sera recruté par Isser Harel, le patron du Mossad. Il restera vingt ans à la tête d'un département du service secret où il recrutera des anciens du LEHI. Parmi eux, Yashka Levstein. En 1970, on les retrouvera tous ou presque sur la liste électorale du Hérout. Yelin Mor, lui, s'engagera à gauche, pour la paix avec les États arabes et les Palestiniens. Israël Eldad restera l'idéologue du Grand Israël qu'il a toujours été.

Yitzhak Shamir et Menahem Begin, considérés comme des terroristes par David Ben Gourion et les Britanniques, sont devenus Premiers ministres.

Un nouveau meurtre politique a changé le cours de l'Histoire : le 4 novembre 1995, Yigal Amir, un jeune extrémiste juif, assassine Yitzhak Rabin après la conclusion des accords d'Oslo avec un dirigeant palestinien appelé « terroriste » : Yasser Arafat. En 1994, tous les deux ont reçu le Nobel de la paix, comme Menahem Begin l'avait reçu en 1979, après la signature du traité de paix avec l'Égypte.

Le vieil adage : *« Le terroriste des uns est le combattant de la liberté des autres »* s'est vérifié en Israël aussi.

Chronologie

1896	Théodor Herzl publie *L'État des Juifs.*
1909	Création du premier kibboutz en Palestine.
1916	Accords Sykes-Picot entre la France et la Grande-Bretagne, sur le partage du Proche-Orient.
2 novembre 1917	Au nom du gouvernement britannique, le secrétaire au Foreign Office, lord Balfour, promet aux sionistes la création d'un Foyer national juif en Palestine.
10 décembre 1917	Prise de Jérusalem par les Britanniques.
1920	Création de la Haganah.
1922	La Société des Nations approuve le mandat britannique sur la Palestine.
1931	Création de l'Irgoun.
30 janvier 1933	Hitler nommé Chancelier.
9 au 10 nov. 1938	Nuit de cristal en Allemagne.
17 mai 1939	Publication du Livre blanc britannique limitant l'immigration juive en Palestine.
3 septembre 1939	Début de la Seconde Guerre mondiale.

Octobre 1939	L'Irgoun, dirigé par Raziel, suspend ses attaques et fait cause commune avec la Grande-Bretagne contre l'Allemagne nazie.
Août-sept. 1940	Création du groupe Stern.
Janvier 1941	Avraham Stern propose une alliance au Reich allemand.
20 mai 1941	Mort de Raziel au cours d'un bombardement allemand en Irak.
12 février 1942	Assassinat d'Avraham Stern par un policier britannique.
Mai-juin 1942	Publication d'informations sur les massacres de Juifs par les nazis en Pologne.
26 janvier 1944	Menahem Begin prend la tête de l'Irgoun et proclame la révolte contre l'occupant britannique.
6 novembre 1944	Assassinat au Caire de lord Moyne, le ministre britannique des Colonies, par le LEHI.
Novembre 1944	La Haganah tente de neutraliser l'Irgoun. Début de la « Saison ».
8 mai 1945	Fin de la Seconde Guerre mondiale en Europe.
Septembre 1945	Naissance du Mouvement de résistance hébreu. La Haganah, l'Irgoun et le LEHI lancent des attaques conjointes contre les forces d'occupation britanniques.
13 novembre 1945	À Londres, Ernest Bevin, le secrétaire au Foreign Office, déclare qu'il n'est pas question de récuser le Livre blanc.
22 juillet 1946	L'Irgoun fait sauter l'hôtel King David à Jérusalem.

Juillet 1947	L'*Exodus*, chargé de 4 500 immigrants juifs illégaux, tente d'accoster en Palestine.
27 février 1947	Le gouvernement britannique porte l'affaire de Palestine devant les Nations unies.
29 novembre 1947	L'Assemblée générale des Nations unies vote le partage de la Palestine en deux États, arabe et juif.
14 mai 1948	David Ben Gourion proclame l'indépendance de l'État d'Israël.
1er décembre 1948	Le Congrès palestinien de Jéricho vote le rattachement de la Cisjordanie à la Transjordanie.
Février-avril 1949	Accords d'armistice entre Israël, l'Égypte le Liban et la Jordanie.
1950	L'UNRWA recense 914 221 réfugiés palestiniens.

Points de repère

Agence juive : Structure politique mise en place en 1929 par l'Organisation sioniste mondiale dans le cadre du mandat britannique sur la Palestine voté par la Société des Nations. Jusqu'à l'indépendance d'Israël en mai 1948, elle assure la direction de la communauté juive de Palestine et la représente auprès de l'administration britannique. Après cette date, l'Agence juive se consacrera exclusivement à l'immigration.

Alya : De l'hébreu « Montée », le mot désigne l'immigration des Juifs en Palestine.

Begin, Menahem (1913-1992) : Né à Brest-Litovsk. Ancien chef du Bétar en Pologne. Commandant de l'Irgoun en Palestine, puis fondateur du parti Hérout auquel succédera le Likoud, issus de la droite nationaliste. Premier ministre de 1977 à 1983.

Ben Gourion, David (1886-1907) : Né David Green. Originaire de Plonsk (Ukraine). Volontaire de la brigade juive (1917-1918). Fondateur du mouvement travailliste sioniste. Secrétaire général de la Histadrout, la centrale syndicale. 1935 : président de l'Agence juive et du Mapaï. Premier ministre de mai 1948 à janvier 1954, puis de novembre 1955 à juin 1963.

Bétar : Acronyme en hébreu de « Brit Yossef Trumpeldor » (en français : « Alliance Yossef Trumpledor »). Bétar est le nom du dernier bastion de la résistance juive à l'Empire romain au IIe siècle. Mouvement de jeunesse sioniste révisionniste fondé en 1923 par Vladimir Zeev Jabotinsky. Proche des partis politiques israéliens de droite, Hérout et Likoud.

Eldad, Israël (1910-1996) : Né Israël Scheib. Originaire de Galicie (Pologne). Membre du Bétar polonais. Idéologue du LEHI. Prônait la création d'un Royaume d'Israël sur les deux rives du Jourdain. Après la guerre des Six Jours, fervent partisan de l'annexion par Israël de la Cisjordanie, du Golan et du Sinaï.

Haganah (en hébreu : « Défense ») : Milice clandestine d'obédience sioniste travailliste créée en 1920 pour assurer la défense des localités juives en Palestine. Après l'indépendance d'Israël, elle formera le noyau de l'armée israélienne.

Irgoun (ou ETZEL) : En hébreu, acronyme de l'Irgoun Tsvaï Léoumi, en français : Organisation militaire nationale. Milice clandestine, d'obédience sioniste révisionniste, issue d'une scission de la Haganah en 1931. Après l'indépendance d'Israël, l'Irgoun se transformera en parti politique de droite, le Hérout.

Kibboutz : Commune agricole d'inspiration collectiviste.

LEHI : Acronyme de Lohamei Herout Israël (Combattants pour la liberté d'Israël). Nom donné à l'organisation créée par Avraham Stern après sa mort, en 1942. À l'origine, le LEHI s'appelait Irgoun Tsvaï Léoumi Be Israël (Organisation militaire nationale en Israël). Appelé également groupe Stern.

Mapaï : Parti sioniste socialiste créé en 1929 par David Ben Gourion.

Meir, Golda (1898-1978) : Née Meyerson à Kiev. Formée aux États-Unis. Dirigeante du Mapaï et de l'Agence juive. Premier ministre israélien de 1969 à 1974.

Mossad le Alya Bet : Organisation clandestine chargée de l'immigration des Juifs vers la Palestine jusqu'en mai 1948.

PALMACH : Acronyme de « Plougot Mahatz » (en français : Brigades d'assaut). Unité d'élite combattant aux côtés de la Haganah. Ces brigades sont idéologiquement situées à gauche du Mapaï.

RABIN, YITZHAK (1922-1995) : Né à Jérusalem. Officier du Palmach puis de la Haganah. Chef d'état-major lors de la guerre de Six Jours. Premier ministre de 1974 à 1977, puis de 1992 à 1995. Assassiné le 24 novembre 1995 par un extrémiste juif.

SHAMIR, YITZHAK (1915-) : Yitzhak Yzernitzky, né en Pologne orientale. Militant de l'Irgoun. Chef des opérations du LEHI, sous le nom de guerre de Michael. Premier ministre de 1984 à 1984, puis de 1986 à 1992.

SHERTOK, MOSHE (1894-1965): A hébraïsé son nom en Sharett, Moshe. Né en Ukraine. Dirigeant du Mapaï et de l'Agence juive. Premier ministre des Affaires étrangères de l'État d'Israël de 1948 à 1954, puis de 1955 à 1961. Premier ministre de 1954 à 1955. Président de l'Agence juive de 1961 à 1965.

STERN, AVRAHAM (1907-1942) : Né en Pologne. Militant de l'Irgoun, sous le nom de guerre de Yaïr. Fondateur du groupe Stern en août 1940.

TSAHAL : Acronyme de Tsava Haganah Le Israël (en français : Armée de défense d'Israël).

UNSCOP : Acronyme de United Nation Special Committee On Palestine. Commission nommée par l'Assemblée générale des Nations unies en avril 1947 pour examiner le problème de la Palestine.

YELIN MOR, NATHAN (1913-1980) : Né en Pologne. Il fut l'un des trois chefs du LEHI. Nom de guerre : Géra.

YISHOUV : Nom donné à la communauté juive de Palestine avant la création de l'État d'Israël.

Le plan de partage de l'ONU en 1947

Notes

1. Œil pour œil

1. Henry Laurens, *La Question de Palestine*, Paris, Fayard, 2002, t. II, p. 297.

2. *Davar*, 17 avril 1936.

3. Henry Laurens, *La Question de Palestine, op. cit.*, p. 306. Ben Zion Dinur et Yehuda Slutsky, *Sefer Toldot, Ha Hagannah*, Tel-Aviv, Mahad, 1964, p. 634. David Niv, *Maarachot Ha Irgoun Tsvaï Leoumi*, Tel-Aviv, Mossad Klauzner, 1965, tome : *1937-1939*, p. 242.

4. Yaacov Shavit, *Havlaga ou Tgouva*, Université Bar Ilan, 1983, p. 39.

5. Cité par Henry Laurens, *La Question de Palestine, op. cit.*, p. 308.

6. David Ben Gurion, *My Talks with Arab Leaders*, Jérusalem, Keter Books, 1972, p. 55-62. Cité par Charles Enderlin, *Paix ou guerres*, Paris, Fayard, 2004, p. 40.

7. Charles Enderlin, *Paix ou guerres, op. cit.*, p. 35-36 ; *Shamir*, Paris, Orban, 1991, p. 41-42.

8. Charles Enderlin, *Paix ou guerres, op. cit.*, p. 25.

9. Yaacov Shavit, *Havlaga ou Tgouva, op. cit.*, p. 71-73.

10. Henry Laurens, *La Question de Palestine, op. cit.*, p. 312.

11. Michael Bar-Zohar, *Ben Gurion*, Tel-Aviv, Am Oved, 1975, p. 346.

12. Howard M. Sachar, *A History of Israel*, New York, Knopf, 1988, p. 200.

13. Michael Bar-Zohar, *Ben Gurion, op. cit.*, p. 352-354.

14. Henry Laurens, *La Question de Palestine, op. cit.*, p. 332-334. Howard M. Sachar, *A History of Israel, op. cit.*, p. 201-205.

15. *Ibid.*, p. 202. Henry Laurens, *La Question de Palestine, op. cit.*, p. 336-337.

16. Zvi Elpeleg, *The Grand Mufti*, Londres, Cass, 1993, p. 45-46.

17. Henry Laurens, *La Question de Palestine, op. cit.*, p. 337.

18. Michael Bar-Zohar, *Ben Gurion, op. cit.*, p. 357.
19. J. Schechterman, *Fighter and Prophet*, Silver Springs (Co.), Eshel Books, p. 306-307. Henry Laurens, *La Question de Palestine, op. cit.*, p. 335-336.
20. Ben Zion Dinur et Yehuda Slutsky, *Sefer Toldot, Ha Haganah, op. cit.*, p. 724.
21. Aryeh Naor, *Raziel*, Tel-Aviv, Éd. du ministère de la Défense, 1990, p. 93. David Niv, *Maarachhot Ha Irgoun Tsvaï Leoumi 1937-1939, op. cit.*, p. 301.
22. Michael Bar-Zohar, *Ben Gurion, op. cit.*, p. 365.
23. Cité par Marius Schattner, *Histoire de la droite israélienne*, Paris, Éd. Complexe, 1991, p. 165.
24. Bitker, furieux, quitta la Palestine et rompit tout lien avec le mouvement révisionniste.
25. Ben Zion Dinur et Yehuda Slutsky, *Sefer Toldot, Ha Hagannah, op. cit.*, p. 733.
26. Henry Laurens, *La Question de Palestine, op. cit.*, p. 390-391.
27. Cité par Aryeh Naor, *Raziel, op. cit.*, p. 103.
28. Ada Amichal Yevin, *Be Argaman*, Tel-Aviv, Hadar, 1986, p. 15-16.
29. *Ibid.*, p. 114.
30. Interviews d'Aharon Kheikhmann et Shlomo Ben Shlomo, Tel-Aviv et Haïfa, 1990.
31. Shabtaï Teveth, *Ben Gurion*, Boston, 1987, p. 665.
32. David Niv, *Maarachhot Ha Irgoun Tsvaï Leoumi, 1937-1939, op. cit.*, t. II, p. 73.
33. Benyamin Loubotzky Eliav, *Zikhronot min ha yamin*, Tel-Aviv, 1990.
34. Interviews de Hasson Yitzhak et Yehouda Gour, Tel-Aviv, 1989.
35. David Niv, *Maarachhot Ha Irgoun Tsvaï Leoumi, 1937-1939, op. cit.*, p. 82.
36. Yaacov Shavit, *Havlaga ou Tgouva, op. cit.*, p. 118-119.
37. Cité par David Niv, *Maarachhot Ha Irgoun Tsvaï Leoumi, 1937-1939, op. cit.*, p. 83.
38. Charles Enderlin, *Paix ou guerres, op. cit.*, p. 58.
39. David Niv, citant Kalaï, explique que de tels ordres étaient donnés d'une manière permanente chaque fois qu'il s'agissait d'une opération de terrorisme individuel (contrairement aux opérations terroristes de masse). David Niv, *Maarachhot Ha Irgoun Tsvaï Leoumi, 1937-1939, op. cit.*, p. 239.
40. Charles Enderlin, *Paix ou guerres, op. cit.*, p. 61-62.
41. *Ibid.*, p. 63.
42. Ada Amichal Yevin, *Be Argaman, op. cit.*, p. 162. Charles Enderlin, *Paix ou guerres, op. cit.*, p. 63.
43. *Ibid.*, p. 64.

2. Hitler ou Churchill ?

1. Amos Perlmutter, *The Life and Times of Menahem Begin*, New York, Doubleday, 1987, p. 106-107. Eric Silver, *Begin*, Londres, Weidenfeld and Nicolson, 1984, p. 21-23.

2. Charles Enderlin, *Shamir, op. cit.*, p. 69.

3. Michael Bar-Zohar, *Ben Gurion, op. cit.*, p. 417.

4. Rappelé en raison de ses prises de position publiques en faveur d'un État juif indépendant, Orde Wingate commande alors une batterie antiaérienne près de Londres.

5. Moshe Dayan, *Story of my life*, Tel-Aviv, Steimatzky, 1976, p. 34.

6. Aryeh Naor, *Raziel, op. cit.*, p. 228.

7. *Ibid.*, p. 226-227.

8. *Ibid.*, p. 239.

9. Interview de Yehouda Gour, Tel-Aviv, 20 décembre 1990.

10. Michael Bar-Zohar, *Ben Gurion, op. cit.*, p. 418.

11. Témoignage d'Yitzhak Shamir, 21 novembre 1966, Tel-Aviv, Institut Jabotinsky, Document 346P.

12. Michael Bar-Zohar, *Ben Gurion, op. cit.*, p. 423. Ben Zion Dinur et Yehuda Slutsky, *Sefer Toldot Ha Haganah, op. cit.*, t. III, p. 141. Yehouda Lapidot, *Leidata shel Mahteret*, Tel-Aviv, Brit Haïle Ha Etzel, 2001, p. 226.

13. Interview d'Aharon Kheikhman, Tel-Aviv, 19 juillet 1990.

14. Aryeh Naor, *Raziel, op. cit.*, p. 240.

15. Michael Bar-Zohar, *Ben Gurion, op. cit.*, p. 427.

16. David Niv, *Maarachot Ha Irgoun Tsvaï Leoumi, op. cit.*, tome : *1940-1944*, p. 45.

17. Aryeh Naor, *Raziel, op. cit.*, p. 243.

18. Interviews d'Avraham Vered et de Yehouda Gour.

19. Témoignage d'Aharon Kheikhmann, 12 mars 1966, Tel-Aviv, Institut Jabotinsky, Document 346P.

20. Interview de Yehouda Gour, recueillie par l'auteur. Selon lui, Yitzhak Shamir avait quitté le groupe Stern trois ou quatre semaines avant son arrestation, le 6 novembre 1940.

21. Interview d'Avraham Vered, 25 septembre 1990.

22. Yosseh Heller, *LEHI*, Jérusalem, Keter, vol. I, 1989, p. 113. Moshe et Tova Savoraï, *Mi Etzl le LEHI*, Tel-Aviv, éd. par les auteurs, 1989, p. 292. Ada Amikhal Yevin, *Be Argaman*, Tel-Aviv, Hadar, 1986, p. 201.

23. Michael Bar-Zohar, *Ben Gurion, op. cit.*, p. 428.

24. Publié par Ada Amichal Yevin, *Be Argaman, op. cit.*, p. 317.

25. Marius Schattner, *Histoire de la droite israélienne, op. cit.*, p. 195-197.

26. Yosseh Heller, *Be Maavak le Medina*, Jérusalem, 1984, p. 309 et *LEHI, op. cit.*, p. 126. Ada Amikhal Yevin, *Be Argaman, op. cit.*, p. 228. Tova Savoraï, *Mi Etzel le LEHI, op. cit.*, p. 322.

27. Haviv Knaan, « Pgisha Be Beyrouth », supplément de *Haaretz*, 27 mars 1970.

28. Interview d'Avraham Vered, citée.

29. Témoignage d'Yitzhak Shamir, cité.

30. *Mifgash Histori*, Tel-Aviv, Avraham Stern, 1986, p. 153.

31. Yitzhak Shamir a été accusé d'avoir participé aux contacts avec les nazis. C'est évidemment faux. Les tentatives de négociations avec l'Allemagne furent le fait d'Avraham Stern et de lui seul. Tous les témoignages concordent pour indiquer qu'il ne pouvait en avoir qu'une connaissance extrêmement réduite. Il n'était à l'époque qu'un chef de groupe aux responsabilités limitées.

32. Ben Zion Dinur et Yehuda Slutsky, *Sefer Toldot Haganna, op. cit.*, t. I, p. 156.

33. Aryeh Naor, *Raziel, op. cit.*, p. 269-271.

34. Interview d'Enshel Spielman, Tel-Aviv, 1990.

35. Le réseau juif qui, en Palestine, avait apporté son aide aux forces britanniques contre les Turcs durant la Première Guerre mondiale.

36. Zettler a confirmé la présence de Shamir.

37. Zvi Elpeleg, *The Grand Mufti, op. cit.*, p. 66.

38. Yitzhak Shamir, interview, *Maariv*, 3 février 1967, p. 7.

39. Ada Amikhal Yevin, *Be Argaman, op. cit.*, p. 256.

40. Yaacov Levstein, *op. cit.*, p. 198.

41. Michael Bar-Zohar, *Ben Gurion, op. cit.*, p. 436.

42. Eytan Haber, *Menahem Begin*, Paris, Stock, 1978, p. 105-122. Amos Perlmutter, *The Life and Times of Menachem Begin, op. cit.*, p. 114-120.

3. Stern après Stern

1. Yossef Heller, *LEHI, op. cit.*, p. 146.

2. Les enquêteurs du procès de Nuremberg ne l'apprendront que quatre ans plus tard. Le 20 janvier, à Wannsee, les dirigeants nazis avaient décidé de mettre en œuvre la « Solution finale ».

3. Daphne Trevor, *Under the White Paper*, The Jerusalem Press, 1948, p. 23-24.

4. The Parliamentary Debates, House of Lords, Fifth Series, vol. CXXIII, col. 195-201.

5. Interview d'Enshel Spielman, juillet 1990.

6. http://www.jewishvirtuallibrary.org/jsource/Zionism/BiltProg.html

7. Jacques Derogy et Hezi Carmel, *Le Siècle d'Israël*, Paris, Fayard, 1994, p. 314-315.

8. Les policiers avaient filé le père de Yehoshoua Zettler venu annoncer la condamnation de son fils à sa future épouse qui habitait chez Frieda. Les époux Yelin Mor se retrouveront dix minutes à la prison de Jaffa avant d'être séparés pendant cinq ans, jusqu'à la libération de Frieda.

9. Nathan Friedman Yelin Mor, *Lohamei Herout Israël*, Tel-Aviv, 1974, p. 101.

10. Mattityahu Shmulewitz, *Be Iamim Hadoumim*, Tel-Aviv, 1949. Interviews de Shlomo Ben Shlomo et Enshel Spielman, in Nathan Yelin Mor, *LEHI, op. cit.* Les diverses versions de cet épisode varient quelque peu selon les auteurs ; nous avons livré ici celle qui nous paraît la plus crédible.

11. Nathan Yelin Mor, *LEHI, op. cit.*

12. Interviews de David Blau, Tsfoni et David Shomron, 1990.

13. Interview d'Enshel Spielman, juillet 1990.

14. Nathan Yelin Mor, *LEHI, op. cit.*

15. Témoignages anonymes de militants du LEHI, 1990.

16. Interview d'Enshel Spielman, juillet 1990.

17. Interview de Benyamin Gepner, 1990.

18. Gerald Frank, *Ha Maas*, Tel-Aviv, Reshafim. La traduction de l'anglais (*The Deed*) a été réalisée par Aviva Beit Tsouri, la sœur d'Eliahou.

19. Daphne Trevor, *Under the White Paper, op. cit.*, p. 74-75.

20. Tom Segev, *The Seneth Million*, New York, Henry Holt, 2000, p. 74-75.

21. Daphne Trevor, *Under the White Paper, op. cit.*, p. 74-75. http://news.bbc.co.uk/onthisday/hi/dates/stories/december/17/newsid_3547000/3547151.stm

22. Interview d'Ytzhak Shamir, 26 septembre 1989. *Roshinoï Sefer Yzkor, op. cit.* Témoignage d'Enshel Spielman, Jérusalem, Yad Vashem.

23. Interview d'Enshel Spielman, *Maariv*, 22 mai 1981. Plus tard, Enshel Spielman a donné une version quelque peu différente de cette affaire. Ce passage a été écrit grâce à deux autres témoignages.

24. Nathan Friedman Yelin Mor, *LEHI, op. cit.*

25. Interview citée d'Enshel Spielman, *Maariv.*

26. http:// yad-vashem.org.il /about_holocaust /documents/part2/doc154.html

27. *Lohamei Herout Israel. Ktavim Alef*, Tel-Aviv, Yaïr, février 1982, p. 142-143.

28. Témoignage d'Ytzhak Shamir à David Niv, 21 novembre 1966, Institut Jabotinsky, p. 346.

29. Daphne Trevor, *Under the White Paper, op. cit.*, p. 99-105.

30. Palestine Police Old Comrades' Association (GB165-0224), Ted Horne file : « Jewish Rebellion, 1941-1947 », p. 18.
31. Haviv Knaan, *Milhemet Shel ha itonut*, Jérusalem, Ha sifria ha tsionit, 1969, p. 128-129.
32. Yigal Eyal, *Mi Intifada le Mered*, Tel-Aviv, Efy Meltzer, 2007, p. 115.

4. L'IRGOUN DÉCLARE LA GUERRE

1. *Lexikon Ha Etzel*, Tel-Aviv, Éd. du ministère de la Défense, 2005, p. 26.
2. David Niv, *Ha Mered*, Tel-Aviv, Hadar, 1978, p. 21-25.
3. *Ibid.*, p. 22 et 24.
4. Nathan Yelin Mor, *Lohamei herut Israel*, Jérusalem, Shkouma, 1974, p. 177.
5. *Ibid.*, p. 178.
6. David Niv, *Ha Mered*, *op. cit.*, t. IV, p. 44. Eytan Haber, *Menahem Begin*, *op. cit.*, p. 144. Menahem Begin, *The Revolt*, Tel-Aviv, Steimatzky, 1952, p. 110.
7. David Niv, *Ha Mered*, *op. cit.*, p. 26.
8. Menahem Begin, *The Revolt*, *op. cit.*, p. 106.
9. *Ibid.*, p. 111-113.
10. David Niv, *Ha Mered*, *op. cit.*, p. 46. Menahem Begin, *The Revolt*, *op. cit.*, p. 113.
11. Interview de Benyamin Gepner, *Bat Yam*, automne 1990.
12. David Niv, *Ha Mered*, *op. cit.*, p. 56.
13. *Ibid.*
14. Gideon Lieberman, *Alef Youd*, 27 septembre 1985, p. 7. Interview, Ramat Gan, 1990.
15. *Ibid.*
16. Interview de Yitzhak Shamir, *Maariv*, 13 septembre 1968.
17. *Haolam Hazeh*, 10 août 1977.
18. Cité par Howard M. Sachar, *A History of Israel*, *op. cit.*, p. 242.
19. David Niv, *Ha Mered*, *op. cit.*, p. 60.
20. Gerold Frank, *The Deed*, *op. cit. Ha Maas* par Aviva Beit Tsouri.
21. Yaacov Shavit, *Onat Ha Tsaïd*, Tel-Aviv, Hadar, 1976, p. 74.
22. Yehuda Lapidot, *Ha Sezon*, Tel-Aviv, Institut Jabotinsky, 1994, p. 55.
23. Yaacov Shavit, *Onat Ha Tsaïd*, *op. cit.*, p. 150-160. Menahem Begin a également publié des notes sur cette rencontre avec Sneh. Elles confirment le rapport de Sneh. Menahem Begin, *The Revolt*, *op. cit.*, p. 137-141. Pour une traduction française des notes de Begin, voir Eytan Haber, *Menahem Begin*, *op. cit.*, p. 188-195.
24. Gerold Frank, *The Deed*, *op. cit.*
25. Yaacov Shavit, *Onat Ha Tsaïd*, *op. cit.*, p. 161-164.

26. Eytan Haber, *Menahem Begin, op. cit.*, p. 195-197.
27. Michael Bar-Zohar, *Ben Gurion, op. cit.*, p. 438-439, 504.
28. Gerald Frank, *The Deed, op. cit.* Bowyer Bell, *Terror out of Zion.*
29. Yehuda Lapidot, *Ha Sezon, op. cit.*, p. 64.
30. Cité par Howard M. Sachar, *A History of Israel, op. cit.*, p. 248.
31. Yehuda Lapidot, *Ha Sezon, op. cit.*, p. 63.
32. Nathan Yelin Mor, *Lohamei herut Israel, op. cit.*
33. Yaacov Shavit, *Onat Ha Tsaïd, op. cit.*, p. 175-179.
34. Yehuda Lapidot, *Ha Sezon, op. cit.*, p. 66.
35. *Ibid.*, p. 183-185.
36. Cité par Eytan Haber, *Menahem Begin, op. cit.*, p. 203-204.
37. Nathan Yelin Mor, *Lohamei herut Israel, op. cit.*, p. 237.
38. Olei Hagardom, Tel-Aviv, Avraham Stern, 1982.
39. Yehouda Lapidot, *La Saison*, Tel-Aviv, Institut Jabotinsky, 1994, p. 60.
40. *Haolam Hazeh*, 10 août 1977.

5. La révolte

1. http://www.nationalarchives.gov.uk/releases/2006/march/jewish.htm. Dossier KV5/29. Folio 45 a.
2. Sur cet épisode, voir Jean Lacouture, *De Gaulle*, t. II, *Le Politique*, Paris, Seuil, 1985, p. 170-175 ; Jon Kimche, *Seven Fallen Pillars*, Londres, Secker and Warburg, 1950, p. 104-105 ; George Lenczowski, *The Middle East in World Affairs*, Ithaca, Cornell University Press, 1967, p. 324-325.
3. Zeev Drory, *The Israel Defence Force and the fondation of Israel*, Londres, Routledge, 2005, p. 8. Michael Bar-Zohar, *Ben Gurion, op. cit.*, p. 515-516.
4. *Ibid.*, p. 517.
5. Howard M. Sachar, *A History of Israel, op. cit.*, p. 251.
6. http://www.jewishvirtuallibrary.org/jsource/Holocaust/truman_on_harrison.html#Harrison
7. Cité par Howard M. Sachar, *A History of Israel, op. cit.*, p. 256.
8. David Niv, *Ha Mered, op. cit.*, p. 179.
9. Archives britanniques. Dossier KV 5/34. Folio 57 c.
10. Ronen Bergman, in *Yediot Aharonot*, 30 mars 2007.
11. Jacques Derogy et Hezi Carmel, *Le Siècle d'Israël, op. cit.*, p. 359.
12. *Ibid.*, p. 358.
13. Michael Bar-Zohar, *Ben Gurion, op. cit.*
14. http://judahnadich.com/2007/09/12/excerpt-from-the-writing-of-rabbi-nadich-ben-gurion-october-1945/
15. http://neveboker.boker.bgu.ac.il/maamarim/01.08.1945-31.12.1945/00000140.gif
16. Menahem Begin, *Bemahteret*, Tel-Aviv, Hadar, t. III, p. 1.

17. Archives britanniques. Dossier KV5/29. Folio 54 b.
18. Interview de Yehouda Gour, Tel-Aviv, 1990.
19. Archives britanniques. KV 5/34. Folio 67 ab.
20. Cité par Michael Bar-Zohar, *Ben Gurion, op. cit.*, p. 533.
21. R. D. Wilson, *Cordon and Search, op. cit.*, p. 27-29.
22. Daphne Trevor, *Under the White Paper, op. cit.*, p. 163.
23. R. D. Wilson, *Cordon and Search, op. cit.*, p. 60.
24. Martin Jones, *Failure in Palestine*, Londres, Mansell, 1986, p. 71-72.
25. R. D. Wilson, *Cordon and Search, op. cit.*, p. 90.
26. http: // www.wzo.org.il /en /resources / view.asp?id=828. Daphne Trevor, *Under the White Paper, op. cit.*, p. 198.
27. R. D. Wilson, *Cordon and Search, op. cit.*, p. 47.
28. Interview d'Israël Eldad, Jérusalem, 1990.
29. Eric Silver, *Begin, op. cit.*, p. 68.
30. *Mifgash Histori*, Tel-Aviv, Yaïr, 1986, p. 22.
31. *Ibid.*, p. 23.
32. *Ibid.*, p. 98.
33. Eric Silver, *Begin, op. cit.*, p. 71.
34. Daphne Trevor, *Under the White Paper, op. cit.*, p. 229.
35. Menahem Begin, *The Revolt, op. cit.*, p. 226.
36. Nathan Friedman Yelin Mor, *Lohamei Herout Israël, op. cit.*, p. 337-338.
37. R. D. Wilson, *Cordon and Search, op. cit.*, p. 76-77.
38. Michael Bar-Zohar, *Ben Gurion, op. cit.*, p. 550-551.
39. Cité par Martin Jones, *Failure in Palestine, op. cit.*, p. 148-150.
40. Michael Bar-Zohar, *Ben Gurion, op. cit.*, p. 551-552.

6. Le partage

1. Daphne Trevor, *Under the White Paper, op. cit.*, p. 240-245.
2. Eliahou Sasson, *Bederekh El Hashalom*, Tel-Aviv, Am Oved, 1978, p. 367-368.
3. Henry Laurens, *La Question de Palestine, op. cit.*, p. 563.
4. Martin Jones, *Failure in Palestine, op. cit.*, p. 171.
5. Elie Tavin, *Hakhazit Ha Shniah*, Tel-Aviv, Ron, 1973, p. 63-66.
6. Toutes les recherches pour retrouver cet officier français se sont révélées vaines.
7. Yaacov (Yashka) Levstein Eliav, *Mevoukash*, Tel-Aviv, Maariv, 1983.
8. Nathan Friedman Yelin Mor, *LEHI, op. cit.*, p. 381. Également, sources privées.
9. Yaacov Méridor, *Harouka Ha Derekh le Herout*, Jérusalem, Hakhiasaf, 1950. Interview de Shlomo Ben Shlomo, Haïfa, 1990.

10. Citations extraites de Abba Eban, *Personal Witness*, Londres, Jonathan Cape, 1993, p. 81-83, et Michael Bar-Zohar, *Ben Gurion, op. cit.*, p. 558-559.

11. Interview citée de Shlomo Ben Shlomo.

12. Michael Bar-Zohar, *Ben Gurion, op. cit.*, p. 570.

13. *Ibid.*, p. 572.

14. Yaacov Méridor, *Arouka Ha Derekh, op. cit.* ; David Niv, *Maarachhot Ha Irgoun Tsvaï Leoumi, op. cit.* : *1946-1947*, p. 303. Interview d'Yitzhak Shamir, *Maariv*, 13 septembre 1968.

15. Ceci est la version de Yaacov Levstein. Robert Misrahi, qui faisait partie du groupe, ne pense pas que Martinsky était infirme. Interview de Robert Misrahi, Paris, 13 novembre 2007. Selon Misrahi, Martinsky a été arrêté par la police française à son retour, sur le quai de la gare.

16. Interview de Claire Vayda, Paris, 1990.

17. Abba Eban, *Personal Witness, op. cit.*, p. 94-95.

18. Interview de Robert Misrahi, citée. Son témoignage contredit totalement l'histoire telle que Levstein la raconte dans son autobiographie.

19. L'histoire de ce séjour a été décrite dans les lettres d'Aryeh Ben Eliezer, Tel-Aviv, Institut Jabotinsky, dossier 816-182.

20. Pro-soviétique en effet, Duong Bach Maï sera empoisonné quelques années plus tard à Hanoi, apparemment par les membres d'une faction pro-chinoise.

21. Henry Laurens, *La Question de Palestine, op. cit.*, p. 583.

22. *Ibid.*, p. 584 et Abba Eban, *Personal Witness, op. cit.*, p. 101.

23. Menahem Begin, *The Revolt, op. cit.*, p. 294-301.

24. Yaacov Levstein, *Mevoukash, op. cit.* Également, témoignage de Yaacov Yéridor recueilli par l'auteur, Tel-Aviv, 1990.

25. Elie Tavin, *Hakhazit Ha Shniah, op. cit.*, p. 169-171.

26. Calder Walton, *British Intelligence and the Mandate of Palestine. Threats to British National Security immediately after the Second World War*, Cambridge University, Darwin College, 2007.

27. Voir Ronen Bergman, *Yedihot Aharonot*, supplément du week-end, 1er juin 2007.

28. Cité par Henry Laurens, *La Question de Palestine, op. cit.*, p. 589.

29. Interview de Claire Vayda, Paris, novembre 1989.

30. Abba Eban, *Personal Witness, op. cit.*, p. 106.

31. Ezra Danine, *Tsioni Be Kol Tnaï*, Jérusalem, Kidoum, 1987, p. 185. Golda Meir, *My Life*, New York, Dell, 1975, p. 207. Avi Shlaim, *The Politics of Partition*, Oxford University Press, 1990, p. 95. Voir aussi Archives sionistes : S.25/4005.

32. Abba Eban, *Personal Witness, op. cit.*, p. 110-111. Charles Enderlin, *Paix ou guerres, op. cit.*, p. 64.

7. La guerre

1. Menahem Begin, *The Revolt, op. cit.*, p. 337.
2. Benny Morris, *Righteous Victims*, New York, Knopf, 1999, p. 199. R. D. Wilson, *Cordon and Search, op. cit.*, p. 159.
3. *Ibid.*, p. 157-158.
4. Ricky-Dale Calhoun, « Arming David : The Haganah's Illegal Arm Procurement Network in the United States. 1945-1949 », *Journal of Palestine studies*, vol. 36, n° 4, été 2007.
5. Laurent Rucker, « Moscow's Surprise : The Soviet-Israeli Alliance of 1947-1949 », Woodrow Wilson International Center for Scholars. Working paper 46.
6. Golda Meir, *My Life, op. cit.*, p. 205-206.
7. R. D. Wilson, *Cordon and Search, op. cit.*, p. 184-185. Benny Morris, *Righteous Victims, op. cit.*, p. 200.
8. Elie Tavin, *Hakhazit Ha Shniah, op. cit.*, p. 186-187.
9. Henry Laurens, *La Question de Palestine, op. cit.*, t. III, p. 55-57.
10. Laurent Rucker, « Moscow's Surprise… », *loc. cit.*, p. 22.
11. Michael Bar-Zohar, *Ben Gurion, op. cit.*, p. 681.
12. *Ibid.*, p. 703.
13. Dominique Vidal, *Comment Israël expulsa les Palestiniens*, Ivry-sur-Seine, Éditions Ouvrières, 2007, p. 85-95.
14. Marius Schattner, *Histoire de la droite israélienne, op. cit.* Nathan Yelin Mor, *LEHI, op. cit.* Menahem Begin, *The Revolt, op. cit.*
15. Benny Morris, *Righteous Victims, op. cit.*, p. 209.
16. Menahem Begin, *The Revolt, op. cit.*, p. 350-351.
17. R. D. Wilson, *Cordon and Search, op. cit.*, p. 193.
18. Menahem Begin, *The Revolt, op. cit.*, p. 354.
19. Stavsky, accusé de l'assassinat de Haïm Arlozoroff, le dirigeant travailliste, en 1933, avait quitté la Palestine pour les États-Unis où il dirigeait une société maritime liée à l'Irgoun.
20. Elie Tavin, *Hakhazit Ha Shniah, op. cit.*, p. 192.
21. Interview de Shlomo Ben Shlomo, Haïfa, 1990.
22. Charles Enderlin, *Paix ou guerres, op. cit.*
23. *Ibid.*, p. 76.
24. Benny Morris, *Righteous Victims, op. cit.*, p. 215-235.
25. Nehemyah Ben Tor, *Hayom Ikhtov be Et*, Tel-Aviv, Yaïr, 1991.
26. Amitzour Ilan, *Bernadotte in Palestine. 1948*, Londres, Mac Millan, 1989.
27. Ricky-Dale Calhoun, « Arming David… », *art. cit.*
28. *Ibid.*
29. Benny Morris, *Righteous Victims, op. cit.*, p. 215.

30. Interview de Shmouel Ariel, Jérusalem, 1989. Shlomo Nakdimon, *Altalena*, Jérusalem, Idanim, 1978. Elie Tavin, *Hakhazit Ha Shniah, op. cit.*, p. 195.

31. Charles Enderlin, *Paix ou guerres, op. cit.*

32. Benny Morris, *Righteous Victims, op. cit.*

33. David K. Shipler, « Israel bars Rabin from relating '48 eviction of Arabs », *New York Times*, 23 octobre 1979.

34. Benny Morris, *Righteous Victims, op. cit.*, p. 217.

35. *The Times*, 31 août 1948, p. 2.

36. Interview d'Israël Eldad, Jérusalem, 1989.

37. Interview de Frieda Yelin Mor, Tel-Aviv, 1990.

38. Le 5 août 1986, le gouvernement dirigé par le Premier ministre Shimon Peres fera promulguer deux ajouts à cette loi. L'un interdit tout contact avec les organisations « terroristes », en l'occurrence l'OLP, l'autre réprime les faits de racisme. Curieusement, donc, cette loi qui avait servi contre le LEHI sera utilisée pour faire obstacle au dialogue avec l'OLP.

39. Shmouel Katz, *Days of fire.*

40. Interview d'Isser Harel, Tel-Aviv, 1989.

41. Charles Enderlin, *Paix ou guerres, op. cit.*

42. Journal de Ben Gourion, 26 septembre 1948.

43. Interview d'Yitzhak Shamir, in *Maariv*, 5 octobre 1973.

44. Journal de David Ben Gourion, 22 novembre 1948.

45. Interview de David Shomron, Tel-Aviv, 1990.

46. Interviews de David Blau et Yehouda Gour, Tel-Aviv, 1990.

47. Dominique Vidal, *Comment Israël expulsa les Palestiniens, op. cit.*, p. 107.

48. Haïm Shalom, *Le Neguev*, Tel-Aviv, Yaïr.

Index

Table

Du même auteur

Shamir. Une biographie, Paris, Olivier Orban, 1991.

Paix ou guerres. Les secrets des négociations israélo-arabes, 1917-1995, Paris, Stock, 1997 ; nouvelle édition, Fayard, 2004.

Le Rêve brisé. Histoire de l'échec du processus de paix au Proche-Orient, 1995-2002, Paris, Fayard, 2002.

Les Années perdues. Intifada et guerres au Proche-Orient, 2001-2006, Paris, Fayard, 2006.

Composition Nord Compo
Impression : Imprimerie Firmin Didot, mars 2008
Éditions Albin Michel
22, rue Huyghens, 75014 Paris
www.albin-michel.fr

ISBN 978-2-226-18084-1
N° d'édition : 25636 – N° d'impression : 89687
Dépôt légal : mars 2008
Imprimé en France.